Deutsch
Eine Sprache – *Viele* Sprachen

für M.

Bernd Ulrich Biere

Deutsch

Eine Sprache – *Viele* Sprachen

Mykum Verlag

Bibliografische Information der Deutschen Nationalbibliothek

Die Deutsche Nationalbibliothek verzeichnet diese Publikation in der Deutschen Nationalbibliografie; detaillierte bibliografische Daten sind im Internet über http://dnb.dnb.de abrufbar.

© Mykum Verlag 2014
Auf der Bornau 29
D-56321 Brey
Druck und Endverarbeitung: Druckhaus Liesenfeld, D-56322 Spay
Printed in Germany

ISBN 978-3-9816448-0-7

Inhalt

0 Etwas mehr als ein Vorwort

Bücher sind die sichtbaren bzw. lesbaren Ergebnisse individueller und kooperativer wissenschaftlicher Tätigkeit. Dies gilt in besonderem Maße für geisteswissenschaftliche oder philologische Tätigkeiten, die sich mit der Analyse von Texten beschäftigen und als ‚Ergebnis' selbst wieder Texte hervorbringen: *Texte über Texte*.

Pflicht zur Veröffentlichung von Forschungsergebnissen

Im Prinzip *müssen* Forschungsergebnisse veröffentlicht werden, denn Forschung ist nicht etwas, was im Geheimen geschieht, auch wenn es manchmal Gründe geben mag, etwas (zumindest eine Zeit lang) geheim zu halten. Die wissenschaftliche Öffentlichkeit, die Gemeinschaft der Forscher und Forscherinnen in einem Fach, in einem Fachbereich oder auch aller Fächer, nicht nur an einer Universität oder in einem Land, sondern letzten Endes in der ganzen Welt, muss sich darüber informieren können, an welchen Fragen oder an der Lösung welcher Probleme, die uns auch gerade beschäftigen, irgendwo in der Welt bereits gearbeitet wird und welche Ergebnisse dabei erzielt werden.

Obwohl es heute vielfältige (elektronisch-mediale) Möglichkeiten des weltweiten Informationsaustausches gibt, ist neben dem persönlichen Gespräch, wie es beispielsweise auf (internationalen) wissenschaftlichen Tagungen stattfinden kann, immer noch das Buch eine wesentliches Medium des wissenschaftlichen Austausches. Wenn wir möglichst viele interessierte Forscher und Forscherinnen erreichen wollen, wählen wir wahrscheinlich immer noch die klassische Form einer wissenschaftlichen Publikation, das Buch, oder die kleinere und in der Regel schnellere Form eines ‚Aufsatzes' in einer Fachzeitschrift. Viel schneller sind heutzutage allerdings die elektronischen Medien, mit deren Hilfe wir Diskussionsforen installieren können, die tatsächlich einen weltumspannenden aktuellen wissenschaftlichen Austausch ermöglichen.

Trotzdem ist auch heute das gedruckte wissenschaftliche Werk oder ein irgendwo gedruckt veröffentlichter Beitrag aus der Kommunikation der Wissenschaftler (noch) nicht wegzudenken. Dies wird in den verschiedenen Fächergemeinschaften allerdings wohl unterschiedlich gesehen: Die Naturwissenschaftler neigen vermutlich eher zu elektronischen Publikationsformen, die Geisteswissenschaftler vielleicht mehr zur traditionellen Druckversion (was aber auch nur ein Vorurteil sein könnte).

Fach- und Wissenschaftssprachen

Genauso interessant wie die Frage nach dem Medium ist die Frage nach der Wahl der Sprache, in der ‚internationaler Informationsaustausch' gelingen kann. Während die einen mehr zum Englischen als einer Art universaler Wissenschaftssprache, wie es früher das Lateinische war, tendieren, bevorzugen die anderen ihre jeweilige Muttersprache. Dabei müssen sie allerdings in Kauf nehmen, von einer großen Anzahl von Fachkollegen mit anderen Muttersprachen zunächst nicht verstanden zu werden. Dann sind wir auf Übersetzungen angewiesen. Aber in welcher Landessprache wir auch immer schreiben, es wird eine *wissenschaftssprachliche* Form dieser Sprache sein, die wir für geeignet halten, uns *innerhalb eines Faches* über fachliche Probleme *ökonomisch*, möglichst klar und *eindeutig* und möglichst auch *weltweit* zu verständigen. Allerdings kann es wohl keine einheitliche Fachsprache für alle Fächer und auch keine einheitliche Wissenschaftssprache geben. Selbst wenn wir uns einig wären, alle wissenschaftlichen Fragen auf Englisch zu verhandeln, müssten wir dies immer noch auf sehr unterschiedliche Weise tun, je nachdem, in welchem fachlichen Zusammenhang wir uns verständigen wollen.

Bis hierher haben wir die Wissenschaftler unter sich gelassen. Aber gibt es nicht auch eine weitere *Öffentlichkeit* als die wissen-schaftliche Öffentlichkeit, eben *die* Öffentlichkeit, die zwar keine *direkte* Kontrolle über die Wissenschaft ausüben kann, die aber selbstverständlich auch ein Recht auf Information hat, nicht nur über das Wetter, über Wahlprogramme oder Diskussionen und Abstimmungen in den demokratischen Institutionen und Gremien, sondern eben auch darüber, was Wissenschaftler tun und zu welchen Ergebnissen sie bei ihren Forschungen gelangen.

Vermittlung von Informationen aus der Wissenschaft

Wenn es um die *Vermittlung* von Forschungsergebnissen und wissenschaftlichen Erkenntnissen geht, erinnere mich immer wieder an ein Gedicht von Bertolt Brecht, *„Legende von der Entstehung des Buches Taoteking auf dem Weg des Laotse in die Emigration"*, in dem der Zöllner an der Grenze des Landes, das Laotse verlassen möchte, diesen veranlasst, sein Wissen nicht einfach - sozusagen unveröffentlicht - mit über die Grenze zu nehmen, nur in seinem Kopf zu behalten, sondern es – vom Zöllner mit Speis und Trank versorgt - aufzuschreiben. Denn „...*daß das weiche Wasser in Bewegung/ Mit der Zeit den mächtigen Stein besiegt...*", das interessiert den Zöllner genauso wie die großen Philosophen. Und weil man dem Weisen *„seine Weisheit erst entreißen muss"*, darum sei – so die letzte Zeile der Brecht'schen ,Legende' – *„der Zöllner auch bedankt:/ Er hat sie ihm abverlangt."*

Ich bin kein Philosoph und sicherlich erst recht kein Weiser. Will ich vielleicht eher der Zöllner sein? - Ich bin Sprach*wissenschaftler*, habe die „Germanistische Linguistik" und die „Sprachdidaktik" an einer deutschen Universität ,in Forschung und Lehre' vertreten. Einige Jahre lang habe ich in einem großen Sprachforschungsinstitut in Mannheim, nicht in der DUDEN-Redaktion, die ihren Sitz ebenfalls in Mannheim hat, sondern im Institut für Deutsche Sprache (IDS), die ,Öffentlichkeitsarbeit' geleitet und schon viele Jahren zuvor hatte ich mich (eher theoretisch) mit Problemen des sprachlichen Verstehens, der Verständigung und des Verständlichmachens befasst.

9

Vom Fachdiskurs zur Vermittlungsaufgabe

Die zentrale Aufgabe der *Didaktik* kann man im weitesten Sinn als eine (nicht zuletzt sprachliche) Vermittlungsaufgabe verstehen, als die Aufgabe zu klären, wie Wissen gerade auch an Menschen vermittelt werden kann, die nicht ‚vom Fach', die keine Experten sind. In diesem weiten Sinn ist die Didaktik eine *Transferwissenschaft*; eine Wissenschaft, die sich mit dem Erwerb, der Speicherung und Verarbeitung und schließlich mit der Vermittlung von Wissen beschäftigt, und zwar über die schulischen Belange von Unterricht hinaus.

Nachdem ich eine Reihe von Jahren hauptsächlich an der *Fachkommunikation* teilgenommen habe, scheint es mir an der Zeit, das, was wir in unserem Fach, in der (germanistischen) Linguistik, in den letzten Jahrzehnten, vielleicht auch im letzten Jahrhundert, an Wissen über die deutsche Sprache hervorgebracht haben, so weiterzugeben, dass dieses fachliche Wissen, das der Zöllner dem Laotse erst abverlangen musste, ‚unter die Leute gebracht' und damit über die Fachwelt hinaus ‚wirksam' werden kann.

Ich versuche dies mit einem kleinen Buch über die deutsche Sprache (wie man anspruchsvoll zu sagen pflegt, „in Geschichte und Gegenwart") zu tun: Mit einem Buch, welches das bei den Sprechern und Sprecherinnen des Deutschen in großem Maße vorhandene Interesse an ihrer Sprache wohl nicht erst wecken muss. Vielleicht könnte es mir, so hoffe ich zumindest, sogar gelingen, Sie, verehrte Leserinnen und Leser ein wenig für das zu begeistern, was die traditionelle deutsche Sprachwissenschaft, ebenso wie die moderne germanistische Linguistik an Wissen über die deutsche Sprache hervorgebracht hat.

Um dies zu erreichen, will ich mich bemühen, dieses *Fachwissen* nicht nur ‚trocken' informierend zu vermitteln, wie vielleicht in einer ‚Einführung in die Germanistische Linguistik für Erstsemester', sondern soweit wie möglich auf eine auch ein wenig unterhaltsame

10

Weise. Schließlich geht es um ein Wissen, das zwar eher in Fachkreisen hervorgebracht und verbreitet wird, das jedoch auch und gerade den Menschen zur Verfügung stehen sollte, die die jeweils erforschte Sprache, hier also das Deutsche, in der einen oder anderen Form als Mittel der alltäglichen, der fachlichen, der unterrichtlichen, aber auch der literarisch-unterhaltsamen Kommunikation, also als Mittel der *Informationsvermittlung* ebenso wie als Medium der *Verständigung* und der *Unterhaltung* nutzen.

Gibt es das nicht alles schon?

Natürlich gibt es bereits eine ganze Reihe mehr oder weniger populärer Darstellungen, die sich einer ähnlichen Aufgabe widmen, die sich unter dem einen oder anderen Aspekt mit der deutschen Sprache beschäftigen. Aber sie tun dies, wie mir scheint, größtenteils relativ einseitig, manchmal auch ein wenig voreingenommen. In solchen Darstellungen finden sich gelegentlich Urteile, die oft (wenn auch meistens populäre) *Vor-Urteile über die deutsche Sprache* sind und nicht dem aktuellen sprachwissenschaftlichen Erkenntnisstand entsprechen. Als Sprachwissenschaftler hoffe ich, solche Fehler vermeiden zu können, auch dann, wenn ich nebenbei die eine oder andere kleine Geschichte oder Anekdote erzähle.

Unterhaltsamkeit ist nicht nur zweckfreies Beiwerk, Unterhaltsamkeit kann auch die *Lesbarkeit* oder *Verständlichkeit* eines Textes erhöhen, ohne dass sie die sachliche Richtigkeit der gegebenen Informationen untergraben muss. Es gilt wohl, den richtigen Mittelweg zu finden. Genau dies bringt die Maxime Albert Einsteins treffend zum Ausdruck: „*Mache alles so einfach wie möglich; aber nicht einfacher*". Wo aber ist die Grenze, an der etwas nicht mehr ‚einfacher' gesagt werden kann, ohne dass es dann ‚falsch' würde?

Gratwanderung

Die Frage ist immer, wie weit man gehen kann, wenn man gleichermaßen dem Anspruch auf sachliche Angemessenheit, *Richtigkeit* (etwas anspruchsvoller: Wahrheit und Wahrhaftigkeit)

11

wie dem Anspruch auf (adressatenorientierte) *Verständlichkeit* gerecht zu werden versucht. Es ist eine ständige Gratwanderung, sich gleichermaßen dem eigenen wissenschaftlichen Anspruch *und* dem Anspruch der Leser und Leserinnen auf eine *für sie* verständliche und anregende Form der Darstellung zu stellen. Ich will mich mit diesem kleinen Buch auf diese Gratwanderung einlassen. Ob es mir gelingen wird, nicht ständig einmal auf der einen, ein anderes Mal auf der anderen Seite herunterzufallen, mögen diejenigen beurteilen, die sich auf jeweils einer der beiden Seiten für zuständig bzw. kompetent halten: einerseits auf der Seite der *sachlich-fachlichen Richtigkeit*, andererseits auf der Seite der *Verständlichkeit*. Ich will versuchen, mich in einem Reich dazwischen zu bewegen, im Reich der *verständlich machenden*, Wissen ‚transferierenden‘, ‚populären‘ *Vermittlung* von Wissen über Sprache und Sprachen.

Aufbau

Die einzelnen Kapitel des Buches bauen zwar aufeinander auf, sie sind aber auch jeweils für sich verständlich, setzen also nicht zwingend die Kenntnis der vorangegangenen Kapitel voraus. Im Grunde können Sie mit diesem kleinen Buch umgehen wie mit einem *Lesebuch*. Sie suchen sich aufgrund des Inhaltsverzeichnisses heraus, was Sie im Augenblick am meisten interessiert, beginnen damit die Lektüre und machen weiter, wann und womit Sie wollen. So kann jeder Leser in seinem individuell gestalteten Leseprozess das dargebotene Wissen so aufnehmen, wie es seinen Interessen und seinem Vorwissen entspricht und somit kann er seine eigenen Wissensstrukturen selbstständig weiter entwickeln. Die einzelnen Kapitel sind dabei so etwas wie Bausteine, moderner ausgedrückt, Module, die der Leser selbst zusammen fügen muss (in seinem Kopf). Wenn es nicht anders geht, wiederholen sich ab und zu auch ein paar Dinge, es gibt also ein paar *Redundanzen,* damit etwas verständlich wird, was zwar zuvor schon erläutert worden ist, was Sie aber vielleicht gerade nicht mehr präsent haben.

Am Ende jedes Kapitels finden diejenigen, die sich vertiefend mit der Thematik des betreffenden Kapitels beschäftigen möchten, noch die eine oder andere *Lektüreempfehlung*. Die dort genannten Titel sind auch ein Hinweis darauf, welche Literatur ich selbst jeweils ausgewertet und dem Kapitel zugrunde gelegt habe. In Bereichen, in denen sich meine eigenen Forschungen in den letzten Jahrzehnten bewegt haben, finden Sie gelegentlich auch Hinweise auf weitere (dann allerdings fachwissenschaftliche) Arbeiten von mir.

Man muss nicht immer mit der *Geschichte* anfangen, erst recht nicht bei Adam und Eva, über die wir auch nicht mehr wissen als über die Entstehung von Sprache(n). Vielleicht – eine erste Lektüre-Empfehlung – beginnen Sie, verehrte Leserinnen und Leser, aber doch mit den ersten Kapiteln, damit wir uns darüber klar werden, was das (historisch) überhaupt ist, was wir *Deutsch* nennen: Eine Sprache, die sich bereits in ihren Anfängen (im 8. und 9. Jahrhundert) in *mehrsprachigen* Lebenszusammenhängen entwickelt.

So wie die Zeit Karls des Großen bereits von einer Idee von Mehrsprachigkeit geprägt ist, erleben wir heute neue sprachlich-kommunikative Herausforderungen in einem multikulturellen Deutschland ebenso wie in einer vielsprachigen europäischen Gemeinschaft. Diese hat sich ausdrücklich nicht auf ein einsprachiges Modell der Kommunikation festgelegt, das vielleicht eine vereinfachte Form des Englischen als einheitliche europäische Sprache hervorbringen könnte, sondern sich für ein System komplexer *Mehrsprachigkeit* entschieden, in dem prinzipiell mehrsprachige Kommunikation – in welcher Form auch immer – möglich ist und zunehmend erfolgreich sein kann.

Mit diesem auf Mehrsprachigkeit ausgerichteten Grundgedanken schlägt das vorliegende Buch einen großen historischen Bogen von der Zeit Karls des Großen zum Prozess der europäischen Vereinigung und zu den sprachlich-kommunikativen Folgen von Migrationsprozessen, wie sie aktuell in Europa stattfinden. Wer primär an aktuellen Fragen einer europäischen Mehrsprachigkeit interessiert ist, könnte nach den ersten historischen Kapiteln vielleicht gleich zu den letzten drei Kapiteln (Teil IV) springen, die Situation des Deutschen in Europa und in der Welt, sowie die aktuelle Situation der Mehrsprachigkeit in Deutschland und in Europa zum Thema haben.

In einem solchen übergreifenden thematischen Zusammenhang versuche ich, die deutsche Sprache unter den verschiedensten Aspekten ihrer historischen und systematischen Erforschung aus einer Perspektive zu betrachten, die sich durch das Begriffspaar *Einheit* und *Vielfalt* (oder auch: *Identität* und *Differenz*) in ganz allgemeiner Weise charakterisieren lässt. - Was ist (das eine, aber vielfältige) Deutsch? Wer spricht oder schreibt wann und wo, zu welchem Zweck welches Deutsch? Und gab es diese Vielfalt nicht bereits im Mittelalter? Oder war das Mittelalter noch mehr durch das Lateinische als durch die jeweiligen Volkssprachen geprägt?

Bevor wir uns diesen Fragen (zu Beginn aus *sprachhistorischer* Sicht) zuwenden, ist es wahrscheinlich hilfreich, Sie mit ein paar allgemeinen, unter Linguisten vermutlich weitgehend unstrittigen Begriffen, mit einem ganz kleinen Stückchen Theorie, mit Grundzügen der Fachsprache der Linguisten, vertraut zu machen. Und danach schauen wir uns dann ein wenig im frühen und anschließenden späten Mittelalter sowie in der frühen Neuzeit um, zunächst also in der Zeit Karls des Großen und dann (im Spätmittelalter bzw. in der frühen Neuzeit) bei Martin Luther, in der Zeit des Frühneuhochdeutschen.

Welche Lesergruppen?
Gerade schriftliche Texte, insbesondere Bücher, sind kein Medium sog. exklusiver Kommunikation, wie es z.B. persönlich adressierte Briefe oder geheime Botschaften sind. Im Prinzip können alle alles, was in der Vergangenheit publiziert wurde und was heute publiziert wird, *lesen.* Tatsächlich werden wir vieles, was wir im Prinzip lesen

könnten, je nach Art des Textes und je nach unseren Voraussetzungen jedoch mit mehr oder weniger großer Mühe und auch mit mehr oder weniger großem Interesse lesen.

Um nicht ‚ins Leere' hinein zu schreiben, habe ich versucht, mich an sprachinteressierten Lesern zu orientieren, die sich mit diesem Buch auf eine anregende, relativ leicht zugängliche und hoffentlich auch ein wenig unterhaltsame Art und Weise über die deutschen Sprache in ihren vielfältigen Erscheinungsformen informieren möchten. Wer dies möchte, der könnte dieses kleine Buch vielleicht sogar als (lehrreiche) Urlaubslektüre in Betracht ziehen.

Darüber hinaus kommen noch zwei besondere Gruppen von Lesern als Adressaten in Frage: Schüler und Schülerinnen an Gymnasien und Realschulen, die etwa einen Leistungskurs ‚Deutsch' besuchen (bzw. Lehrer und Lehrerinnen, die einen solchen vorbereiten) und Studierende, die im ersten Semester ihres Bachelorstudiums einen Überblick über das Fach Germanistik und seine linguistischen Teildisziplinen gewinnen möchten. Trotzdem ist das Buch nicht als (akademisches) ‚Lehrbuch' konzipiert. Man kann sich damit zwar über viele Fragen informieren, mit denen sich die germanistische Linguistik beschäftigt, es handelt sich jedoch, wie gesagt, um eine *populärwissenschaftliche* Darstellungsweise, die zwar inhaltliches Interesse wecken und vielleicht auch befriedigen kann, die jedoch keine ‚Einführung in die Linguistik' ersetzen will.

Betrachten Sie dieses kleine ‚Sprachbuch' daher nicht als Fachliteratur, sondern eher als eine hoffentlich anregende und unterhaltsame, gleichwohl informative Freizeitlektüre.

1 Wie die Linguisten über Sprache sprechen

Wie in jeder Wissenschaft verwenden auch die Sprachwissen-schaftler, die Linguisten, in ihrer Fachkommunikation eine Fachsprache oder eine spezifische Wissenschaftssprache, mit der sie sich über die spezifischen Probleme ihres Faches, hier also der Linguistik bzw. der Germanistischen Linguistik (wenn es um die deutsche Sprache geht) verständigen. Sie verfügen wie andere Wissenschaftler auch Fachausdrücke (Termini) für die präzise und unmissverständliche Bezeichnung bestimmter sprachlicher Phäno-mene. Trotzdem ist man sich nicht immer (und erst recht nicht weltweit) einig, welches Phänomen wie bezeichnet werden soll, weil mit der jeweiligen Bezeichnung immer auch ein impliziter Hinweis auf eine bestimmte *Theorie* verbunden ist, die das betreffende Phänomen auf eine bestimmte Weise betrachtet, und dabei auch eine bestimmte Auffassung davon entwickelt hat, um welche Art von Phänomen es sich eigentlich handelt. Solche Theorien, beispiels-weise über verschiedene sprachliche Teilsysteme des Deutschen, wie etwa die Grammatik im Allgemeinen oder die Wortbildung im Speziellen, gehen oft auf einen bestimmten Forscher zurück, der die Theorie als erster entwickelt und begründet hat. Aber kaum eine Theorie ist unwidersprochen geblieben.

Um sich von alten, schon vorhandenen Theorien abzugrenzen, er-scheint es demjenigen, der eine neue Theorie aufstellt, in der Regel sinnvoll, auch eine neue Terminologie zu ‚erfinden'. So entstehen in der Auseinandersetzung zwischen alten und neuen Theorien oft konkurrierende Terminologien, unterschiedliche fachsprachliche Bezeichnungen für etwas, was uns als Laien wie der gleiche Gegenstand erscheint. – Das alles klingt jetzt genau so abstrakt, wie die Fachkommunikation eben oft geführt wird. Wenn wir etwas nicht oder nicht genau verstehen, dann können wir allerdings um weitere Erklärungen, Erläuterungen oder um ein Beispiel bitten: *Könnten sie das bitte einmal an einem Beispiel veranschaulichen!* – Das will ich gern tun.

Alltagssprache und Fachsprache – Ein Beispiel

Alltagssprachlich „wissen" wir, was ein Wort ist. Wir haben sozusagen einen alltagssprachlichen, laienhaften Wortbegriff. *Haus* ist ein Wort, *Häuser* ist auch ein Wort, aber sind *Haus* und *Häuser* zwei verschiedene Wörter oder nur ein und dasselbe Wort? Das zweite Wort ist der Plural, die Mehrzahl des ersten Wortes. Auch das „wissen" wir. Aber wie wird der Plural im Deutschen eigentlich gebildet – nicht nur der von *Haus,* sondern der Plural überhaupt. Wir glauben wahrscheinlich auch zu wissen, dass die Pluralbildung im Deutschen viel komplizierter ist als im Englischen oder im Spanischen, wo wir einfach ein *–s* an die Singularform anhängen. Als Muttersprachler allerdings stört uns diese Kompliziertheit unseres Systems der Pluralbildung relativ wenig, selbst wenn wir manchmal bei Wörtern wie *Zirkus* nicht ganz sicher sind, wie der Plural hier eigentlich gebildet wird.

Für denjenigen, der nicht Genaueres darüber wissen will, wie das Pluralsystem des Deutschen genau aussieht und im Einzelnen funktioniert, reicht das normale *Sprachwissen,* über das wir verfügen, ein implizites, in gewisser Weise intuitives Wissen, aus, um einigermaßen fehlerfrei Deutsch zu sprechen und zu schreiben. Wer sich jedoch, wie es die Linguisten tun, eingehender mit seiner Sprache beschäftigen möchte, der benötigt mehr Klarheit und Exaktheit in der Art, wie wir über bestimmte sprachliche Phänomene oder Phänomenbereiche der Sprache sprechen. Er braucht eine Art linguistischer Terminologie.

Mit eine solchen Terminologie oder Fachsprache können wir z.B. unseren umgangssprachlichen Wortbegriff präzisieren. Die linguistische Teildisziplin, die sich mit dem Aufbau der Wörter und mit der Wortbildung beschäftigt, ist die *Morphologie.* Anstelle des unpräzisen, weil mehrdeutigen Begriff des Wortes, spricht die Morphologie von verschiedenen Arten von Morphemen, aus denen ein Wort bestehen kann. Wir können leicht erkennen, dass unser

Beispielwort *Häuser* so gebildet ist, dass an den Singular *Haus* ein -*er* angehängt worden ist: -*er* ist ein *Pluralmorphem* des Deutschen, das für eine ganze Reihe von Wörtern verwendet wird, z.b. auch für *Gut,* wo der Plural auch durch Anhängen von –*er* gebildet wird: *Güter.* Sie haben schon bemerkt, dass bei beiden Beispielen noch etwas anderes gemacht wird: es wird ein Umlaut, ein Diphtong gebildet. Die Regel für die Pluralbildung ist hier also tatsächlich komplexer: ‚Umlautbildung + Anhängen von –*er*'. Aber auch das macht dem Muttersprachler keine Probleme. Dass hier ein Problem liegen könnte, bemerken wir erst, wenn wir die Perspektive desjenigen einnehmen, der ‚Deutsch als Fremdsprache' lernen möchte und vielleicht nicht *Häuser,* sondern *Häuse sagt, also eine Pluralbildung macht, die es im Deutschen ja tatsächlich gibt: *Maus – Mäuse.* Warum sollte man nicht in Analogie dazu *Häuse* sagen?

Wenn wir jemandem die *Regeln* der Pluralbildung im Deutschen begreiflich machen wollen, müssen wir sie erst einmal selbst zu begreifen versuchen: Wie funktioniert denn dieses kleine Teilsystem, die Pluralbildung, im Deutschen? Dann können wir vielleicht eine Art Regel formulieren, die hilfreich ist für jemanden, der Deutsch lernen möchte: Deutsch als Fremdsprache. Denn unsere Kinder benötigen in ihrem muttersprachlichen Spracherwerb solche Erklärungen in der Regel nicht.

So wie in diesem kleinen Beispiel zur Pluralbildung hat die Linguistik eine Reihe grundlegender Unterscheidungen eingeführt und in ihrer Fachsprache so präzis und eindeutig wie möglich zu benennen versucht.

Sprache und Sprachgebrauch (langue und parole)

So wie den Linguisten der alltagssprachliche Begriff des Wortes nicht präzis genug war, so ist auch der Begriff der Sprache selbst nicht präzis genug, er ist genauso *mehrdeutig* wie der alltagssprachliche Begriff des Wortes. Was meinen wir denn, wenn wir von der deutschen, französischen oder italienischen *Sprache* sprechen? Oder wenn wir fragen, ob wir unsere Bewerbung in englischer Sprache schreiben sollen? Das eine Mal stellen wir uns Sprache als ein System von Regeln vor, die wir als Muttersprachler im Kopf haben, als *sprachliches Wissen*; das andere Mal stellen wir uns Sprache nicht als etwas im Kopf, sondern eher als etwas auf dem Papier, als einen Text vor. Aber auch die mündlichen Äußerungen, die wir in einem Gespräch machen, sind Sprache.

Deshalb trifft die (strukturalistische) Sprachwissenschaft seit den berühmten Vorlesungen des Genfer Allgemeinen Sprachwissenschaftlers Ferdinand de Saussure (1857-1913), die posthum unter dem Titel *Cours de Linguistique Générale* von zwei seiner Schüler 1916 herausgegeben wurden (dt. unter dem Titel: *Grundfragen der allgemeinen Sprachwissenschaft)*, die Unterscheidung zwischen *langue* und *parole*. Dabei war de Saussure der Auffassung, dass die Linguistik sich eigentlich nur mit der *langue*, mit dem *Sprachsystem*, beschäftigen solle, nicht mit der *parole* (wörtlich übersetzt: *Rede*), dem *Sprachgebrauch* oder der *Sprachverwendung*.

Bei der Sprachverwendung, also wenn wir tatsächlich sprechen oder schreiben, kommt natürlich der Sprecher oder Schreiber, also ein individuell sprachlich Handelnder, ins Spiel. Und was individuell und nicht allgemein sei, könne man kaum wissenschaftlich untersuchen, jedenfalls nicht im Sinn einer strukturalistischen Sprachwissenschaft. Diese Auffassung ist natürlich ein wenig vereinfacht, vielleicht ist sie auch ein Missverständnis der Schüler de Saussures. In den Manuskripten de Saussures geht es nämlich durchaus um den Prozess der Bildung von sprachlichen Zeichen durch die Sprecher einer Sprache. De Saussure nennt diesen Prozess der Zeichenbildung *Semiose*. Es ist relativ schwierig, wie man sich einen solchen Zeichenbildungs*prozess* vorstellen kann. Deshalb ist bis heute die eher statische Vorstellung des sprachlichen Zeichens, wie sie in den von Sèchehaye und Bally veröffentlichten Vorlesungen de Saussures entwickelt wird, populärer geblieben.

Sie haben sicherlich bemerkt, dass wir jetzt nicht mehr wie in der Alltagssprache einfach von Wörtern sprechen, sondern wir verstehen Sprache jetzt als ein *System von Zeichen*. Was wir *Wort* nennen, ist für de Saussure allerdings eine ganz besondere Art von Zeichen, nämlich ein *sprachliches Zeichen*. Damit hat sich die Linguistik zu beschäftigen, während sich die *Semiotik* mit Zeichen jeglicher Art (also z.B. mit Bildzeichen, mit einer Zeichensprache wie die der Taubstummen usw.) beschäftigt.

Das sprachliche Zeichen

Ebenso verbreitet wie die Unterscheidung von *langue* und *parole* ist in der Linguistik die Unterscheidung von zwei ‚Seiten' des sprachlichen Zeichens, die untrennbar miteinander verbunden sind und erst zusammen ein Zeichen ausmachen. Einerseits hat ein sprachliches Zeichen eine sog. *Ausdrucksseite*, die de Saussure das Bezeichnende (*signifiant*) nennt, und andererseits eine sog. *Inhaltsseite*, die de Saussure das Bezeichnete (*signifié*) nennt.

In unserem Beispiel *Haus* ist das, was wir aussprechen, also die Lautfolge [*h – au – s*] die Ausdrucksseite des Zeichens, etwas Konkretes, Hörbares oder Lesbares, wenn wir es niederschreiben. Die Inhaltsseite dieses Zeichens *Haus* wäre nun das, was das Wort bzw. das sprachliche Zeichen *Haus* bedeutet, eben sein Inhalt oder seine Bedeutung.

Arbiträr, aber konventionell

Nach de Saussure hat das sprachliche Zeichen zwei wesentliche Eigenschaften. Es ist einerseits *arbiträr:* Zwischen der Ausdrucksseite und der Inhaltsseite gibt es keine natürliche oder notwendige Verbindung; dass gerade die Lautfolge [*h – au –s*] verwendet wird, um von einer bestimmten Art von Gebäuden zu sprechen, ist ‚willkürlich' bzw. ‚nicht motiviert', eben arbiträr. Das leuchtet unmittelbar ein, denn in anderen Sprachen ist der Bedeutung

‚*Haus*' eine andere Lautfolge zugeordnet, wir sagen einfach etwas anderes, z.B. *maison* oder *casa*, meinen damit aber in etwa das Gleiche, was wir meinen, wenn wir als Deutsche *Haus* sagen.

Das sprachliche Zeichen ist jedoch andererseits *konventionell:* Wenn es ‚willkürlich' ist, was wir wie benennen, kann man daraus nämlich nicht die Konsequenz ziehen, jeder Sprecher könnte alles einfach nennen, wie er will. Er würde dieses Experiment sicherlich schnell abbrechen, weil er schnell merken würde, dass ihn dann niemand versteht. Es ist also zwar ‚im Prinzip' gleichgültig, wie wir etwas nennen, jede Sprache macht das anders, aber nicht jeder Sprecher einer Sprache kann es machen, wie er will, weil das sprachliche Zeichen im System der jeweiligen Sprache eben *konventionell* ist. Alle Sprecher des Deutschen halten sich daran, Häuser *Haus* zu nennen. Und sie halten sich auch an die feineren Unterschiede: Eine Hütte ist kein Haus, eine Fabrikhalle wahrscheinlich auch nicht, aber sowohl ein Einfamilienhaus wie ein Zweifamilienhaus und auch ein noch viel größeres Mietshaus oder ein noch viel höheres Hochhaus nennen wir im Deutschen übereinstimmend *Haus*.

Es gibt eine schöne Geschichte des Schweizer Autors Peter Bichsel („Ein Tisch ist ein Tisch"), in der ein trauriger und einsamer alter Mann damit beginnt, eine neue Sprache zu erfinden, eine Sprache, die nur ihm gehört, indem er alles ‚umbenennt'. Er entdeckt sozusagen das Arbitraritätsprinzip und führt es zugleich ad absurdum. Denn in der Konsequenz bemerkt er, obwohl er sogar schon in seiner neuen Sprache zu träumen beginnt, dass ihn die „Leute auf der Straße" nicht mehr verstehen, weil er gegen das Konventionalitätsprinzip verstoßen hat. Niemand kann seine eigene Sprache erfinden oder die bestehende eigenmächtig verändern. Der Sprachwandel ist ein Prozess, in dem die Veränderung mit der Konventionalisierung Hand in Hand gehen muss. Denn etwas, was nicht mehr *verstehbar* ist, ist keine Sprache mehr (was nicht heißt, dass es nicht viele Sprachen gibt, die wir nicht verstehen, weil wir sie eben nicht zu sprechen gelernt haben; aber wir könnten es im Prinzip tun). Und so endet die Geschichte von Peter Bichsel genau so traurig, wie sie begonnen hat: Weil keiner den alten Mann mehr verstehen konnte, sprach er kaum noch mit jemandem: „*Er schwieg, sprach nur noch mit sich selbst, grüßte nicht einmal mehr*", und so war er schließlich noch einsamer als zuvor. Es funktioniert einfach nicht, sich ein ‚Privatsprache' zu schaffen.

Wenn Kinder in einem bestimmten Alter Spaß daran finden, eine Geheimsprache zu erfinden, dann machen sie das mindestens zu zweit. Und für diese beiden ist die Geheimsprache dann gar nicht geheim, denn sie können sich wunderbar miteinander verständigen, ohne dass andere verstehen, worüber sie reden; aber nur solange, wie niemand den Code knackt.

Drei Zeichenfunktionen
Anders als F. de Saussure, der von der Zweiseitigkeit des sprachlichen Zeichen ausging, also einen bilateralen Zeichenbegriff hat, entwickelte der Sprachpsychologe Karl Bühler in den 30-er Jahren ein sog. ‚Organon-Modell' des sprachlichen Zeichens, in dem es primär zwar auch um die *Symbol-* oder *Darstellungsfunktion* des Zeichens geht, in dem jedoch auch zwei weitere Funktionen berücksichtigt werden: die *Symptom-* oder *Ausdrucksfunktion* sowie die *Appellfunktion* des sprachlichen Zeichens. Während die Darstellungsfunktion auf die darzustellende oder zu bezeichnende Sache gerichtet ist, ist die Ausdrucksfunktion auf den Sprecher selbst und die Appellfunktion auf den Hörer bezogen. Aufgrund des Bezugs auf Sprecher und Hörer ist das Organon-Modell im Grunde bereits pragmatisch, d.h. auf sprachliches Handeln orientiert. Ich will Ihnen hier lediglich die Symptomfunktion kurz an einem Beispiel verdeutlichen:

Wenn Sie einen französischsprachigen Sprecher hören, kann dieser im Prinzip aus Frankreich, aus Kanada, aus Belgien oder aus der Schweiz stammen (natürlich auch aus Tunesien, Algerien usw.). Jetzt hören sie einmal genau hin, wie er zählt. Und wenn Sie hören, dass er nicht die uns im Französischen etwas befremdlich erscheinende Zählweise für ‚siebzig', nämlich ‚60-10' (*soixante-dix*) verwendet, sondern *septante* sagt, dann haben Sie Grund zu der Annahme, dass der Sprecher nicht Franzose, sondern Schweizer oder Belgier ist. Die Bildung der Zahlwörter ist also symptomatisch für die Herkunft des Sprechers bzw. für die Variante des Französischen, die er spricht. Beide Zahlwörter verweisen in ihrer *Darstellungsfunktion* auf genau das Gleiche, hinsichtlich der *Symptomfunktion* geben sie aber zusätzlich einen Hinweis auf die regionale Herkunft des Sprechers. Das ist genauso, wenn ein Sprecher des Deutschen seine Mundart spricht oder wenn Sie anstatt British English American oder Australian English hören und daran die Herkunft eines Sprechers erkennen.

Mithilfe der *Appellfunktion* des Zeichens kann schließlich versucht werden, eine bestimmte Wirkung beim Hörer, beim Adressaten einer Äußerung zu erzielen, ihn also in einer bestimmten Weise zu beeinflussen.

Sprachkompetenz

Während sich die Linguistik im ursprünglich strukturalistischen Verständnis ausschließlich mit der *langue*, also mit dem statisch verstandenen Sprachsystem, beschäftigen sollte, wird diese Auffassung heute in der Linguistik kaum noch akzeptiert. In den 60-er Jahren des 20. Jahrhunderts entwickelte der Amerikaner Noam Chomsky nämlich eine neue Art von Grammatik, die sog. generative Transformationsgrammatik, die *nicht statisch*, sondern *dynamisch* sein sollte. Chomsky verstand eine Grammatik als einen auf sog. Erzeugungsregeln basierenden Algorithmus, der das sprachliche Wissens, die *Sprachkompetenz* eines (allerdings ‚idealen') Sprecher-Hörers beschreiben sollte.

Als sich in den 70-er Jahren die Sozio- und Pragmalinguistik, die linguistische Pragmatik entwickelte, verstand man den Begriff der Sprachkompetenz nicht mehr als eine rein theoretische Vorstellung, bezogen auf einen ‚idealen' Sprecher, sondern dachte jetzt an die tatsächlichen, jeweils unterschiedlichen Kompetenzen konkreter Sprecher, die in konkreten Situationen und sozialen Zusammenhängen sprachlich interagieren.

Jeder von uns besitzt eine solche Sprachkompetenz, sprachliches Wissen, das uns befähigt, die Sprache zu sprechen (und auch zu beurteilen), die wir im muttersprachlichen Spracherwerb *erworben* haben. Darüber hinaus können wir aber auch eine oder mehrere Fremdsprachen sprechen, die wir in der Schule oder in informellen Lebens- und Kommunikationszusammenhängen *erlernt* haben können, die wir also *gesteuert* (wie in der Schule) oder *ungesteuert* (im praktischen sprachlichen Umgang) erlernt bzw. erworben haben. Sicherlich umfasst unsere Sprachkompetenz mehr, als die ursprünglich von N. Chomsky gemeinte Fähigkeit, grammatikalisch akzeptable Sätze zu äußern und die Grammatikalität von Sätzen (in unserer Muttersprache) zu beurteilen.

Ein übersetzungskritischer Hinweis sei in diesem Zusammenhang erlaubt: Chomskys englisch-amerikanischer Begriff der *linguistic competence* sollte nicht, wie man es oft liest, mit *linguistische Kompetenz* übersetzt werden, sondern mit dem Begriff *Sprachkompetenz,* denn die *linguistische* Kompetenz meint die Fachkompetenz eines Linguisten und nicht die Kompetenz eines natürlichen Sprechers, eine Sprache angemessen zu sprechen.

Dass Linguisten nicht nur *mit,* sondern auch *über* Sprache sprechen können, wird jedoch nicht erst durch ihre Fachsprache möglich, die Möglichkeit zur *Sprachreflexion* ist bereits in jeder natürlichen Sprache angelegt. Denn nicht nur als Linguist kann ich über Sprache und Kommunikation sprechen; Sie, liebe Leser, können es selbstverständlich auch, wenn Sie es auch wahrscheinlich ein wenig anders tun würden als ich.

Objektsprache und Metasprache

Mithilfe unserer Sprache können wir nämlich nicht nur über die Dinge (‚Objekte') in der Welt sprechen, sondern Sprache kann auch auf sich selbst verweisen. Sie ist ein *reflexives Medium*. So können wir mithilfe bestimmter *sprachreflexiver Ausdrücken* über die Sprache selbst sprechen, wenn wir etwa von ‚Wörtern', ‚Sätzen' und ‚Texten', von ‚Verstehen' und ‚Missverstehen', von ‚Sprechen und Hören', ‚Schreiben und Lesen' usw. sprechen. Solche Ausdrücke nennt der Linguist *metasprachliche Ausdrücke,* weil sie sich auf Sprache beziehen, das Sprechen *über* Sprache ermöglichen, während wir für das Sprechen über die ‚Objekte' in der Welt *objektsprachliche* Ausdrücke verwenden.

Die Unterscheidung von *Objektsprache* und *Metasprache* weist auf ein ganz wesentliches Merkmal hin, mit dem wir sog. *natürliche* Sprachen von *künstlichen* Sprachen – und auch von tierischen Kommunikationssystemen, wie etwa der ‚Sprache' der Bienen, unterscheiden können. Bei der ‚Bienensprache' handelt es sich, so meine ich, im strengen Sinn deshalb nicht um eine ‚Sprache', weil die Bienen eben nicht wie bei einer natürlichen Sprache über metasprachliche Möglichkeiten verfügen, sondern aufgrund einer Art genetischen Programms miteinander ‚kommunizieren'. Wer eine künstliche Sprache konstruiert, wie z.B. eine Formelsprache oder eine der internationalen Hilfssprachen, wie z.B. Esperanto oder Valpük, muss sich dabei stets einer natürlichen Sprache bedienen.

Reflexivität ist also ein Merkmal, das ausschließlich die natürlichen Sprachen aufweisen, die gleichermaßen über objektsprachliche wie auch über metasprachliche Mittel verfügen. Die Linguistik kann man dementsprechend als eine fachsprachliche Systematisierung und Präzisierung des Sprechens über Sprache verstehen – als etwas, woran schon die lateinischen Grammatiker gearbeitet haben, die uns viele grammatische Einsichten überliefert haben, wie etwa die Unterscheidung verschiedener Wortarten, die Unterscheidung von

Konjugation und Deklination, die Unterscheidung verschiedener Tempora und Modi, Satzarten, usw.

Mündlichkeit und Schriftlichkeit

Wenn wir im Alltag von ‚Sprache' sprechen, denken wir wohl meistens an *geschriebene Sprache* (*Schriftsprache*) oder auch an die eine oder andere Art von (schriftlichen) Texten. Im Gegensatz dazu ist für die Sprachwissenschaft die *gesprochene Sprache* der eigentliche Gegenstand der Untersuchung. Die gesprochene Sprache wird als das *primäre* System und die Schrift als ein *sekundäres* System verstanden. Dies ist deshalb sinnvoll, weil es (immer noch) Sprachen gibt, die kein Schriftsystem haben und weil, wie wir auch bei unserem geschichtlichen Blick auf das Deutsche sehen werden, dass schriftliche Sprache historisch oft erst relativ spät in Erscheinung tritt. Etwas vereinfacht könnte man sagen: Geschrieben wurde (im Mittelalter) zunächst Lateinisch, gesprochen wurden verschiedene germanische bzw. althochdeutsche Dialekte (dazu im nächsten Kapitel mehr).

Diesen beiden Erscheinungsformen von Sprache, einmal als gesprochene Sprache, ein anderes Mal als geschriebene Sprache, entsprechen unterschiedliche *Teilkompetenzen*, die es uns ermöglichen, gesprochene wie geschriebene Sprache zu verstehen und auch selbst zu produzieren. Für diese Teilkompetenzen kennen wir auch in unserer Alltagssprache entsprechende Bezeichnungen: Wenn wir gesprochene Sprache *verstehen* wollen, müssen wir (*zu*)*hören*, wenn wir selbst gesprochene Sprache hervorbringen, dann *sprechen* wir. Wenn wir geschriebene Sprache, schriftliche Texte, verstehen *(rezipieren)* wollen, dann *lesen* wir sie, wenn wir umgekehrt selbst schriftliche Texte produzieren wollen, dann *schreiben* wir.

Nicht nur in der Entwicklung der Sprachen in der Geschichte der Menschheit, also *phylogenetisch* betrachtet, sondern auch in der sprachlichen Entwicklung des Kindes, also *ontogenetisch* betrachtet, ist die Entwicklung der Schrift nachrangig. Sie beginnt zwar oft schon kurz vor Schuleintritt mit ersten Kritzeleien, aber im Grunde werden unsere Kinder erst in den ersten beiden Schuljahren durch relativ systematisches Schreiben- und Lesenlernen (meistens mithilfe sog. Fibeln) auf den Weg zur Schrift gebracht. Auch wenn es prinzipiell vorstellbar wäre, wird das Schriftsystem offensichtlich nicht so unproblematisch und spontan-ungesteuert erworben wie die gesprochene Sprache im muttersprachlichen Spracherwerb, sondern es bedarf (fast wie beim Erlernen einer Fremdsprache) ausdrücklicher Anleitung, z.B. durch eine Lehrkraft in der Grundschule, die sich mit den Prozessen des *Erstlesens* und *Erstschreibens*, mit dem *Schriftspracherwerb*, wie wir heute sagen, auskennt.

Der Schriftspracherwerb ist ein manchmal mühevoller Lernprozess, zumindest wenn wir hier die vielfältigen Probleme beim Erlernen der deutschen *Rechtschreibung* mit einbeziehen. Aber zweifellos ist der Rechtschreiberwerb ein integraler Bestandteil des Schriftspracherwerbs, nur sprechen wir meistens erst dann davon, wenn wirklich gravierende Probleme, Schwächen oder Störungen auftreten, wie sie dann etwa als „LRS" (*Lese-Rechtschreib-Schwäche*) oder *Legasthenie* auch in der Öffentlichkeit wahrgenommen und diskutiert werden.

Lektüreempfehlungen

Der Klassiker der strukturalistischen Sprachwissenschaft wurde in einer zweisprachigen Ausgabe zum 100. Todestag F. de Saussures im Februar 2013 neu herausgegeben von Peter Wunderli:

Wunderli, Peter (Hg.): *Ferdinand de Saussure: Cours de linguistique générale*. Zweisprachige Ausgabe französisch-deutsch mit Einleitung, Anmerkungen und Kommentar. Tübingen: Gunter Narr Verlag, 2013.

Das ‚Organon-Modell' des sprachlichen Zeichens wird entwickelt in:

Bühler, Karl: *Sprachtheorie. Die Darstellungsfunktion der Sprache*. Jena 1934 (Neudruck Stuttgart/ New York 1982 (= UTB 1159).

Zu den Grundpositionen der Generativen Transformationsgrammatik kann man neuere Arbeiten von Noam Chomsky heranziehen, ggf. auch entsprechende Einführungen in die Generative Grammatik, die sich in der Regel an Studierende in philologischen Fächern richten. Wer Chomsky im (übersetzten) Original lesen möchte, dem empfehle ich immer noch die relativ frühe Arbeit:

Chomsky, Noam: *Aspekte der Syntax-Theorie*. Frankfurt am Main: Suhrkamp Verlag, 1969.

Zur linguistischen Fachsprache kann man das recht verlässliche Wörterbuch von Hadumod Bußmann zu Rate ziehen:

Bußmann, Hadumod: *Lexikon der Sprachwissenschaft*. 2. völlig neu überarbeitete Auflage. Stuttgart: Kröner Verlag, 1990.

I Historische Mehrsprachigkeit

2 Deutsche Sprache im Wandel

Mit den wenigen Seiten eines einzigen Kapitels eines kleinen Büchleins über die deutsche Sprache kann und will ich nicht in Konkurrenz treten zu den bereits vorliegenden umfassenden sprachhistorischen Darstellungen. So hat beispielsweise Peter von Polenz, dessen Vorlesungen ich als junger Germanistikstudent Ende der sechziger Jahre in Heidelberg besucht habe, 1991 (1. Aufl. 1978) eine hervorragende „Deutschen Sprachgeschichte vom Spätmittelalter bis zur Gegenwart" publiziert, ebenso wie Gerhart Wolff 1994 seine „Deutschen Sprachgeschichte", in der anders als bei von Polenz auch die „Frühgeschichte der deutschen Sprache" ausführlich behandelt wird. Ich will in diesem Kapitel lediglich versuchen, Ihnen zunächst einige grundlegende, fast schon ‚klassisch' zu nennende sprach*historische* Unterscheidungen nahe zu bringen, um dann mit Ihnen zunächst historisch zu den Anfängen der deutschen Sprache zurück zu blicken in die Zeit Karls des Großen und in die Zeit Martin Luthers.

Synchrone und diachrone Sprachwissenschaft

Spätestens seit der Entwicklung der modernen Linguistik in der Mitte des 20. Jahrhunderts, aber auch schon seit der Entwicklung einer strukturalistischen (allgemeinen) Sprachwissenschaft in der ersten Hälfte des 20. Jahrhunderts durch den Genfer Vertreter der Allgemeinen Linguistik (*linguistique générale*) Ferdinand de Saussure unterscheiden wir zwischen einer *diachronen* und einer *synchronen* Sprachwissenschaft. Die diachrone (historische) Sprachwissenschaft versucht die historische Entwicklung einer einzelnen Sprache zu rekonstruieren; sie rekonstruiert verschiedene historische Entwicklungs*stufen*, sozusagen historische ‚Sprachzustände' und deren Veränderung. Die synchrone (systematische) Sprachwissenschaft untersucht einen bestimmten Sprachzustand, in der Regel den jeweils gegenwärtigen, systematisch in seiner Struktur, ohne die historischen Veränderungen in verschiedenen Entwicklungsstufen zu berücksichtigen.

Historische Entwicklungsstufen

Für unsere gegenwärtige deutsche Sprache, die wir aus sprachhistorischer Perspektive *Neuhochdeutsch* nennen, sind solche Entwicklungsstufen das *Frühneuhochdeutsche* (wozu Luthers Bibelübersetzung gehört), das *Mittelhochdeutsche* (wozu im frühen Mittelalter das Nibelungenlied und im späten der Minnesang mit den Liedern Walthers von der Vogelweide gehören) und das *Althochdeutsche,* für das es nur relativ wenige überlieferte Zeugnisse gibt (z.B. die ,Merseburger Zaubersprüche' oder eine Art Biologiebuch, den ,Physiologus', Gebete, wie das ,Wessobrunner Gebet', oder ein althochdeutsches ,Vater Unser', ,Taufgelöbnisse', wie sie von den Missionaren in der Christianisierung der germanischen Völker verwendet wurden, und schließlich auch ein Text der Heldendichtung, das ,Hildebrandslied').

Sprachfamilien

Noch ältere Entwicklungs-, eigentlich aber Vorstufen des Deutschen, wie das *Gotische,* das *Früh-* und das *Urgermanische* sind ebenfalls von der historischen Sprachwissenschaft erforscht worden, die dann aber nicht mehr unbedingt Teil der Germanistik ist. Denn aus dem Germanischen entwickeln sich ja alle germanischen Sprachen, nicht nur das (Althoch)deutsche, sondern genauso das Altnordische, das Altenglische, das Altniederländische, das Altsächsische sowie eine Reihe kleinerer Sprache, wie z.B. das Langobardische.

Eine Art übergreifende gemeinsame ,Ursprache', das *Indogermanische* oder, wie wir heute sagen, das *Indoeuropäische*, wird von der Indogermanistik zu rekonstruieren versucht. Dabei wird versucht, eine historische Verbindung herzustellen zwischen verschiedenen Sprachen, zwischen denen ,Urverwandtschaften' bestehen. Gleichzeitig werden verschiedene *Sprachfamilien* unterschieden, wie eben das Indoeuropäische und andere Sprachfamilien wie beispielsweise das Finnisch-Ugrische, das Semitische, das Turko-Tatarische, das Tibeto-Chinesische bis hin zum Bantu und einigen weiteren Sprachfamilien.

Zu jeder dieser ‚Familien' gehören eine Reihe von Sprachen, aus denen sich dann unsere heutigen Sprachen entwickelt haben. So gehören zum Indoeuropäischen neben dem Germanischen beispielsweise auch das Romanische, das Slawische, aber auch das Armenische und das Iranische, zu denen dann wiederum einzelne Sprachen, wie sie heute existieren, gehören. Nicht alle Sprachen des heutigen Europa sind indoeuropäische Sprachen. So gehören z.B. das Finnische und das Estnische, aber auch das Ungarische, zur Familie der finnisch-ugrischen Sprachen.

Wenn Sie sich in den heutigen Ländern Finnland, Estland oder Ungarn – vielleicht ausgestattet mit einem Reisesprachführer – sprachlich zurecht zu finden versuchen, werden Sie sofort bemerken, dass dies viel schwieriger ist als in Spanien oder in Schweden. Die finnisch-ugrischen Sprachen erscheinen uns ‚fremder', ganz anders eben als die Sprachen, die zur gleichen Sprachfamilie wie das Germanische bzw. das Deutsche gehören. Das wurde mir bei einem Besuch in Helsinki sofort bewusst: Da es in Helsinki eine schwedischsprachige Minderheit gibt, sind dort alle Straßennamen zweisprachig angegeben, auf Finnisch und auf Schwedisch. Auf Schwedisch kommen Ihnen die Straßennamen, auch wenn Sie genauso wenig Schwedisch wie Finnisch können, irgendwie vertrauter vor als in der finnischen Version. Man ‚spürt' also tatsächlich die Verwandtschaft des Schwedischen mit dem Deutschen, während eine solche (historische) Verwandtschaft mit dem Finnischen nicht besteht. Ähnlich ist es bei den baltischen Sprachen, wo Estnisch zur finnisch-ugrischen Familie gehört, während Lettisch wiederum zur indoeuropäischen Familie gehört.

Was wir jetzt gerade (wie germanistische oder indogermanistische Sprachwissenschaftler) tun, ist der Versuch, bestimmten Ähnlichkeiten oder Gemeinsamkeiten zwischen verschiedenen Sprachen historisch nachzuspüren. Wenn wir feststellen, dass bestimmte Sprachen Gemeinsamkeiten aufweisen, schließen wir daraus, dass sie historisch miteinander 'verwandt' sein könnten, dass sie zu der gleichen *Sprachfamilie* gehören, also gewissermaßen ,gemeinsame Vorfahren' haben.

Vergleichende Grammatiken

Man kann Sprachen aber, wie gesagt, nicht nur in der diachronen, sondern auch in der synchronen Perspektive betrachten und auch miteinander vergleichen. Dann interessieren uns nicht die historischen Veränderungen, nicht die Prozesse des *Sprachwandels,* sondern die gegenwärtigen Strukturen einer Sprache oder eben auch verschiedener Sprachen, die wir synchron miteinander vergleichen wollen. In der Regel vergleicht man Sprachenpaare, was dann im Ergebnis zu vergleichenden oder *kontrastiven Grammatiken* führen kann. In der Welt der Grammatiken finden wir also nicht nur Grammatiken für jeweils eine Sprache (*Deutsche Grammatik, Grammatik der französischen Sprache* etc.), sondern auch vergleichende oder kontrastive Grammatiken, die vor allem beim Erlernen einer Fremdsprache bzw. bei der Erstellung von Sprachlehrwerken konsultiert werden können (*Deutsch-Französische Grammatik; Deutsch-Polnische Grammatik* etc.).

Auf all diese vielfältigen Aspekte, unter denen die diachrone und die synchrone Sprachwissenschaft in ihren verschiedenen Teildisziplinen Sprache betrachtet, kann ich hier nur kurz hinweisen. Wollte ich auch nur einzelne dieser Aspekte vertiefend darstellen, müsste ich wohl eine ganze Reihe verschiedener Bücher schreiben.

Sprachwandel

Was wir als eine generelle Einsicht hervorheben wollen, ist dies: Jede Sprache ist ein historisch gewachsenes und ein sich kontinuierlich veränderndes Gebilde, das einerseits ganz eigene Strukturen, aber andererseits auch Verwandtschaften mit anderen Sprachen aufweist. In ihrer fortwährenden historischen Veränderung zeigt sich die Entwicklungs- oder Anpassungsfähigkeit einer Sprache. Wenn wir nicht nur in die Geschichte zurückblicken, sondern auch eine ,Prognose' wagen wollen, wie oder wohin sich z.B. die deutsche Sprache oder die Sprachen in Europa in den nächsten Jahrzehnten oder Jahrhunderten entwickeln könnten, müssen wir auf jeden Fall annehmen, dass Sprachen die Fähigkeit besitzen, sich beständig zu verändern.

Den beständigen Sprachwandel, worin er auch immer begründet sein mag, können wir nicht aufhalten. Vermutlich können wir ihn auch nur schwer, wenn überhaupt, wesentlich beeinflussen oder gar ,steuern' oder planen. Aber streng genommen ist es gar nicht *die Sprache*, die *sich* verändert, sondern es sind tatsächlich die sprachlichen Aktivitäten und Vorlieben der Sprecherinnen und Sprecher einer Sprache, die in ihrem individuellen und schließlich im kollektiven Sprachgebrauch solche Veränderungen mehr oder weniger unbewusst hervorbringen: Veränderungen, die dann irgendwann Eingang in Grammatiken und Wörterbücher finden, und damit *kodifiziert* werden, wie die Linguisten sagen. Sprachen, die sich nicht mehr verändern, wie das klassische Latein oder Griechisch, sind tote Sprachen. Dort aber, wo beispielsweise das Latein in der mündlichen Kommunikation, als gesprochene Sprache, tatsächlich weiter verwendet worden ist, hat es sich gewandelt zum sog. *Vulgärlatein*, aus dem sich dann wiederum die verschiedenen romanischen Sprachen entwickelt haben, wie z.B. das Französische (zunächst das Altfranzösische, das auf der Ebene der Schrift auch erste literarische Texte hervorbringt, wie etwa das *Alexiuslied*), das Italienische oder das Spanische, aber auch das Rumänische.

Während die sog. Zentralromania mit Italien – und das spüren wir noch deutlich im heutigen Italienisch – noch relativ nah beim Latein verbleibt, entwickeln sich die Sprachen in der sog. Randromania, auf der iberischen Halbinsel und in Rumänien immer weiter weg vom klassischen Latein, z.T. so weit, dass sie auf den ersten Blick, wie etwa das Rumänische im Osten, kaum mehr als romanische Sprachen wahrgenommen werden, weil sie umgeben sind von einer Reihe slawischer Sprachen, die einen erheblichen Einfluss auf die Entwicklung des Rumänischen gehabt haben. Aber wir finden hier neben den romanischen Wurzeln auch deutsche ‚Sprachinseln' im Norden (etwa in der Gegend von Sibiu), wo noch heute Rumänien-Deutsch gesprochen wird. Ebenso sind beispielsweise in Südtirol zwei Drittel der Bevölkerung deutschsprachig, und auch in Ostbelgien gibt es eine kleine deutschsprachige Minderheit. (Auf das Thema ‚Deutsch in Europa und in der Welt' werden wir in späteren Kapiteln noch ausführlicher eingehen.)

Sprachen - und das ist eine ihrer wichtigsten Entwicklungsmöglichkeiten - beeinflussen sich wechselseitig. Dabei verändert sich die eine wie die andere Sprache, und vielleicht ‚überlebt' sie gerade dadurch, dass sie sich als so anpassungsfähig erweist, dass sie nicht irgendwann zu einer ‚aussterbenden' oder schließlich ‚untergegangenen' Sprache wird.

Sprachwandel: Ein Trampelpfad?

Der allgegenwärtige *Sprachwandel* ist ein sehr komplexes Phänomen, das weder in unserer individuellen Entscheidungsmacht liegt, noch von der Sprachgemeinschaft insgesamt bewusst herbeigeführt wird (außer durch Maßnahmen der *Sprachplanung,* wenn man z.B. ein Schriftsystem für eine Sprache entwickeln möchte oder sogar eine neue Sprache wie das Esperanto ‚erfinden' möchte). Der Sprachwandel ist ein ‚Phänomen der dritten Art', das Wirken einer Art „unsichtbaren Hand" (*invisible hand*), wie es der Düsseldorfer Linguist Rudi Keller in Parallele zu bestimmten Ökonomiekonzepten genannt hat. Ein einfaches Beispiel lässt uns das sofort verstehen: Niemand, der daran mitwirkt, dass jenseits der angelegten Wege ein Trampelpfad entsteht, tut dies in der *Absicht,* einen Trampelpfad zu erzeugen. Der Trampelpfad wird, ähnlich wie ein Autobahnstau, *kollektiv* erzeugt, ohne dass jemand dies ausdrücklich will. Er entsteht aus einem anderen Grund, aufgrund der gleichen Maxime, der viele gleichzeitig folgen. Nämlich daraus, dass eine Gruppe von Menschen es sich bequemer machen und den Weg abkürzen möchte. Genauso – das zeigt uns Rudi Keller in seinem Buch „Sprachwandel" – können wir uns den Sprachwandel vorstellen. Normalerweise will niemand bewusst die Sprache verändern, aber trotzdem wirken wir alle aufgrund anderer Interessen daran mit, dass Sprache sich beständig verändert, und den kommunikativen Bedürfnissen der Sprachbenutzer angepasst wird.

Lektüreempfehlungen

Eine akribische Darstellung der Sprachgeschichte des Deutschen hat Peter von Polenz vorgelegt:

von Polenz, Peter: Deutsche Sprachgeschichte vom Spätmittelalter bis zur Gegenwart. Band I. Berlin/ New York 1991: de Gruyter (= Sammlung Göschen 2237); hier bes. Kap. 1 und 2, ansonsten auch als weiterführende Lektüre für das folgende Kapitel..

Die erwähnte Sprachwandeltheorie Rudi Kellers wird entwickelt in:

Keller, Rudi: *Sprachwandel. Von der unsichtbaren Hand in der Sprache.* 2. Auflage. Tübingen/ Basel: Francke Verlag, 1994 (= UTB 1567).

Zu den verschiedenen Sprachfamilien:

Wolff, Gerhart: *Deutsche Sprachgeschichte.* 3. überarb. U. erw. Auflage. Tübingen/ Basel: Francke Verlag, 1994 (= UTB 1581); hier bes. Kap. 1 und 2.

3   ‚Deutsch' in der Mehrsprachigkeit des frühen Mittelalters

Blicken wir zunächst einmal zurück in eine Zeit, in der es auch schon um eine Art von Anpassung der sprachlichen Verhältnisse an die gesellschaftlichen Bedürfnisse (freilich auch an bestimmte Herrschaftsstrukturen) ging. Blicken wir in eine Zeit zurück, in der mit den Anfängen schriftlicher Überlieferung in Form von Inschriften (6./7. Jh.) und mit ersten Handschriften (8. Jh.) sich Vorformen des Deutschen erstmals schriftlich manifestieren. Blicken wir auf Formen des Deutschen, die die Sprachhistoriker in der Regel *Frühdeutsch* nennen.

‚Schriftwerdung' der Volkssprache
Seit Anfang des 8. Jahrhunderts beginnen sich dann in den süd- und mitteldeutschen Dialekträumen (im Alemannischen, im Bairischen, im Thüringischen und Fränkischen) Sprachformen herauszubilden, die wir als *Althochdeutsch* bezeichnen. Wir finden erste *schriftliche* Dokumente in althochdeutscher Sprache in den sog. *Glossen,* in gelegentlichen Hinzufügungen althochdeutscher Übersetzungen einzelner Wörter in zunächst noch durchgängig lateinisch verfassten Texten. Wenig später treten dann erste komplette Übersetzungstexte auf, und schließlich Texte, die in althochdeutscher Sprache verfasst worden sind. Einige dieser althochdeutschen Texte haben wir schon genannt: Zaubersprüche, Gebete und frühe Dichtungen wie das *Hildebrandslied.* Mitte des 9. Jahrhunderts finden sich aber auch bereits erste Rechtstexte wie die *Straßburger Eide (841).*

Im 8. und 9. Jahrhundert finden wir also, wenn auch zunächst nur vereinzelt, erste *schriftliche* Texte bzw. Textfragmente in deutscher Sprache. Aber natürlich gab es im vielsprachigen Reich Karls des Großen längst schriftliche Texte. Die Sprache allerdings, in der schriftliche Texte (wie beispielsweise Gesetze und Verordnungen, die sog. *Kapitularien* Karls des Großen), abgefasst wurden, war das Lateinische. Latein war die Sprache der öffentlich-rechtlichen, der klerikalen und der wissenschaftliche Kommunikation, während das ‚Volk' seine eigene Sprache, verschiedene althochdeutsche Dialekte *sprach.* Die ‚Volkssprache' ist also die in den verschiedenen Landesteilen jeweils gesprochene Umgangssprache. Diese beeinflusst jedoch auch die ersten schriftlichen Texte, die oft noch deutliche Merkmale derjenigen Dialektregion aufweisen, in der sie entstanden sind bzw. aus der ihr Verfasser stammt.

So ist *Althochdeutsch* nicht nur in der mündlichen Kommunikation in den verschiedenen Regionen, sondern auch in den ersten schriftlichen Texten alles andere als eine einheitliche Sprache. Die Vorstellung des Deutschen als einer ‚Einheitssprache' setzt sich erst Jahrhunderte später durch, in den frühen schriftlichen Zeugnissen ist jedoch durchaus schon eine *Tendenz zur Vereinheitlichung* der Sprache zu erkennen. Dadurch wird es möglich, dass sich bereits im späten Althochdeutschen zwischen dem 9. und 11. Jahrhundert vor allem im Wortschatz eine Art überregionaler Verständigungssprache entwickeln kann.

In der Zeit Karls des Großen (786-814) können wir jedoch andererseits noch deutlich erkennen, dass die Funktion der Vereinheitlichung, vielleicht auch die Einheit stiftende Funktion von Sprache, gerade im vielsprachigen Reich Karls des Großen nicht von einer herausgehobenen Volkssprache übernommen wird, sondern noch ganz dem Lateinischen zukommt.

Althochdeutsch

Wenn wir von ‚*Alt-hoch-deutsch*' sprechen, verwenden wir zwar bereits den Begriff ‚*deutsch*', obwohl wir wissen, dass es ‚Deutsch' als eine übergreifende Einheitssprache jenseits der Dialekte in althochdeutscher Zeit (8. – 11. Jh.) noch gar nicht gibt.

Ebenso befremdlich erscheint es uns wahrscheinlich, dass die Sprachhistoriker von ‚*Alt-hoch-deutsch*' sprechen. Das *hoch* hat hier nicht die wertende Bedeutung, mit der wir heute *Hochdeutsch* als

Standardsprache von den Dialekten abgrenzen, sondern es bezeichnet die räumliche Abgrenzung zum *Niederdeutschen*. Im Niederdeutschen finden charakteristische Sprachwandelprozesse, wie sie sich in den alt*hoch*deutschen Dialekten im Süden vollziehen, nicht statt.

Weniger problematisch ist wohl der Bestandteil *alt* in ,*Alt-hochdeutsch*': Dieser verweist auf eine Vorstufe, eine ,alte' Form unserer heutigen deutschen Sprache, ähnlich wie es das Wort *früh* in dem auf eine noch etwas ältere bzw. ,frühe' Stufe verweisenden Begriff ,*Frühdeutsch*' tut. Im Begriff des Althochdeutschen werden also drei unterschiedliche Kategorien zur Einordnung dieser ,Sprachform' verwendet: historische (zeitliche), geographische (räumliche) und linguistische (sprachliche) Kategorien.

Dialektgeographie
Die räumliche Verbreitung einer Sprachform wird von der *Sprach-* oder *Dialektgeographie* sehr anschaulich dargestellt, die in *Sprachatlanten* verzeichnet, bis zu welchen ,Grenzen' ein bestimmter Sprachwandel sich ausbreitet. Wenn sich beispielsweise das mittelhochdeutsche Wort *maken* im Frühneuhochdeutschen zu unserem heutigen Wort *machen* verändert, kann die Sprachgeographie durch Befragungen in einer Reihe von Dörfern und Städten zeigen, wo genau man schon *machen* sagt, bzw. wo man noch *maken* sagt. Zieht man nun eine Linie von Ort zu Ort, so erhält man in unserem Beispiel die *maken-machen*-Linie. Diese verläuft nördlich von Düsseldorf und wird deshalb auch „Benrather Linie" genannt. Nördlich dieser Linie, die von Benrath weiter in Richtung Kassel und Magdeburg verläuft, befinden wir uns auf dem Gebiet des *Niederdeutschen*. Hier sagt man weiterhin, wie bis heute im ,Plattdeutschen' (und auch im Niederländischen) *maken* und *ik* statt *machen* und *ich*, wie es sich in den beiden großen Dialekträumen des Alt*hoch*deutschen, im Ober-deutschen und Mitteldeutschen durchsetzt. Die sog. Zweite oder Neuhochdeutsche Lautverschiebung

dringt also nicht mehr bis in den niederdeutschen Raum vor, sie reicht nur bis zur ‚Benrather Linie'.

Aber was heißt ‚deutsch'?

Während wir jetzt davon gesprochen haben, dass ‚Deutsch' in althochdeutscher Zeit, also im frühen Mittelalter, zunächst in Form unterschiedlicher oberdeutscher und mitteldeutscher Dialekt als eine eigene Sprache auch in ersten schriftlichen Texten in Erscheinung tritt, haben wir uns noch gar nicht gefragt, was das Wort *deutsch* eigentlich bedeutet, woher es kommt.

Die Forschung ist sich weitestgehend einig, dass in der Gegenüberstellung zum Latein, das als Sprache des Klerus und der Gebildeten galt, derjenigen, die des Lesens und Schreibens (in Latein) kundig waren, all das als *deutsch* bezeichnet wurde, was als die ‚Sprache des Volkes', als ‚Volkssprache' galt. Und das waren die verschiedenen regional *gesprochenen* Sprachen oder Dialekte. Somit stehen sich Latein und (Althoch)deutsch zunächst als geschriebene Sprache und gesprochene Sprache gegenüber, bis wir dann nach und nach erste schriftliche Dokumente auch in der ‚Volkssprache', im Althochdeutschen finden.

Weil ‚Deutsch' auch von den Missionaren als die Sprache des Volkes verstanden wurde, war es nur konsequent, dass sie diese ‚fremde' Sprache schlicht als ‚Volkssprache' zu bezeichneten. Und in der Tat dürfte das althochdeutsche Wort ‚*diutisk*' die Entsprechung eines im Lateinischen verwendeten Wortes sein, wo seit Mitte des 8. Jahrhunderts von einer ‚lingua theodisca' gesprochen wurde, was wir mit ‚Volkssprache' übersetzen können. Denn **theudo* war das germanische und *diot* das althochdeutsche Wort für ‚Volk'. Und wer also das ‚gebildete' Latein nicht sprechen oder verstehen konnte, der war aus dem (niederen) Volk, in dem die Missionare ihre Arbeit der *Christianisierung* voranzutreiben versuchten.

Aber die zu Bekehrenden sprachen keineswegs eine einheitliche Sprache ‚Deutsch', sondern ihre jeweiligen regionalen althochdeutschen oder frühdeutschen Dialekte, ‚Landschaftssprachen'. Wenn die ursprünglichen ‚Stammessprachen' regionale Sprachen waren, dann ist die Sprachbezeichnung ‚Deutsch' kein Stammes- oder Volksname, sondern die Bezeichnung für eine übergreifende sprachliche Zusammengehörigkeit der südgermanischen Stammesdialekte, die diese einerseits vom Lateinischen, andererseits von den romanischen, slawischen und nordgermanischen Sprachen abgrenzt.

Im Kontext der Christianisierung entstehen neben den (z.T. bis heute verwendeten) liturgischen lateinischen Texten nun auch die ersten schriftlichen (althoch)deutschen Texte in den verschiedenen Dialekten, wie etwa die sog. Taufgelöbnisse. Diese althochdeutschen (und auch niederdeutschen) *Taufgelöbnisse* wollen wir uns einmal etwas genauer anschauen.

Erste althochdeutsche und niederdeutsche Texte: Taufgelöbnisse
In der Christianisierung der germanischen Stämme waren die sog. Taufgelöbnisse ein wesentliches Element. Wir kennen eine Reihe unterschiedlicher Taufgelöbnisse, die in den verschiedenen germanischen bzw. althochdeutschen Dialekten verfasst sind. Aber auch weit hinein in den niederdeutschen Raum wurde die Missionierung vorangetrieben, so dass es natürlich auch niederdeutsche Taufgelöbnisse, wie z.B. ein altwestfälisches und ein sächsisches Taufgelöbnis gibt. Die im Detail regional jeweils unterschiedlich ausgeprägten Taufgelöbnisse weisen auch die sprachlichen Merkmale des jeweiligen Dialektgebiets auf, sie beziehen sich aber auch auf spezifische heidnische Göttervorstellungen der Germanen, wie sie beispielsweise im *Sächsischen Taufgelöbnis* angesprochen werden.

Die Taufgelöbnisse sind wie die lateinischen Vorlagen stets zweiteilig: Sie bestehen aus einem ersten Teil, mit dem der Täufling seinen alten Göttern und deren (teuflischen) Werken abschwört (*abrenuntiatio*) und einem zweiten Teil, mit dem er sich zu dem neuen Gott bekennt (*confessio*). Dabei musste der germanische Täufling zugleich das Prinzip der Dreieinigkeit von Gott Vater, Sohn und Heiliger Geist verstehen, zu der er sich bekennen sollte. Daher erschien es zweckmäßig, dass man sich bereits in der Abschwörungsformel einer Dreiheit bediente. So konnte der zu bekehrende Germane die neue Dreieinigkeit einfach für das einsetzen, dem er dreimal abgeschworen hatte, ohne dass sozusagen eine Götter-Leerstelle entstanden wäre.

Die traditionelle lateinische *Abrenuntiatio* lautete:

Abrenuntias satanae? Abrenuntio.
Et omnibus operibus eius? Abrenuntio.
Et omnibus pompis eius? Abenununtio.

Dann folgte die *Confessio:*

Credis in patrem Deum omnipotentem? Credo.
Credis in Christum filium Die? Credo.
Credis in sanctum spiritum? Credo.

Neben der doppelten Dreigliederigkeit ist das Frage-Antwort-Schema auffällig. Es handelt sich um ein dialogisches Geschehen zwischen dem Missionar und Priester und dem Täufling. Um wirklich ‚antworten' zu können, muss der Täufling die Fragen, die der Missionar vorliest, jedoch verstehen. Da der Missionar in der Regel ein *Litteratus* war, also ein des Lesens und Schreibens Kundiger, konnte er dem Täufling die Fragen *vorlesen*. Der Täufling hätte sie nicht lesen können, auch nicht in seiner eigenen Sprache. In diese war das Taufgelöbnis allein für den Missionar schriftlich übersetzt worden, damit dieser das Glaubensbekenntnis in der dem Täufling jeweils verständlichen Muttersprache mündlich abnehmen konnte. Der Missionar nimmt also den schriftlichen Text als (abzulesende) Grundlage für einen mündlichen, wenn auch stark ritualisierten Frage-Antwort-Dialog mit dem Täufling. Die Sprachwissenschaftler sprechen hier von einer ‚halben Mündlichkeit' (*Semi-Oralität*), weil in einer Kommunikationssituation wie die der Bekehrung zumindest einem der Partner, hier dem Missionar, ein *schriftlicher* Text vorliegt, der jedoch abgelesen und erst damit *mündlich* wird.

Und so ‚klingen' die Abschwörungsformeln im *Sächsischen Taufgelöbnis*, in dem die dialogische Struktur für den Missionar noch durch die für ihn leicht verständliche lateinische Einfügung (*et) respondet (*‚und er antwortet'*)* verdeutlicht wird, auch noch nicht ‚richtig' deutsch, sondern eher wie eine deutsch-lateinische Mischsprache. Die Endungen in der Deklination der Substantive sind beispielsweise noch durchweg die lateinischen Endungen:

Forsachistu diobolae? Et respondet: *ec forsacho diobolae.*
(Schwörst du dem Teufel ab? Er antwortet: Ich schwöre dem Teufel ab.)
end allum diobolgelde? Respondet: *end ec forsacho allum diobolgelde.*
(und allem Teuflischen…)
end allum dioboles uuercum? Respondet: *end ec forsacho allum dioboles uuercum and uuordum, Thunaer ende Uoden ende Saxnote ende allum them unholdum, the hira genotas sint.*

Hier werden sie alle genannt, die altsächsischen Götter mit allen 'Unholden, die ihre Begleiter sind'. Im altwestfälischen Taufgelöbnis (wie auch im fränkischen) tritt dann bereits das Wort ‚*unhold*' an die Stelle des latinisierten Teufels *diobola* (lat. *diabolus*); im Bekenntnisteil erinnert gerade das altwestfälische Taufgelöbnis in seiner Ausführlichkeit durchaus an die heutige Form des Glaubensbekenntnisses mit der Erwähnung der Auferstehung des Fleisches und des Lebens nach dem Tode (*gilouis thu livas ahtar dotha;* ‚glaubst du, du lebst nach dem Tode'). Und das jüngere fränkische Taufgelöbnis fügt dann sogar eine eigene Frage zur Dreieinigkeit

43

ein: *Gilaubistu einan got almahtigan in thrinisse inti einisse*, ‚in Dreiheit und in Einheit'. In der Verbindung einer noch stark an das Lateinische angelehnten Schriftlichkeit mit dem im mündlich-dialogischen Wechselspiel von Frage und Antwort wird eine Ebene der Verständigung hergestellt, die tatsächlich den Eindruck erwecken könnte, die Heidenbekehrung sei eine Angelegenheit der freien Entscheidung gewesen...

Weiteres Vordringen der Volkssprache

In nach-missionarischer Zeit finden sich unter den Vorzeichen einer kirchlich-christlichen ‚Volkserziehung' zunehmend weitere ‚Ver-deutschungen', vor allem im Bereich sog. katechetischer Literatur. Dies ist einerseits zurückzuführen auf deutliche Aufforderungen Karls des Großen zu vermehrter übersetzerischer Anstrengung, wie sie sich in entsprechenden *Kapitularien* (das sind gesetzesähnliche Verordnungen im Reich Karls des Großen) finden. Die für die Verwendung der deutschen Sprache notwendige theologisch-dogmatische Voraussetzung wird endgültig auf der Frankfurter Synode im Jahre 794 geschaffen: Dort wird anerkannt, dass Gott in allen Sprachen gleichermaßen angebetet werden könne, also auch in den germanischen Volkssprachen, nicht nur in lateinischer Sprache.

Bereits in der sog. ‚Admonitio generalis' von 789 wird von den Priestern gefordert, dass sie einerseits in der Lage sein sollten, die liturgisch zentralen Textpassagen, das Paternoster und das Glaubensbekenntnis selbstständig in lateinischer Sprache zu lesen und zu verstehen, dass sie andererseits aber auch für alle Gläubigen *verständlich* predigen sollten, damit jeder wisse, ‚was er zu Gott bete'. Genau dies wird auch in den Benediktinerklöstern praktiziert. So berichtet der Benediktinermönch Alkuin 793 an Karl, dass im Konvent die Benediktinerregel den Klosterbrüdern nicht nur (auf lateinisch) vorgelesen, sondern auch in ihrer jeweils eigenen Sprache dargelegt werde, ‚damit sie von allen verstanden werden könne'. ‚Deutsch' wird also die Sprache der Verständlichkeit, genauer: des Verständlichmachens eines selbst für die meisten Klosterbrüder schwer verständlichen oder sogar unverständlichen lateinischen Textes.

Ein solches ‚Volkserziehungsprogramm' steht im Zentrum der sog. *karolingischen Renaissance*: Es klingt fast wie die Vorwegnahme der aufklärerischen Aufforderung, sich des eigenen Verstandes zu bedienen, um zu verstehen, was wir beten oder allgemeiner: um zu verstehen, was die Wörter bedeuten und wie sie gemeint sind.

Nun wird hieraus aber nicht die Konsequenz gezogen, dann müssten eben alle Latein lernen, um die lateinischen Texte verstehen zu können, sondern die Konsequenz heißt: Übersetzen, übersetzen, übersetzen..., genau die gleiche Konsequenz also, die in der Europäischen Gemeinschaft gezogen wurde mit dem Aufbau eines riesigen Übersetzungsdienstes in Luxemburg, der genauso für das Europäische Parlament in Straßburg tätig wird, wie für die Ausschüsse und anderen Gremien in Luxemburg und Brüssel; der auch tätig werden muss, wenn der einzelne EU-Bürger sein Recht wahrnimmt, eine Eingabe an eine EU-Behörde in seiner Muttersprache bzw. in einer der Amtssprachen der EU zu machen (siehe hierzu weiter Kap. 18).

Fast muss man sich wundern, damals wie heute, dass diese Sprachenvielfalt nicht zu einem großen kommunikativen Durcheinander, zu babylonischer Sprachverwirrung führt. Nein, dazu führt die Sprachenvielfalt nicht. Aber sowohl in der Zeit Karls des Großen wie auch in der heutigen Europäischen Gemeinschaft und in den vielen mehrsprachigen Staaten brauchte und braucht es ein wenig sprach-organisatorischen Aufwandes; dann funktionieren mehrsprachige Gemeinschaften und Gesellschaften in der Regel überraschend gut.

Die Königsboten Karls des Großen
Relativ aufwändig (und daher wohl auch nicht sehr langlebig) war die Lösung, die Karl der Große für sein vielsprachiges Reich

gefunden hatte, um einerseits die Einheitlichkeit der Gesetzgebung für alle Landesteile, andererseits die (regionale) Verständlichkeit in allen Landesteilen sicherzustellen: das sog. ‚Institut der missi', der von der Zentralgewalt entsandten ‚Königsboten' (*missi domenici*').

Während die sog. *Leges Barbarorum,* wie z.B. die sog. ‚Lex Salica', erste charakteristische volkssprachliche Anteile enthalten, sind die schon erwähnten Kapitularien, die Erlasse der zentralen Staatsgewalt, durchgängig auf lateinisch verfasst. Warum hat es nie ein volkssprachliches Kapitular, vergleichbar der *lex salica,* gegeben?

Die *Leges* (‚Gesetze') sind nachträgliche Aufzeichnungen (Kodifizierungen) eines Stammesrechts, das bereits in mündlicher, jeweils stammessprachlicher Tradition lebendig gewesen ist, das also nicht erst aufgrund seiner schriftlichen Form Rechtsgültigkeit beansprucht. Demgegenüber sind die *Kapitularien* königsrechtliche Erlasse, die aufgrund ihrer lateinischen Schriftlichkeit Recht setzende Funktion und überregionale ‚territoriale' Gültigkeit haben sollten, eine Gültigkeit für das gesamte Reich, für alle Landesteile mit ihren unterschiedlichen Volkssprachen. – Die Einheitlichkeit der Gesetzgebung auf der territorialrechtliche Ebene wird noch einmal unterstrichen, vielleicht sogar garantiert, durch eine ‚einheitliche', für alle Landesteile gleichermaßen Gültigkeit beanspruchende (Rechts-)Sprache, in der die Kapitularien verfasst sind: durch das Lateinische. Aber genau wie in Glaubensdingen muss auch in Angelegenheiten des Rechts bzw. der Gerichtsbarkeit und der Rechtsprechung nicht nur *Einheitlichkeit* herrschen (was letztlich mit dem Gerechtigkeitsprinzip korrespondiert), sondern es muss in der Anwendung des Rechts ebenso *Verständlichkeit* hergestellt werden. Letzteres war die Aufgabe der *Königsboten.*

Mündliches Verständlichmachen in der ‚Volkssprache'
Ihre Aufgabe kann analog zur missionarischen und priesterlichen Verkündigungsaufgabe ‚vor Ort' verstanden werden. Unmittelbar

von der Zentralgewalt entsandt, kommt ihnen die Aufgabe zu, die kaiserlichen Anordnungen der *schriftlich-lateinisch* verfassten Kapitularien ‚vor Ort' in den verschiedensprachigen einzelnen Landesteilen, *mündlich-volkssprachlich* bekannt zu machen und zu erläutern. In den Versammlungen, die der Königsbote dazu einberuft, kann die tendenzielle Unverständlichkeit des schriftlich-lateinischen Textes mithilfe seiner mündlich-volkssprachlichen erklärenden Übersetzung gewissermaßen in die Verständlichkeit ‚zurückgeholt' werden, und zwar angepasst an eine ganz bestimmte Gruppe von Adressaten, in deren Volkssprache jeweils übersetzt wird. Erst in dieser kommunikativ-mündlich wiedergewonnenen Verständlichkeit gewinnt der schriftlich-lateinische Rechtstext seine Rechtswirksamkeit und sichert damit in der jeweiligen Region den territorialen Herrschaftsanspruch der Zentralgewalt. Das ‚Volk', der *populus,* war zur Zeit der Karolinger allerdings nicht das ‚einfache Volk', sondern das waren die ‚Großen und Vornehmen', die Bischöfe und Äbte, Grafen und vielleicht noch die Schöffen bei Gericht.

Vereinheitlichung, nicht zuletzt garantiert durch das einheitlich verwendete Latein, durch eine für alle Landesteile einheitliche schriftlich fixierte Gesetzes- und Verwaltungssprache, ist die Voraussetzung für die Durchsetzung eines frühen mittelalterlichen Gerechtigkeits- oder Gleichbehandlungsprinzip für das gesamte Volk in allen Landesteilen. Lebenspraktische Wirksamkeit kann das allgemeine Gerechtigkeitsprinzip jedoch nur in seiner jeweils regionalen Umsetzung im mündlich-volkssprachlichen Verständlichmachen erfahren, wie es beispielsweise Aufgabe der Königsboten war. - Damit ist schließlich auch ein Bezug hergestellt zu germanischem Rechtsdenken, das stets auf eine besondere Bedeutung des Öffentlichen, verstanden als eine Art ‚Offenbar-Werden', angelegt war, wie sie sich bis heute im mündlichen Akt der Rechts*sprechung* und Urteilsverkündung bewahrt hat.

Übersetzer, Dolmetscher und Ausleger

In einem solchen rechtlich-kommunikativen Zusammenhang waren die Königboten Karls des Großen sowohl als Übersetzer/ Dolmetscher, wie auch als Ausleger/ Erklärer/ Verständlichmacher tätig. Sie nehmen eine verständlichmachende Aufgabe wahr in einem vielsprachigen Reich, in dem sie nicht nur des Lateinischen, sondern eben auch der jeweiligen Landessprache mächtig sein mussten, der *rustica Romana lingua aut Theotisca,* der romanischen oder der deutschen Volkssprache. Das ‚Deutsche' ist aber – das sehen wir hier noch einmal ganz deutlich - keine sprachgeographische Kategorie, sondern verweist als ‚Volkssprache' auf eine *Sprachschicht,* der andere kommunikative Funktionen als dem Lateinischen zukommen; gerade so, wie wir auch in modernen mehrsprachigen Gesellschaften in der Regel darüber Bescheid wissen, wann welche Sprache zu verwenden ist, gerade auch wenn dies nicht die jeweilige regional vorherrschende Sprache ist.

So erzählte mir einmal ein deutschsprachiger Kollege von der (deutschsprachigen) Universität Zürich, dass sie in der Universität Deutsch sprächen, in Fakultätssitzungen sei allerdings Französisch die Sprache der Wahl – und dies nicht etwa in Lausanne, sondern tatsächlich in Zürich. Die sprachliche Vielfalt in Zürich, das wir in der Regel schlicht für deutschsprachig halten, ist nicht zu unterschätzen. So trafen wir kürzlich in Oberitalien eine Gruppe *Deutsch*schweizer – so schlossen wir aus der Tatsache, dass die Gruppe mit einem Reisebus auch Zürich anreiste. Bei ersten Kommunikationsversuchen im Thermalbad stellte sich aber heraus, dass sie italienisch sprachen, obwohl sie tatsächlich aus Zürich kamen. Aber Zürich lag doch in der deutschsprachigen Schweiz?

Kurz und gut: Die sprachlich-kommunikativen Verhältnisse (in einem einzelnen Land oder in Europa oder auch in einem einzelnen Individuum) können äußerst komplex sein. Sie mögen in einer Zeit globaler Kommunikation gewiss komplexer geworden sein, aber der historische Blick in die Zeit Karls des Großen mag uns vielleicht gezeigt haben, dass die sprachlich-kommunikativen Verhältnisse früher zwar anders, aber offensichtlich auch durchaus ‚komplex' waren. Und es hat eben auch bereits funktionierende kommunikative Strategien gegeben, mit einer solchen Komplexität, mit einer Situation der Mehrsprachigkeit und der kommunikativen Vielfalt, ganz gut umgehen zu können.

Lektüreempfehlungen

Zu Fragen der allgemeinen sprachlichen Entwicklung von der „Frühgeschichte der deutschen Sprache" über „Das mittelalterliche Deutsch" bis zur „frühneuhochdeutschen Periode" informieren wiederum ausführlich Peter von Polenz und Gerhart Wolf:

von Polenz, Peter: Deutsche Sprachgeschichte vom Spätmittelalter bis zur Gegenwart. Band I. Berlin/ New York 1991: de Gruyter (= Sammlung Göschen 2237)

Wolff, Gerhart: *Deutsche Sprachgeschichte.* 3. überarb. U. erw. Auflage. Tübingen/ Basel: Francke Verlag, 1994 (= UTB 1581); Kap. 3 bis 5.

Zur Zeit Karls des Großen, zu den Taufgelöbnissen, den Kapitularien und zum Institut der *missi*:

Biere, Bernd Ulrich: „Schriftlichkeit und Mündlichkeit – Vereinheitlichung und Verständlichkeit. Eine historisch-systematische Problemskizze." In: *GERMANISTIK – Forschungsstand und Perspektiven. Teil I: Germanistische Sprachwissenschaft, Didaktik der deutschen Sprache und Literatur.* Herausgegeben von Georg Stötzel. Berlin/ New York: de Gruyter, 1985, S. 346-365.

4 Einheit und Vielfalt: Spätmittelalter und frühe Neuzeit

Wenn wir in mittelalterlicher Zeit feststellen, dass es (noch) keine einheitliche deutsche *Standardsprache* gibt (so wie es natürlich auch ‚Deutschland' noch nicht gibt), gilt dies heute zwar einerseits nicht mehr, weil es inzwischen längst eine kodifizierte deutsche Hoch- oder Standardsprache gibt, andererseits aber gibt es nach wie vor eine regionale Vielfalt alter Mundarten sowie eine neue sprachliche Vielfalt oder *Heterogenität* aufgrund von Migrationsprozessen, mit denen ganz neue ‚Sprachpotentiale' den ‚deutschen', in sich jedoch zweifellos heterogenen und mehrsprachigen Sprachraum weiter bereichern. Das englischsprachige Stichwort heißt: ‚diversity'. Und um die kulturelle Vielfalt gerade in international operierenden Unternehmen zu vermitteln oder zu managen, gibt es auch bereits den entsprechenden Manager, den ‚diversity manager'. Sprachlich gesehen, gelingt uns als Sprecher und Sprecherinnen des Deutschen dieses diversity management, der konstruktive Umgang mit (sprachlicher) Heterogenität, auch ohne ausgebildete ‚Manager' zu sein, schon recht gut.

Die sprachliche Vielfalt (nicht nur in Europa, sondern eben auch in Deutschland selbst) brauchen wir nicht herbei zu reden, sie ist schon, wie wir gesehen haben, seit alt-hochdeutscher Zeit bis heute schlicht vorhanden. Andererseits hat es immer schon vielfältige (in unterschiedlichen historischen Zusammenhängen z.T. sehr unter- schiedliche) Bestrebungen gegeben (vor allem im 18. Jahrhundert, aber auch schon seit Luthers Bibelübersetzung (Wittenberg, 1522 = Neues Testament; 1534 = Vollbibel) und tendenziell wohl auch schon in althochdeutscher Zeit), die deutsche Sprache zu ‚vereinheitlichen', um letztlich so etwas wie eine deutsche ‚Einheitssprache', eine allgemein verständliche Sprache für die überregionalen Verständigungsbedürfnisse zu schaffen.

So wurde die zunächst nicht geographisch und auch nicht als Stammesbezeichnung gemeinte Sprachbezeichnung ‚Deutsch' dann irgendwann doch zu einer räumlichen (und schließlich auch politischen) Kategorie, die auf den sprachlichen Ausgleich zwischen den verschiedenen ‚deutschen' ‚Sprachlandschaften' abzielt. Ein solcher Ausgleichs- und Vereinheitlichungsprozess, wie er, beginnend in der Luther-Zeit, in neuhochdeutscher Zeit immer deutlicher zu beobachten ist, setzt gewissermaßen einen Prozess der ‚Ent-Räumlichung' von Sprache in Gang und führt schließlich zur Herausbildung einer überregionalen Gemeinsprache, einer mehr oder weniger normierten einheitlichen *Nationalsprache*, wie sie sich im 18. Jahrhundert bereits als (ausgewogene, ‚vorbildliche') *Literatursprache* in der literarischen Produktion der Weimarer Klassik (Goethe und Schiller) entfaltet hatte.

Kanzleisprachen und Druckersprachen

Ein solches Bedürfnis nach einer ‚Ent-Räumlichung' der Sprache, die allererst weitere Verbreitungsmöglichkeiten von Druckerzeugnissen garantiert, ohne auf ‚Übersetzungen' von einer Mundart in eine andere angewiesen zu sein, ergibt sich wie von selbst mit der anwachsenden Buchproduktion bereits im 16. Jahrhundert.

Da es hierbei nicht zuletzt um wirtschaftliche Interessen geht, kann man sich gut vorstellen, dass es zunächst vor allem die Drucker sind, die die Vereinheitlichung vorantreiben. Damit die Drucker und deren Auftraggeber ihre Druckerzeugnisse überregional absetzen konnten, mussten die gedruckten Texte überregional verständlich sein, überall gleichermaßen gelesen werden können. So ist es zum einen generell die Verfügbarkeit von Schrift, zum anderen die Erfindung des Drucks mit beweglichen Lettern durch Johannes Gutenberg (1445/46; 1455: „Gutenberg-Bibel"), die die Möglichkeiten der Verbreitung von (nunmehr *schriftlich* aufbewahrtem) Wissen ungeheuer anwachsen lassen, so dass wir uns eine Welt ohne Bücher heute kaum noch vorstellen können. Und auch in Zeiten der e-books ist die Produktion gedruckter Bücher (bislang) offenbar noch nicht zurückgegangen.

Während der Erwerb und die Lektüre der teueren Handschriften, wie sie in den großen Kanzleien wie in Prag, Nürnberg und Wien in mühsamer Handarbeit hergestellt wurden, den Wohlhabenden und Handeltreibenden vorbehalten war, eröffnen sich nun grundsätzlich neue Möglichkeiten der ‚Volksbildung', die das Bemühen Karls des Großen um ‚Volksbildung' in der ‚Karolingischen Renaissance' in einer neuen Qualität durchaus fortsetzen. Aber es wird noch eine Zeitlang dauern, bis die Erfindung des Drucks, später dann der Rotationspresse, wirklich ihr demokratisches Potenzial entfalten kann. Denn solange kaum mehr als ein paar Prozent der Bevölkerung lesen können, nutzen die technischen Verbreitungsmöglichkeiten noch nicht allzu viel.

Gleichwohl gab es etwas um 1500 bereits über 1000 Druckereien in 260 Städten; innerhalb eines halben Jahrhunderts (bis Mitte des 16.Jahrhunderts) entstanden rund 40 000 Drucke, die vom Flugblatt bis zum mehrere 100 Seiten umfassenden Buch reichten - und all dies als Folge einer einzigen epochalen Erfindung, der Erfindung des Buchdrucks. Wir müssen uns jedoch auch stets bewusst machen, dass nicht nur die Handschriften, sondern auch die Drucke teuer waren und tatsächlich nur wenige Menschen lesen (und noch weniger schreiben) konnten.

Vereinheitlichungstendenzen
Bereits im 14. und 15. Jahrhundert beeinflussten die großen fürstlichen, aber auch die großen städtischen Kanzleien, wie in Nürnberg und Augsburg, einander bereits so weit, dass sich hier schon erste Ausgleichsbestrebungen finden. Diese sind in frühbürgerlicher und frühneuhochdeutscher Zeit (zwischen 1350 und 1650) jedoch noch nicht ‚radikal' genug, um eine schriftsprachliche Einheit hervorzubringen. Auch die sog. ‚Druckersprachen', wie man in Analogie zum Begriff der ‚Kanzleisprachen' sagt, bleiben zunächst noch territorial, wenn nicht eng landschaftlich gebunden (so z.B. der sog. *Kölner Druck* von 1499), sie zeigen – aufgrund der angesprochenen wirtschaftlichen Erwägungen der Drucker - jedoch

stärker als die Kanzleisprachen Bemühungen, sich an den jeweils einflussreichen regionalen Zentren zu orientieren.

So entstehen zunächst zwar noch eher regionale, dann jedoch zunehmend territoriale, und damit schon großräumigere Druckersprachen, wie z.B. eine *schwäbische Druckersprache* in Augsburg, Ulm und Tübingen, eine *bairisch-österreichische* in München, Ingolstadt und Wien, eine *ostmitteldeutsche* in Wittenberg und Leipzig, usw. Der Einfluss solcher regionaler Zentren wirkt zweifellos immer mehr vereinheitlichend und die im Entstehen begriffene neue Schriftsprache löst sich immer mehr vom schrift- und fachsprachlichen Stil der Kanzleien auf der Suche nach einer übergreifenden sprachlichen Form, die sowohl dem Gelehrten, der seine Fachkommunikation bislang auf Latein führte, wie auch dem ,einfachen Mann auf der Straße' für seine kommunikativen Bedürfnisse dienlich sein sollte.

Die neuen *Druck*erzeugnisse hatten also durchaus verschiedenartige Ansprüche zu erfüllen. So mussten sie sich zwangsläufig von einseitigen – zum Beispiel an fachsprachlichen Bedürfnissen des Urkunden- und Juristen-deutsch der Kanzleien orientierten Sprachmustern - lösen, um schließlich so etwas wie eine deutsche *Gemeinsprache* hervorbringen.

Vom lateinischen zum deutschsprachigen Druck

Gerade wenn wir an die Gutenberg-Bibel als das herausragende Druckerzeugnis dieser Zeit denken, müssen wir uns allerdings auch bewusst machen, dass die frühe Drucktradition ihren Anfang nicht in irgendeiner regionalen oder mehr oder weniger allgemeinen Form des Deutschen nahm, sondern dass die ersten Druckerzeugnisse (wie z.B. gerade der Bibeldruck Gutenbergs) natürlich lateinische Texte waren. Was hier noch einmal deutlich wird, ist dies: Schriftlich gefasste Texte waren in der Regel lateinisch, weil -   und das ist noch ganz in der Tradition Karls des Großen gedacht - Lateinisch allererst Einheitlichkeit und *überregionale* Verständlichkeit,

Wirksamkeit und (von den wirtschaftlichen Interessen der Drucker her gedacht) Verbreitung garantierte, während die Domäne der nach wie vor jeweils regional unterschiedlichen Dialekte zunächst die Mündlichkeit bleibt.

Semi-Oraliät

Latein war also in vielen Bereichen des öffentlichen Lebens immer noch die Sprache der Wahl, nicht nur im juristischen und klerikalen Bereich. Gerade einmal 7% der Frühdrucke im 15. Jahrhundert waren deutsch. So konnten durch den Buchdruck an sich, wie bereits erwähnt, zunächst auch kaum neue Leserschichten gewonnen werden. Gedruckte Bücher waren einerseits so teuer, dass noch bis weit ins 16. Jahrhundert Bücher lieber abgeschrieben wurden. Andererseits konnte um 1500, wie ebenfalls bereits erwähnt (abgesehen von der Stadtbevölkerung, bei der der Anteil über 5% lag), nur 1-4% der Bevölkerung lesen. Da sich dies bis weit ins 18. Jahr-hundert hinein nicht wesentlich ändert, wurde ein großer Teil der Druckproduktion über lange Zeit wohl eher zum *Vorlesen* verwendet. So könnte in dieser Art von semi-oraler Sprachkultur die heutzutage ein wenig in Vergessenheit geratene Vorlesekultur ihren Ursprung haben: als ein Bindeglied zwischen Schriftlichkeit und Mündlichkeit. Die Linguisten sprechen von *Semi-Oralität*, wenn ein Text schriftlich vorliegt, dieser jedoch im Akt des Vorlesens mündlich präsentiert wird.

In einer solchen noch semi-oralen Kommunikationskultur konnte die Schriftsprache letztlich nur ein Schattendasein führen, worüber die ansteigende Buchproduktion ein wenig hinwegtäuscht. Kommunikative Wirksamkeit entfalten die gedruckten Texte letzten Ende erst dann, wenn sie im individuellen Akt des Lesens zu neuem Leben erweckt werden und in neue kommunikative Zusammenhänge (*Diskurse*) eingebracht werden können.

Das Verhältnis von überwiegend lateinischen zu eher spärlichen deutschen Drucken ändert sich erst in der Reformationszeit. Die

Gesamtzahl *deutscher* Drucke steigt von 1500 bis zur Mitte des 16. Jahrhundert rasant an (von ca. 80 auf rund 1000). Während lateinische und deutsche Drucke um 1500 noch in einem Verhältnis von 20 zu 1 stehen, ist das Verhältnis zwanzig bis dreißig Jahre später bereits 3 zu 1. Nun ist bereits jeder dritte Druck ein Text in deutscher Sprache. Die gesamte Buchproduktion hat sich im 16. Jahrhundert gegenüber dem 15. Jahrhundert bereits verzehnfacht. Und hierbei machen allein Luthers deutsche Schriften seit 1519 mehr als ein Drittel aus.

Flugschriften

Schon gegen Ende des 15. Jahrhunderts lässt sich – noch einige Jahrzehnte vor Luthers Bibelübersetzung - der Beginn einer politischen Publizistik in Form sog. *Flugschriften* (etwa ab 1490) feststellen. Flugschriften sind zunächst Einblattdrucke, die durch Aushängen einer begrenzten ständischen Öffentlichkeit Bekanntmachungen vermitteln sollten. Nach Vorbild des lateinischen Wortes *publicus* (wie heute in dem Ausdruck *etwas publik machen*) wurde das Wort *offenlich* gebraucht für etwas, das dazu bestimmt war, jedermann bekannt zu werden. Auch wenn wir eine ‚politische Öffentlichkeit' im heutigen Sinn im 15. und 16. Jahrhundert sicherlich noch nicht finden, können die Flugschriften doch als Vorläufer unserer heutigen Zeitungen betrachtet werden, auch wenn sie noch nicht periodisch erscheinen.

Wandte sich Kaiser Maximilian I. zwischen 1493 und 1511 mit seinen 90 gedruckten ‚Ausschreiben' noch ausschließlich an die Reichsstände, um diese für seine Politik zu gewinnen, so finden wir Anfang des 16. Jahrhunderts bald auch andere Arten von Flugschriften: Ein- und Mehrblattdrucke mit allen möglichen Inhalten, wie z.B. Rezepte, Prophezeiungen, die von Einzelpersonen herausgebracht werden, fingierte Dialoge und Briefe, aber tatsächlich auch Bibelparodien. Durch die moralsatirischen Flugschriften Sebastian Brants (um 1500) wurden schließlich die Fürstenhöfe wie auch die Städte zu Zentren einer sich allmählich entwickelnden spezifischen Art von deutschsprachiger (politischer) Publizistik.

Wenn man die deutschsprachigen Aktivitäten und Leistungen der Reformatoren und insbesondere Luthers nicht auf die alles überragende Übersetzung des Neuen Testaments reduzieren will, so treten gerade die Reformatoren wesentlich als frühe politische Publizisten in Erscheinung. – Der Übergang zu einer deutschsprachigen politischen Publizistik, also von einem humanistischen (noch auf lateinisch geführten) Gelehrtenstreit zu einer frühbürgerlichen politischen Öffentlichkeit, wird wesentlich von Ulrich v. Hutten vollzogen, der mit einer Reihe politischer Flugschriften zu einem der Wortführer der Lutherschen Reformation wird.

Auch Luther selbst tritt zunächst als politischer Publizist in Erscheinung. Die unerwartet heftige Auseinandersetzung über seine 95 Thesen - immer noch in Latein verfasst –, die er am 31. Oktober 1517 an die Kirchentür in Wittenberg schlug, und die bald ohne sein Zutun ins Deutsche übersetzt kursierten, drängte ihn immer mehr in diese Rolle des politischen Publizisten hinein. Von den anfänglichen lehrhaften Schriften für die nicht lateinisch sprechende Bevölkerung bis zur Ablass-Affäre um den Mönch Johann Tetzel und den 95 Thesen wurde Luther um die Mitte des 16. Jahrhundert zu einem der einflussreichsten Publizisten.

Luthers Mehrsprachigkeit und die deutsche Sprache
Werfen wir noch einmal einen kurzen Blick auf die sprachlichen ‚Errungenschaften' in der Zeit Luthers, um die Mitte des 16. Jahrhundert noch in frühneuhochdeutscher Zeit, jedoch schon an der Schwelle zum Neuhochdeutschen.

Luther erkannte, wie es in einer seiner Tischreden zum Ausdruck kommt, einerseits die sprachliche Vielfalt aufgrund der unterschiedlichen *gesprochenen Mundarten*, die jedoch die allgemeine Verständigung erschwerten, andererseits plädierte er für die Schaffung einer gemeinen deutschen, allgemein verständlichen *(Schrift)sprache*:

„Deutschland hat mancherley Dialectos, Art zu reden, also, daß die Leute in 30 Meilen Weges nicht wol können verstehen. Die Österreicher und Bayern verstehen die Thüringer und Sachsen nicht. ...".

Wenn Luther hier von *Dialectos* spricht und dabei die lateinische Endung *-os* verwendet, wird deutlich, dass er das Griechisch-Lateinische durchaus nicht völlig verdrängt hat, und in der Tat in einer Art (griechisch-)lateinisch-deutscher Mehrsprachigkeit verharrt, die gerade in seinen Tischreden gelegentlich fast den Eindruck einer Art Mischsprache erweckt. Wann Deutsch und wann Lateinisch gewählt wird, ist eine Entscheidung, die offensichtlich je nach Adressat und je nach Situation mehr oder weniger spontan getroffen wird, in der Mündlichkeit wie auf der Ebene der Schrift. Hier aber, in der Schrift, sucht Luther ausdrücklich einen Ausgleich zwischen den Dialekten, eben eine Art *‚gemeine deutsche Sprache'* zu finden. In einer anderen Tischrede heißt es:

„Ich habe keine gewisse, sonderliche, eigene Sprache im Deutschen, sondern brauche der gemeinen deutschen Sprache, daß mich beide, Ober- und Niederländer verstehen mögen".

Was von Luther für *„die gemeinste deutsche Sprache"*, für eine allgemein verständliche Form des Deutschen gehalten wird, ist jedoch keineswegs unser heutiges Standarddeutsch, von dem wir zu Recht denken, es sei mehr oder weniger am Hannoveraner Deutsch orientiert, es ist vielmehr die Sprache derjenigen Kanzlei, die Luther für sprachlich vorbildlich hielt. Es ist die Sprache *„der sächsischen Canzeley, welcher nachfolgen alle Fürsten und Könige in Deutschland; alle Reichsstädte, Fürsten-Höfe".*

Trotzdem wird niemand behaupten wollen, Luthers Bibelübersetzung sei „Sächsisch" und nicht „Deutsch". Dies mag wohl daran liegen, dass unsere Assoziationen bei der heutigen Mundart *Sächsisch* sich wohl eher auf bestimmte Eigenheiten der Aussprache, das *Sächseln,* beziehen, auf Eigenheiten also, die auf der Ebene der Schrift gar nicht in Erscheinung treten.

Luthers Bibelübersetzung

Luthers Übersetzung des Neuen Testaments erscheint nach einer Reihe der angesprochenen frühen Flugschriften, die ihn überregional und sogar europäisch haben bekannt werden lassen, 1522 in Wittenberg (zwei Jahre nach der sog. Freiheitsschrift *Von der Freiheit eines Christenmenschen* von 1520), die Vollbibel folgt ab 1534 in 6 Teilen. Zusammen mit dem auswendig zu lernenden Katechismus trägt sie wesentlich zur Verbreitung der jetzt *Neuhochdeutsch* zu nennenden Schriftsprache bei.

Obwohl nicht daran zweifeln zu zweifeln ist, dass die Bibelübersetzung ein schriftlicher Text ist, ist dieser schriftliche Text doch stark geprägt von der Rhetorik der Predigt, also von mündlichen Kommunikations- oder Vermittlungsstrategien. In diesem Sinn können wir sagen, dass Luthers Bibelübersetzung zwischen Mündlichkeit und Schriftlichkeit vermittelt – und vielleicht gerade aufgrund dieser tendenziellen *Semi-Oralität* eine besondere kommunikative Wirksamkeit entfaltet.

Aber Luther vermittelt auch zwischen dem *Hochdeutschen* und dem *Niederdeutschen,* was in gewisser Weise der Vermittlung zwischen Mündlichkeit und Schriftlichkeit entspricht, denn das Niederdeutsche hat letztlich keine bleibende Schriftsprache ausgebildet. Gleichwohl hat es gerade in den wirtschaftlichen Zusammenhängen der Hanse (als „Hansedeutsch") eine bedeutsame Rolle gespielt und tatsächlich war das Mittelniederdeutsche eine der frühbürgerlichen ‚Schreiblandschaften'. In der zweiten Hälfte des 16. Jahrhunderts gehörte es dann wohl bereits nicht mehr zu denjenigen Schreiblandschaften, die maßgeblich am regionalen sprachlichen Ausgleich beteiligt waren. Der überregionale Ausgleich, der den Weg ebnete für die Entstehung einer einheitlichen neuhochdeutschen Schriftsprache fand immer mehr im Süden statt.

Verbreitung der hochdeutschen Schreibsprache

In dem Maße, in dem sich die Drucker immer mehr an sprachlichen Großräumen zu orientieren versuchen, setzt sich das Luther'sche oder Meißener Deutsch als die Sprache der Wettinischen Kanzlei nach und nach durch und prägt schließlich entscheidend das Neuhochdeutsche. Ansätze zu einer niederdeutschen Schriftsprache gehen wieder unter, als sich eine immer größere Zahl auch der norddeutschen Kanzleien am Hochdeutschen orientiert, obwohl sich im internen Schriftverkehr der städtischen Verwaltungen noch bis Mitte des 17. Jahrhunderts Reste eines auch schriftlich-niederdeutschen Sprachgebrauchs finden. Ab 1620 geht schließlich die Zahl *niederdeutscher Drucke* erheblich zurück, auch wenn es in Hamburg bis zum Ende des 16. Jahrhunderts dauert bis die Zahl der *hochdeutschen Drucke* überwiegt.

Die Ausbreitung des Hochdeutschen als Schriftsprache nach Norden und damit der ‚Rückfall' des Niederdeutschen vom Status einer Sprache in den Status eines Dialekts *(Redialektisierung)* ist wohl auch durch die Reformation beschleunigt worden; möglicherweise auch dadurch, dass eine ganze Reihe von Übersetzungen der Lutherschriften ins Niederdeutsche von relativ schlechter Qualität war und ganz und gar nicht dem Luther'schen Prinzip der sinngemäßen Übersetzung entsprach, sondern dem der ‚Wort-für-Wort-Ersetzung'.

Kirchliche und schulische Maßnahmen taten ein Übriges. So lässt etwa ein Flensburger Generalsuperintendent im Land Schleswig Mitte des 17. Jahrhundert *die Plat-Teutsche Sprache beym Kirchendienst abschaffen und an deren statt die Hochdeutsche den armen Bauren aufdrängen.* Ebenso wird in zahlreichen

Schulordnungen für die sog. Lateinschulen (Gymnasien) seit dem ausgehenden 16. Jahrhundert das Niederdeutsche als Unterrichtssprache, wie auch als Erklärungssprache in Lehrbüchern verboten und das *Meißnische Hochdeutsch* vorgeschrieben (so etwa in Paderborn, Braunschweig, Soest, Brandenburg, Flensburg).

Deutsche Sprachlandschaften im 16. und 17. Jahrhundert

Wie stellen sich in dieser Zeit die deutschen Sprachlandschaften dar, wie also wird gegenüber dem Prinzip der Einheit in der Schriftlichkeit das Prinzip der Vielfalt zumindest in der Mündlichkeit bewahrt? - Die (historische) Dialektologie unterscheidet jetzt großräumig zwischen *Niederdeutsch, Mitteldeutsch* und *Oberdeutsch*: Niederdeutsch tritt als ‚Mittelniederdeutsch' im Wesentlichen in den Hansestädten in Erscheinung; das Mitteldeutsche umfasst das Thüringische, Obersächsische, Böhmische, Schlesische und das Hochpreußische, sowie im Westmitteldeutschen das Hessische, das Rheinfränkische und das Mittel- bzw. Moselfränkische. Das Oberdeutsche (im Süden) umfasst das Ostfränkische, das Schwäbische und das Alemannische sowie das Bairisch-Österreichische.

Während sich auf dem Gebiet des Mittel- und Oberdeutschen die Tendenz zur Vereinheitlichung, also zum Ausgleich *dialektaler* Unterschiede auf der Ebene der Schrift immer mehr durchsetzt, setzt sich eine niederdeutsche Schriftsprache, wie gesagt, nicht durch, möglicherweise weil sie sich (auch unter dem Einfluss der Niederländischen) nicht den mittel- und oberdeutschen Tendenzen anpassen will. Das grundsätzliche Spannungsverhältnis zwischen ‚Einheitlichkeit' und ‚Vielfalt', zwischen Homogenität und Heterogenität wird hier möglicherweise kurzfristig zugunsten der Vielfalt aufgelöst, allerdings mit der Konsequenz, dass auf längere Sicht die dialektale Mündlichkeit im Niederdeutschen früher durch die hochsprachliche Schriftsprache zurück gedrängt worden ist, als dies im oberdeutschen Raum der Fall war.

So ist es in Bayern oder Schwaben bis heute noch genauso selbstverständlich geblieben, in der Mundart zu *sprechen*, wie es selbstverständlich ist, sich *schriftsprachlich* der Hochsprache zu bedienen. Diese Fähigkeit, situationsbedingt von einer Mundart in die Hochsprache zu wechseln, bezeichnen die Linguisten als *Diglossie;* als eine Form , *innerer' Mehrsprachigkeit*, wie wir sie seit der Zeit Karls des Großen finden; eine Mehrsprachigkeit, die sich in unterschiedlichen Ausprägungen zeigen kann, beim Wechsel der Situation, wie beim Wechsel von Mündlichkeit zu Schriftlichkeit. Diesen Wechsel von einer ‚Varietät' in eine andere ‚Varietät', den die Sprecher aufgrund ihrer inneren Mehrsprachigkeit, aufgrund ihrer Diglossie immer wieder vollziehen können, bezeichnet die moderne soziolinguistische Forschung als *code switching*.

Lektüreempfehlungen

Zur sprachlichen Entwicklung im Spätmittelalter und in der frühen Neuzeit kann man wiederum die genannten Sprachgeschichten von Peter von Polenz und Gerhart Wolff heranziehen:

von Polenz, Peter: *Deutsche Sprachgeschichte vom Spätmittelalter bis zur Gegenwart. Band I.* Berlin/ New York 1991: de Gruyter (= Sammlung Göschen 2237); bes. Kap. 1 und 2.

Wolff, Gerhart: *Deutsche Sprachgeschichte.* 3. überarb. U. erw. Auflage. Tübingen/ Basel: Francke Verlag, 1994 (= UTB 1581); Kap. 3 bis 5.

Darüber hinaus zum Frühneuhochdeutschen, sowie zum Einfluss der Kanzleien und auch Martin Luthers ausführlich:

Eggers, Hans: *Deutsche Sprachgeschichte. Band 2. Das Frühneuhochdeutsche und das Neuhochdeutsche.* Reinbek bei Hamburg: Rowohlt, 7.-8. Tausend 1992; Drittes Buch.

Informativ zur Entstehung des Pressewesens aus den Flugschriften ist die Arbeit von Thomas Schröder:

Schröder, Thomas: *Die ersten Zeitungen. Textgestaltung und Nachrichtenauswahl.* Tübingen. Gunter Narr Verlag, 1995.

II Innere Mehrsprachigkeit

5 Varietäten des Deutschen

Wir haben bis jetzt in einer *sprachhistorischen* Betrachtungsweise von Mundarten bzw. Dialekten gesprochen, von einer oberdeutschen, einer mitteldeutschen und einer niederdeutschen Sprachlandschaft, von regionaler ‚Sprechsprache' und hochdeutscher ‚Schreib'- bzw. Schriftsprache, und deren Verhältnis als ein (historisches) Spannungsverhältnis zwischen zwei unterschiedlichen „Bestrebungen" charakterisiert: zwischen dem Streben nach (sprachlicher) Einheitlichkeit, vielleicht sogar ‚Einheit' auf der einen Seite und der Bewahrung der ‚Vielfalt' auf der anderen Seite.

Eine solche Spannung zwischen sprachlicher *Homogenität* und *Heterogenität* ist jedoch nicht nur ein historisches Phänomen: Ebenso wie im frühen Mittelalter (Karl der Große) oder im Spätmittelalter bzw. in früher Neuzeit (Luther) treffen wir auch heutzutage auf vielfältige Erscheinungsformen des Deutschen. Dann sprechen die Linguisten von sog. *Varietäten des Deutschen*, die in spezialisierten Forschungsrichtungen, wie z.b. in der *Dialektologie*, im Detail untersucht werden. Neben den regionalen Varietäten kennen wir auch noch andere Varietäten, wie sie z B. von der *Soziolinguistik* oder von der *Fachsprachenforschung* untersucht werden.

Eine systematische Unterscheidung verschiedener Arten von Varietäten geht von drei grundlegenden Kategorien aus, die für die jeweilige Art von Varietät bestimmend ist: *Raum – soziale Schichtung – (kommunikative) Funktion*. Varietäten können demnach raumbezogen, gesellschaftsbezogen oder funktionsbezogen sein.

Raumbezogene Varietäten (Dialekte und Mundarten)
Den gängigen Begriff für raumbezogene (areale oder regionale) Varietäten haben wir bereits kennen gelernt: *Mundarten und Dialekte*, die in verschiedenen geografischen ‚Räumen' gesprochen werden, auch wenn sich – gerade in den städtischen Ballungsräumen

– heute kaum noch ‚reine' Dialektgebiete finden lassen. Wir wollen jetzt einen Blick in die *Dialektologie* werfen und uns fragen, womit sich diese Teildisziplin der Linguistik eigentlich beschäftigt und was sie uns über die heutigen Dialekte, ihre geografische Verbreitung, aber auch ihre sozial-kommunikativen Funktionen sagen kann.

Eine ‚klassische' Definition des Dialekts liefert Johannes Adelung bereits 1798 in seinem *Grammatisch-kritischen Wörterbuch der hochdeutschen Mundart*: *Mundart* sei, so heißt es dort,

„*die besondere Art zu reden, wodurch sich die Einwohner einer Gegend von den Einwohner anderer Gegenden unterscheiden, die Abweichungen einzelner Gegenden in der gemeinschaftlichen Sprache; wohin also nicht nur die Abweichungen in der Aussprache, sondern auch in der Bildung, der Bedeutung und dem Gebrauche der Wörter gehöret*".

In erster Linie denken wir heute beim Begriff *Dialekt* wohl an die dialektale Aussprache, und beziehen den Begriff somit auf die *gesprochene* Umgangssprache in einer bestimmten Region. Adelung macht aber bereits deutlich, dass es darüber hinaus auch andere sprachliche Ebenen gibt, auf denen der eine Dialekt sich von andern Dialekten oder von einer allgemeinen Umgangs- oder auch (schriftlichen) Standardsprache unterscheidet. Auf allen Ebenen des Sprachsystems wie des Sprachgebrauchs kann ein Dialekt jeweils eigene Formen und Funktionen herausgebildet haben: in der Wortbildung, in der Wortbedeutung, aber auch im grammatischen System (*Syntax*).

Basisdialekte

Da sich Dialekte unter Umständen sehr kleinräumig unterscheiden, so dass manchmal tatsächlich von Ort zu Ort ein unterschiedlicher Dialekt gesprochen wird und die verschiedenen Sprecher keine völlig einheitlichen Dialektmerkmale aufweisen, untersucht die Dialektologie in der Regel sog. Basisdialekte. Ein *Basisdialekt* weist folgende Merkmale auf: Er ist ländlich und stark lokal gebunden; er ist entwicklungsgeschichtlich der konservativere Dialekt und wird von der wenig mobilen Bevölkerung im alltäglichen Gespräch verwendet und ist somit von relativ geringer kommunikativer Reichweite. In der Forschungspraxis bis in die Mitte des 20. Jahrhundert bedeutet dies, dass man die Sprache jeweils ortsansässiger Informanten stellvertretend für die Ortssprache untersucht und dabei nach Möglichkeit die jeweils ältesten und am wenigsten mobilen Sprecher eines Ortes aufzufinden versucht, deren Dialekt am ursprünglichsten bzw. am weitesten von der Standardsprache entfernt erscheint.

In der aktuellen dialektologischen Forschung geht man dagegen nicht mehr von einer schlichten Gegenüberstellung von Dialekt und Standardsprache aus, sondern versucht, das gesamte Spektrums regionaler Sprachvariation von der Standardsprache bis zum Basisdialekt zu erfassen. Dabei wird auch die *diastratische* (auf gesellschaftliche Schichten bezogene) Dimension wie auch die *diachrone* (auf historischen Wandel bezogene) Dimension mit einbezogen, wenn beispielsweise generationsspezifische Dialekt-formen untersucht werden. (Einen anderen generationsspezifischen Sprachgebrauch, die Jugendsprache, werden wir im nächsten Kapitel näher betrachten.)

Wenn wir annehmen, dass es zwischen Standardsprache und Dialekt eine kontinuierliche Abstufung gibt, so gelangen wir zu einer differenzierteren Sicht auf die sprachlichen Verhältnisse in einem Ort, einem geografischen Großraum oder in einer Region. Dialektologen am Mannheimer Institut für Deutsche Sprache (IDS), wo sich auch das ‚Deutsche Spracharchiv', eine Sammlung von Tonaufnahmen verschiedener deutscher Dialekte, befindet, unterscheiden beispielsweise: ‚landschaftliche Bildungssprache', ‚allgemeine Umgangssprache', ‚Umgangssprache', Regional-mundart', ‚Halbmundart', ‚Vollmundart'. Andere Dialektforscher vereinfachen diese Abstufung so: ‚Landschaftliche Hochsprache',

‚Umgangssprache', ‚gehobene Mundart', ‚Grundmundart' (= 'Basisdialekt'). Noch einfacher wäre schließlich eine Dreigliederung in *Mundart – Umgangssprache – Standardsprache*. Dabei treten alle Varietäten auch in einem dialektal geprägten Sprachgebiet gemeinsam auf: Verschiedene Sprecher verwenden unterschiedliche, mehr oder weniger standardnahe Varietäten, sie verwenden aber auch unterschiedliche Varietäten in verschiedenen kommunikativen Situationen, indem sie beispielsweise von einem eher mundartlichen Code in einen eher standardsprachlichen Code wechseln (*code switching*). Wenn sich die ‚klassische' Dialektologie nun nicht mehr ausschließlich für die dialektalen sprachlichen *Formen* interessiert, sondern auch nach deren kommunikativen *Funktionen* in bestimmten Kommunikationssituationen fragt, wird sie im Grunde schon zu einer ‚*Sozio-Dialektologie*'.

Code switching

Ein Beispiel dafür, welche vielfältigen kommunikativen Funktionen das *code switching* haben kann, finden wir in den Untersuchungen zur *Kommunikation in der Stadt*, die Sprachforscher am Institut für Deutsche Sprache in verschiedenen Mannheimer Stadtteilen durchgeführt haben.

In einer Versammlung eines Stadtteilvereins wird von den Teilnehmern und natürlich auch vom Vorsitzenden dieses Vereins durchgängig der Mannheimer Dialekt (*Monnemerisch)* gesprochen. Das versteht sich für einen Stadtteilverein, der vielleicht auch die ‚Pflege' oder Förderung der lokalen Mundart in seine Statuten geschrieben hat, von selbst. Aber genau an einer Stelle der Verhandlungen, in denen es ansonsten mundartlich zugeht, wenn es beispielsweise um einen an Markttagen störenden Müllcontainer geht, wechselt der Vorsitzende in Standardsprache, genauer gesagt: in eine standardnahe Varietät. „*Und nun, meine Damen und Herren, kommen wir zum nächsten Tagesordnungspunkt. Wir wollen heute einen neuen Vorsitzenden wählen...*". Was sollen die Sitzungsteilnehmer davon halten? Ein Spaßvogel würde jetzt vielleicht (im Dialekt) sagen: ‚Ha, Erisch, was redst du jetzt aber schee Hochdeutsch'. Aber tatsächlich haben alle verstanden, was der Wechsel in Standardsprache bedeutet: Jetzt wird es förmlich: Wir müssen – formal korrekt – einen Wahlakt durchführen und das können wir nicht im Plauderton tun.

Wir sehen hier deutlich, dass die jeweilige sprachliche Form (dialektal oder standardsprachlich) eine ganz bestimmte kommunikative Funktion erfüllt. Die Wahl einer standardnahen Varietät, so gut man sie eben beherrscht, signalisiert formale Korrektheit, vielleicht auch sprachliche Diszipliniertheit, weil wir uns schon ein wenig anstrengen müssen, um einigermaßen standardsprachlich korrekt zu sprechen. Ohne das explizit gesagt werden müsste: „*Jetzt müssen wir einen Wahlakt formal korrekt durchführen*", wird der Sprecher diesem (impliziten) Anspruch einfach dadurch gerecht, dass er sich plötzlich der Standardsprache bedient, die den Teilnehmern genau diesen Anspruch an formale Korrektheit signalisiert. Ein solches *code switching* ist ein sprachlich-kommunikatives Verfahren, das wir alle mehr oder weniger unbewusst beherrschen. Wir versuchen möglichst so zu sprechen, wie wir denken, dass es der jeweiligen Situation angemessen ist. Manchmal liegen wir mit unserer Einschätzung vielleicht falsch, manchmal beherrschen wir die Varietät, in die wir gerade wechseln, auch nicht gut genug und rufen ungewollt Heiterkeit hervor.

Wir sollten uns durchaus gut überlegen, welche Reaktionen wir bei kompetenten Dialektsprechern hervorrufen, wenn wir z.B. als Norddeutsche in Schwaben oder in Bayern schwäbisch oder bairisch zu sprechen versuchen. Ich glaube, wir werden etwas ganz anderes erleben, als wenn wir in Frankreich Französisch, in Spanien Spanisch zu sprechen versuchen. Wir werden unter Umständen kein Lob für unsere ehrlichen Bemühungen ernten: In einen Dialekt wird man ‚hineingeboren', man kann ihn nicht wirklich ‚erlernen'. Weil das so ist, fühlen sich Dialektsprecher manchmal eher auf den Arm genommen, weil es ihnen so vorkommt, als wollten wir ihren Dialekt imitieren; und dies wird dann nicht als Ausdruck der Wertschätzung, sondern eben als eine – wenn auch nicht so gemeinte – Geringschätzung verstanden. Es scheint, als spräche sich der sprachlich selbstbewusste Pfälzer selbst Mut zu, wenn er darauf besteht: *‚Unsre Schbrooch is a e schbrooch!'* – Aber noch selbstbewusster klingt es freilich in einer Image-Werbung für das Land Baden-Württemberg, wo man Badisch, Pfälzisch, Schwäbisch und auch noch Alemannisch spricht und sich als ein Land von innovativen Unternehmern und Erfindern versteht: *„Wir in Baden-Württemberg. Wir können alles* [kleine Pause] *– außer Hochdeutsch"*.

Die Wertschätzung eines Dialekts hängt natürlich auch von der Wertschätzung eines Sprechers dieses Dialekts ab, wie sie z.B. unserem ersten Bundespräsidenten Theodor Heuss, der bekanntlich Schwäbisch sprach, zuteil wurde. *Sein* Schwäbisch war nicht irgendein Schwäbisch, sondern ein ‚gepflegtes' *Honoratioren-Schwäbisch.* ‚Wir können alles', dachte ich auch, als ich von einem Tübinger Kollegen, der an der dortigen Universität Medienwissenschaft lehrte, hörte, er halte seine Vorlesungen natürlich auf Schwäbisch. Professoren-Schwäbisch? Na ja, zumindest kein Latein, sondern eben eine regionale Varietät des Deutschen. - Meine sprachlich-kommunikativen Schwierigkeiten hatte ich, als ich mein Studium in Tübingen begann, eher mit meiner Vermieterin, die gleich beim ersten Gespräch vermutete, ich verstehe sie wohl nicht; die Professoren – und insbesondere einige, deren Muttersprache nicht Deutsch war – sprachen hervorragendes Hochdeutsch, nicht zuletzt der Inhaber des ersten Rhetorik-Lehrstuhls, Walter Jens.

Solche Beobachtungen lassen den Schluss zu, dass es Dialektsprecher gibt, die sozial so hoch angesehen sind, dass sie sich nicht aufgrund ihrer Sprache gering geschätzt fühlen müssen, sondern dass sie diese als Ausdruck ihrer regionalen, vielleicht auch ihrer politischen Identität durchaus ‚pflegen'. Und Altbundeskanzler Helmut Schmidt darf nicht nur seinen Hamburgischen Akzent behalten, er darf sogar rauchen, wo immer es ihm passt. – Wenn wir uns solche sprach- bzw. dialektbezogenen Fragen stellen, bemerken wir schnell, dass es hier um mehr als um den Dialekt als solchen geht: Es geht um Fragen des Sprachgebrauchs einzelner Menschen, die einer bestimmten sozialen Schicht oder sozialen Gruppe angehören, wie hier beispielsweise der Gruppe der (hochrangigen) Politiker. Dialektologische Untersuchungen nehmen somit fast zwanglos oder auch notwendigerweise eine *soziolinguistische* Perspektive auf den dialektalen Sprachgebrauch ein. Notwendigerweise immer dann, wenn wir nicht nur nach Sprache, sondern auch nach den Sprechern und den sozial-kommunikativen Funktionen des Gebrauchs einer bestimmten Varietät fragen.

Bevor wir uns den gesellschaftsbezogenen oder sozial bedingten Varietäten zuwenden, wollen wir jedoch noch – ganz traditionell - einen Blick auf die einzelnen Dialekträume im Deutschen werfen und schließlich auch nach den ‚Produkte' fragen, die die Dialektforschung und insbesondere die Dialektgeografie hervorbringen: *Dialektwörterbücher* und *Sprachkarten*.

Der hoch- und niederdeutsche Sprachraum
Am übersichtlichsten lassen sich die einzelnen Dialekt*räume* kartografisch darstellen. Wir haben schon historisch gesehen, dass wir einen *hochdeutschen,* nämlich den ober- und mitteldeutschen Sprachraum, von einem *niederdeutschen* Sprachraum unterscheiden können. Grenzüberschreitend kann man zum ‚Niederdeutschen' *im Nordwesten* auch das heutige Flämisch bzw. Niederländisch hinzurechnen (Niederfränkisch, Westfriesisch und einen Teil des Nordniedersächsischen) und zum Hochdeutschen *im Süden* bzw. *Südosten* das Bairisch-Österreichische, das das heutige Österreich einschließt, sowie *im Süden* Teile des Hochalemannischen, das bis in die heutige deutschsprachige Schweiz hineinreicht, und *im Westen* etwa das Moselfränkische, das bis ins heutige Frankreich (etwa bis Metz) reicht.

Wir sehen an dieser sprachlichen Verteilung sehr schön, wie sich einerseits mit den politischen Grenzen auch die ‚Sprachgrenzen' verschoben haben (was teilweise sicherlich auch politischem Kalkül entsprochen haben mag), wie sich andererseits aber auch jenseits der Staatsgrenzen weiterhin Varietäten des Deutschen in benachbarten (deutschsprachigen wie nicht deutschsprachigen) Ländern wie auch in deutschsprachigen Enklaven in einer anderssprachigen Umgebung letztlich in aller Welt (s. Kap. 13) finden.

Nicht alle fachsprachlich-dialektologischen Bezeichnungen sind uns umgangssprachlich vertraut, wie z.b. ‚Ripuarisch', wo wir laienhaft vielleicht eher von ‚Rheinisch' gesprochen hätten. Unterscheidungen wie die zwischen ‚Moselfränkisch' und ‚Rheinfränkisch' lassen uns vielleicht das Pfälzische vermissen. Was wir heute ‚Sächsisch' nennen, ist dialektologisch ‚Obersächsisch' und das ‚Sorbische' (zwischen Schlesisch und Obersächsisch) scheint heute fast verschwunden zu sein; tatsächlich sind die Sorben ein altes westslawisches Volk, dessen Sprache teilweise noch in der Nieder- und Oberlausitz (in der Gegend um Cottbus und Bautzen) gesprochen wird. Vielleicht kennen wir noch das Westfälische, weil wir Westfalen kennen. Aber kennen wir auch das Ostfälische und das Märkische oder ganz im Osten im heutigen Polen das Masurische oder gar das Kaschubische, das teilweise noch westlich von Danzig gesprochen wird (‚*Kaszubski* Park Krajobrazowy')?

Dialektgeographie

All diese (überkommenen) Basis- oder Grunddialekte, wie wir es genannt haben, haben ein bestimmtes regionales Verbreitungsgebiet, wenn auch die räumlichen Grenzen nicht immer ganz exakt festzustellen sind. Um die genauen Verläufe der *Sprachgrenzen* feststellen zu können, wird in der Dialektgeographie versucht, von Ort zu Ort die jeweilige dialektale Aussprache verschiedener Wörter zu ermitteln: durch Befragung von Dialektsprechern, aber auch durch Tonaufnahmen.

Schon Ende des 19. Jahrhunderts hatte Georg Wenker (1852-1911) eine Liste mit 40 Einzelsätzen zusammengestellt, die er in die jeweiligen Ortsmundarten übertragen und dann sprechen ließ („Wenkersätze"). An deren jeweiliger Aussprache sollte zweifelsfrei festgestellt werden können, welchem Dialektgebiet ein Sprecher zuzuordnen war. Auf dieser Grundlage konnten dann *Sprachkarten* erstellt werden, die das Vorkommen eines bestimmten Wortes in einer bestimmten Aussprache verzeichneten. So sollte im Ergebnis ein „Sprachatlas des Deutschen Reichs" entstehen, der den zunächst auf Nordwestdeutschland begrenzten Atlas auf Süddeutschland ausweiten sollte.

Ein umfassender „Deutscher Wortatlas" (DWA), wie Wenker ihn wohl bereits angestrebt hatte, konnte aber erst mit der Gründung eines Sprachatlas-Instituts in Marburg durch Walther Mitzka Ende der 30er Jahre realisiert werden. Mit der Publikation der bis 1942 erhobenen Daten konnte allerdings erst ab 1951 begonnen werden und erst 1978/80 wurde das Unternehmen mit den Bänden 21 und 22 abgeschlossen. - Forschungsunternehmen wie diese brauchen einen langen Atem, auch um Kriege zu überdauern.

Während bereits an einem digitalen DWA gearbeitet wird, wird derzeit ebenfalls mit neuen theoretischen Ansätzen ein *Mittelrheinischer Sprachatlas* erarbeitet, der die beiden Merkmale von Dialekt, nämlich die Raumgebundenheit und die Bindung an gesellschaftlich-soziale Schichtungen, gleichermaßen zu berücksichtigen versucht. Dabei werden nicht nur die ländlich-konservativen Gebiete (wie z.B. linksrheinisch Eifel und Hunsrück) berücksichtigt, sondern auch alte, wenn auch heute z.T. stagnierende Industrieregionen wie das Saarland, und schließlich auch moderne, großstädtisch geprägte Ballungsräume wie das Rhein-Main-Gebiet oder der Großraum Ludwigshafen/Mannheim, dem sich, wie schon erwähnt, auch ein eigenes *Stadtsprachenprojekt* („Kommunikation in der Stadt") gewidmet hat.

Dagegen ist der *Historische Südwestdeutsche Sprachatlas,* wie die Bezeichnung schon verrät, ein Projekt der historischen Dialektologie. Hier wird versucht, historische Vorstufen der heutigen mundartlichen Gegebenheiten zu ermitteln, die es erlauben, den heutigen Dialekt als Ergebnis bestimmter sprachhistorischer Entwicklungen zu verstehen.

Darüber hinaus gibt es noch eine Reihe weiterer sprachgeografischer Projekte bzw. Sprachatlanten; so z.b. einen *Sprachatlas der deutschen Schweiz* oder einen *Wortatlas der deutschen Umgangssprache.* Letzterer ist auch ein Hinweis darauf, dass sich die Dialektgeografie zunehmend von einem engen (größtenteils historischen) Dialektbegriff löst und sich immer mehr dem alltags- bzw. umgangssprachlichen Wortschatz jenseits der Standardsprache zuwendet.

Dialektwörterbücher

Nun wird man sich über den dialektalen Wortschatz einer bestimmten ‚Sprachlandschaft' nicht unbedingt durch das zeitaufwändige und wenig übersichtliche ‚Lesen' von Karten informieren wollen, die teilweise gar nicht in Buchform vorliegen. Man wird es so machen, wie wir es beim Wortschatz der deutschen Gegenwartssprache auch machen würden, wir würden nach geeigneten Wörterbüchern suchen und dort nachschlagen. Das kann man auch bei Dialekten tun. Man wird sie vielleicht nicht in den Regalen der nächstgelegenen Buchhandlung finden, aber es gibt sie: *Dialektwörterbücher* (und übrigens auch Grammatiken).

Ziel eines Dialektwörterbuchs ist im Wesentlichen die *lexikografische Dokumentation* des Wortschatzes eines bestimmten Dialektgebiets. Adressaten sind aber nicht nur die Fach-wissenschaftler, die Dialektologen und andere wissenschaftliche Benutzer, wie z.B. Historiker oder Volkskundler, sondern auch Laien, die heimatkundlich und heimatsprachlich interessiert sind. Wenn Sie einmal ein Dialektwörterbuch in die Hand nehmen, werden Sie vielleicht überrascht sein, dass es doch etwas anders aussieht als ein herkömmliches Wörterbuch. Es wird in der Regel viele Bände umfassen und vielleicht noch gar nicht beim Buchstaben Z angekommen sein. Vom Typ her entspricht es einem ‚Bedeutungswörterbuch': Zu den einzelnen Worteinträgen, werden in der Standardsprache Bedeutungsangaben sowie Angaben zum geographischen Vorkommen des betreffenden Wortes gemacht.

Ähnlich wie der genannte Mittelrheinische Sprachatlas sieht etwa das „Thüringische Wörterbuch" seine Aufgabe jedoch nicht nur darin, Angaben zur geographischen Verbreitung zu machen, sondern auch zur soziologischen Schichtung. Somit zeigt sich auch bei den Dialektwörterbüchern, dass die Dialektologie heute immer mehr zu einer Sozio-Dialektologie geworden ist.

Aufbau der Artikel

Die Stichwörter *(Lemmata)* müssen das betreffende Dialektwort natürlich in seiner hochsprachlichen Entsprechung angeben, damit der Laie, der ja den Dialektausdruck nicht kennt, sondern im Wörterbuch finden will, überhaupt sinnvoll mit dem Wörterbuch umgehen kann. Er sucht also z.B. im Thüringischen Wörterbuch unter ‚*Magen'* und findet ‚*Maachen, Moochen'*. Und das Verneinungswort *nicht* findet er dementsprechend auch nicht unter dem thüringischen ‚*nid'* oder ‚*ned'*, sondern unter dem standardsprachlichen *nicht.*

Größtenteils sind auch die Dialektwörterbücher streng alphabetisch geordnet, es gibt aber auch hier Wörterbücher, die nach Sach- oder Begriffsgruppen ordnen, wie wir es vor allem aus dem Bereich des Fremdsprachenlernens kennen, aber auch aus einem schon älteren großen deutschen Wörterbuch, dem „*Deutschen Wortschatz nach Sachgruppen*" von Franz Dornseiff (1888-1960), das in der Erstausgabe bereits 1933 erschienen ist und aktuell in der 8. völlig neu bearbeiteten Auflage von 2004 verfügbar ist.

Die einzelnen Artikel sind dann in der Regel so aufgebaut, dass sie zunächst grammatische Angaben zu Wortart, Genus, Flexionsart usw., dann Angaben zur Bedeutung und zur Syntax machen, dann lautliche Angaben und mit sach- und volkskundlichen Informationen abschließen. Auch die Wörterbücher enthalten größtenteils Sprachkarten, die die regionale Verbreitung des jeweiligen Wortes bzw. einzelner Varianten zeigen. So erfahren wir z.b., wie stark die Bezeichnung für den umgangssprachlich als *Pferdeapfel* bezeichneten Kot des Pferdes im Thüringischen variiert: Während in Südthüringen um Coburg von *Pferdemist* die Rede ist, finden wir den *Pferdeapfel* weit verbreitet in einem Gebiet westlich von Halle, während es im Nordwesten *Pferdescheiße*, im Südosten um Gera *Pferdesemmel* und um Gotha, Erfurt und Weimar *Pferdekräpfel* heißt. – Wer so etwas wissen will, kann es im Kartenmaterial eines Dialektwörterbuchs, wie hier des Thüringischen, räumlich-anschaulich nachvollziehen.

Soziolekte

Dem (raumbezogenen) Begriff des *Dialekts* nachgebildet, finden wir in der *Soziolinguistik* den Begriff des *Soziolekts*. Soziolekte sind sozial bedingte Varietäten, die nicht (nur) von Menschen in einer bestimmten Region, sondern vorwiegend von Menschen gebraucht werden, die einer bestimmten sozialen Schicht angehören. Das galt, wie wir gesehen haben, in gewisser Weise auch schon für den Dialekt. Es gab und gibt zwar prominente Dialektssprecher, die zweifellos einer höheren sozialen Schicht angehören, die dann aber auch eine spezifische Form des jeweiligen Dialekts sprechen, der gelegentlich auch eine eigene Bezeichnung erhält, wie das erwähnte Honoratioren-Schwäbisch, das jeder unserem ersten Bundespräsidenten – vielleicht ein wenig schmunzelnd – zugestanden hat. Allerdings verwenden diese Sprecher in der Regel keine dialektspezifischen Wörter, sondern es ist lediglich die spezifisch dialektal gefärbte *Aussprache* standardsprachlicher Wörter, an denen wir die regionale Herkunft eines Sprechers zu erkennen meinen. Meistens gelingt uns dies bei den bekannteren und besonders ausgeprägten Dialekten relativ gut: So sind beispielsweise Schwäbisch und Bairisch relativ leicht von anderen Dialekten zu unterscheiden, und auch für das Westfälische (das ein späterer Bundespräsident, Heinrich Lübke, sprach) haben wir vielleicht noch ein Ohr, aber können wir wirklich das Obersächsische vom Thüringischen unterscheiden und wie klingt eigentlich Fränkisch?

Bei den Soziolekten ist es ebenfalls nicht ganz einfach, jemanden aufgrund seines Sprachgebrauchs einer bestimmten sozialen Schicht, vielleicht auch einer Berufsgruppe, zuzuordnen. Natürlich wollen und sollen wir, wie die Baden-Württemberg-Werbung uns nahe legt, an unseren ‚Taten' gemessen werden, nicht an der Art und Weise, wie wir sprechen. Betrachten wir noch einmal den Dialekt unter soziolinguistischen Aspekten, also als eine bestimmte Art von Soziolekt.

Der Dialekt ist stärker in sprachlich-konservativen, ländlichen Regionen präsent, während er sich in städtischen Ballungsräumen immer mehr der Standardsprache annähert, so dass sich eine ausgleichende Stadtmundart oder städtische Umgangssprache (wie es z.B. in München der Fall ist) herausbildet, die auch überregional verständlich ist. Der sog. ‚tiefe' Dialekt, wie er noch in ländlichen Gegenden gesprochen wird, ist dagegen für den Nichtdialektsprecher manchmal kaum verständlich. (Tatsächlich kann man sogar manche Filme, in denen fast ausschließlich bairisch gesprochen wird, nicht immer ganz verstehen.)

Aufgrund seiner sprachlichen ‚Abgrenzung' ist die kommunikative Reichweite des Dialekts so begrenzt, dass wir den Dialektsprecher als weitgehend immobil betrachten, wie einen Bauern, der nie aus seinem Dorf heraus gekommen ist, allenfalls eine Frau aus dem Nachbardorf geheiratet hat; geschweige, dass er die für das moderne Berufsleben inzwischen überall reklamierte Auslandserfahrung vorweisen könnte. So kann es uns durchaus passieren, dass wir einen solchen Dialektsprecher aufgrund seiner Sprache *sozial* einstufen, dass wir ihn nicht nur für immobil halten, sondern vielleicht sogar für dumm. Was wir an (negativen) Werturteilen oder Vorurteilen einem bestimmten Dialekt entgegen bringen, übertragen wir auf die Sprecher dieses Dialekts. Wenn man den Dialekt in dieser Weise als sozial diskriminierend einschätzt, dann misst man ihm eine soziale Aussagekraft bei; man nimmt eine bestimmte Sprachform zum Anlass, jemanden aufgrund seiner Sprache oder Sprechweise sozial einzuschätzen bzw. tendenziell zu diskriminieren.

Sprachbewertung und soziale Einschätzung

Die Soziolinguistik hat es sich zur Aufgabe gemacht, den Zusammenhang zwischen bestimmten Sprechweisen und bestimmten gesellschaftlichen sozialen Gegebenheiten, letztlich also das Verhältnis von Sprache und Gesellschaft zu untersuchen. Sie möchte einerseits die sozial bedingten Varietäten (des Deutschen) darstellen, andererseits das Augenmerk aber auch auf die *Einstellung der Sprecher* gegenüber diesen Varietäten richten. - Mit diesen beiden Frageperspektiven kann man zwei grundsätzliche Richtungen soziolinguistischen Arbeitens unterscheiden: einerseits eine *,objektive'* Soziolinguistik, die sich mit den sprachlichen Formen im tatsächlichen Sprachgebrauch bestimmter sozialer Gruppen oder auch Schichten in einer Gesellschaft beschäftigt und nach den kommunikativen Funktionen eines solchen Sprachgebrauchs fragt, andererseits eine *,subjektive'* Soziolinguistik, die sich damit beschäftigt, wie diejenigen, die bestimmte sprachliche Formen verwenden, ihre Sprache selbst einschätzen und wie andere Sprecher die Verwendung dieser sprachlichen Formen (subjektiv) einschätzen bzw. bewerten.

,Bewertung' von Sprachen?

Die ,Bewertung' von Sprache(n) hat außerhalb der erst Ende der 60-er Jahre des 20. Jahrhunderts sich entwickelnden Soziolinguistik eine lange Tradition, allerdings vor allem eher am Rande seriöser (sprach)wissenschaftlicher Bemühungen. – So glauben wir zu wissen, dass die eine Sprache, die es als Fremdsprache zu lernen gilt,

‚schwer' ist, die andere dagegen leicht. In bestimmten Bereichen des jeweiligen Sprachsystems stimmen solche Bewertungen vielleicht sogar: Dort wo eine Sprache mit weniger formal-grammatischen Differenzierungen auskommt, erscheint es uns leichter, das betreffende Teilsystem zu erlernen.

Nehmen wir als Beispiel die Plural- und Artikelsysteme des Deutschen, Italienischen, Spanischen und Englischen: Im Deutschen finden wir äußerst vielfältige und relativ komplizierte Möglichkeiten der Pluralbildung. Im Italienischen ist es auch noch relativ kompliziert, aber doch schon so einfach, dass ich es mir leicht in seiner Systematik klarmachen kann. Der Plural der maskulinen Wörter auf -*o* wird mit –*i* gebildet (und entsprechend lautet hier auch der Artikel im Plural „*i*". Also lese ich in der Kurzgrammatik in meinem Sprachführer: *il ragazzo – i ragazzi*. Es ist tatsächlich ein wenig komplizierter, weil es auch männliche Wörter auf –*e* und auch auf –*a* gibt; trotzdem ist die Bildung des Plurals immer gleich: *il padre – i padri; il problema – i problemi*. Na, ja, bei den weiblichen Substantiven ist es dann doch ein wenig schwieriger. Die auf –*a* enden, kennen wir aus der Pizzeria. Auch wenn wir selbst vielleicht einmal „zwei Pizz*as*" bestellen, wird der Kellner uns zwar nicht sofort korrigieren, aber wenn er Italiener ist, wird er die Bestellung vielleicht mit den Worten „due *pizze?*" wiederholen; also: die weibliche Endung auf –*a* wird im Plural nicht zu –*i*, sondern zu –*e:* *la pizza – le pizze*. Aber diejenigen, die schon im Singular auf –*e* enden (*la madre)* enden im Plural dann doch auf –*i* (genau wie die männlichen), und genauso gibt es weibliche Substantive auf –*o,* die dann im Plural wie die männlichen auf –*i* enden: *la mano – le mani*. Wir finden also vier verschiedene Pluralbildungen bei männlichen und weiblichen Substantiven und insgesamt vier verschiedene Artikel: *il* und *la* im Singular, *i* und *le* im Plural.

Im Spanischen ist das etwas einfacher. Es gibt zwar auch maskuline und feminine Substantive, die ersteren enden („im allgemeinen", sagt mein kluger Sprachführer) auf –*o,* die femininen enden auf –*a* (also wie im Italienischen), die Artikel sind *el* (mask.) und *la* (fem.), im Plural *los* und *las*. Die Pluralbildung bei den Substantiven ist jetzt ganz einfach: wir hängen an alle Substantive einfach ein *–s* an: *los pasajeros, las azafatas* (die Passagier*e*, die Stewardess*en*, wie schwierig im Deutschen, aber dafür haben wir für alle Geschlechter nur einen Plural-Artikel, nämlich *die)*.

Und im Englischen? Da hängen wir überall ein *–s* an (mit ein paar Ausnahmen wie *child – children)* und der Artikel lautet in allen Genera (Singular: Genus!) im Singular wie im Plural einfach *the*. Wir brauchen im Englischen also viel weniger Formen für die Pluralbildung zu lernen und deshalb (oder auch aus anderen Gründen) könnte uns Englisch als eine einfache Sprache erscheinen. Spanisch ist etwas schwieriger, aber auch nicht besonders kompliziert, am schwierigsten dürfte uns im Vergleich wohl Italienisch erscheinen.

Und danach kommt dann irgendwann das Deutsche, das nur uns als Muttersprachler keine Probleme mit der Pluralbildung macht (meistens nicht, wenn nicht gerade besondere Fälle gefragt sind, wie *Zirkus* oder vielleicht auch *Arena* und *Kilo:* Wiege ich 80 Kilo oder 80 Kilos? Aber das ist ein anderes Problem, so wie *zwei Bier* oder *zwei Biere?)*. – Wenn man nun aber von einer Sprache als ganzer sagen will, ob sie schwer oder leicht sei, muss man wohl ein bisschen vorsichtiger sein.

Schwer, aber schön?

Manchen Menschen geht es mehr um Schönheit, sie finden die eine Sprache „schöner", „eleganter", „melodischer" als eine andere. Als vor einiger Zeit jemand Russisch als die (für ihn) schönste Sprache bezeichnete, fragte ich mich, wie man zu einer solchen Einschätzung oder Bewertung einer Sprache kommen kann. Hätte er Französisch oder Italienisch gesagt, hätte ich es wahrscheinlich verstanden. Es scheint also eine sehr subjektive Einschätzung (vielleicht eine

Geschmacksfrage?) zu sein, aus welchen Gründen wir eine Sprache ‚schön' finden.

Heikler sind solche Bewertungen, die gewissermaßen auf den Sprecher abfärben. Wie leicht halten wir jemanden für dumm, nur weil er sich, so wie wir es sehen, nicht ‚gepflegt' genug ausdrückt, weil er z.b. unflätige Wörter verwendet, die wir in mühsamer Erziehungsarbeit gerade unseren Kindern abgewöhnt haben. Umgekehrt kann aber auch jemand, der reinstes Hochdeutsch spricht, unangenehm auffallen und z.b. für arrogant gehalten werden; genauso wenn jemand, wie ich selbst manchmal, in zu langen Sätzen spricht. Halt, halt, da kann ja kein Mensch mitkommen. Und ganz ähnlich wie beim tiefen Dialekt wird hier ein kommunikativ sinnvolles Bewertungskriterium angewandt: ‚*das kann man nicht verstehen*' oder ‚*das ist nicht verständlich/ unverständlich*'. Aber ein bisschen Unverständlichkeit müssen wir manchmal schon auszuhalten versuchen, bis wir endlich dahinter kommen, dass etwas nicht so gemeint war, wie wir es verstanden haben oder warum jemand so spricht, wie er spricht. Friedrich Schlegel hat Anfang des 19. Jahrhunderts in der Zeitschrift ‚Athenaeum' (1798/1800) einen kleinen Aufsatz geschrieben mit dem Titel ‚*Über die Unverständlichkeit*' (Neudruck 1924). In Bezug auf die ‚schöne Literatur' liest sich Schlegels Text fast wie ein ‚Lob der Unverständlichkeit'. Wohin kämen wir, oder wie langweilig wäre es, wenn alle alles verstehen könnten? Das wäre die Auflösung der babylonischen Sprachverwirrung, das kommunikative Paradies oder eben das Pfingstwunder als kommunikative Voraussetzung für die Aussendung der Apostel zur weltweiten Missionsarbeit. Aber wir leben nicht im Paradies.

Sprachbarrieren
Nicht sprachliche Gleichheit, sondern Ungleichheit, positiver gesagt, sprachliche Heterogenität, prägt die sprachlich-kommunikative Realität. Eine Form dieser Ungleichheit sind die genannten *Soziolekte*: sozial-gesellschaftlich bedingte Sprechweisen, aus deren

soziolinguistischer Erforschung schon früh pädagogische Konsequenzen zu ziehen versucht worden sind.

In der frühen Soziolinguistik in den 60-er Jahren des 20. Jahrhunderts glaubte man, bei der sozialen Unterschicht (zunächst in Großbritannien) eine Sprechweise festgestellt zu haben, die von Basil Bernstein als ‚*restringierter Code*' bezeichnet wurde. Ein solcher ‚Code' war im Wesentlichen gekennzeichnet durch eine geringe syntaktische Komplexität, die sich etwa in der Aneinanderreihung von Hauptsätzen (*Parataxe)* zeigte, während kaum unterordnende Satzverknüpfungen (*Hypotaxe)* verwendet wurden. Man deutete diesen Befund als sprachliches *Defizit* der sozialen Unter- und unteren Mittelschicht gegenüber der oberen Mittelschicht und Oberschicht, die einen ‚*elaborierten Code*' sprach (*Defizithypothese).*

In den 70-er Jahren wollte man nicht mehr von einem ‚*Defizit*' sprechen, weil es sich dabei um einen wertenden Begriff handelte, mit dem sich die spezifischen Funktionen des ‚*restringierten Codes*' nicht angemessen erfassen ließen. Man sprach deshalb jetzt eher wertneutral von einer *Differenz* zwischen den verschiedenen schichtenspezifischen Sprechweisen (*Differenzhypothese).*

Trotzdem galt es weiterhin, nach den Konsequenzen zu fragen, die sich im Hinblick auf den Schulerfolg der Kinder, nicht nur im Deutschunterricht, aufgrund ihrer Sprechweise ergaben. So konnte gezeigt werden, dass Kinder aus der unteren Mittelschicht bei gleicher Intelligenz schlechtere Leistungen zu erbringen schienen als Kinder aus der oberen Mittelschicht. Dementsprechend schien ihnen eher eine ‚Hauptschulkarriere' vorbestimmt als der Besuch einer weiterführenden Schule. Wenn es hier so etwas wie eine ‚Barriere' gab, eine Hürde, die für Kinder aus der unteren Mittelschicht nur schwer zu überwinden war, so stellte dies das grundlegende Prinzip der Chancengleichheit in Frage. Und wenn die Ursache für diese Barriere in der Sprechweise der Kinder zu suchen war, so konnte man tatsächlich von einer *,Sprachbarriere'* sprechen, die es vor allem durch sprachliche Fördermaßnahmen zu überwinden galt.

Heute sehen wir die Notwendigkeit für sprachliche Fördermaßnahmen gerade auch bei Kindern mit Migrationshintergrund, die das Deutsche erst als Zweitsprache erlernen müssen, um überhaupt mit Erfolg am deutschsprachigen Unterricht teilnehmen zu können. Der Erfolg solcher Maßnahmen wird darin bestehen, dass wir Kinder letztlich zweisprachig (*bilingual*) erziehen. Die für die einsprachigen Schüler erste Fremdsprache Englisch wäre für diese Kinder dann schon die dritte Sprache, die sie erwerben bzw. lernen.

Mit ,Deutsch als Zweitsprache' sind die Kinder mit Migrationshintergrund aber nicht erst in der Schule konfrontiert, sondern ihrem gesamten deutschsprachigen Umfeld, in dem sie sich auch außerhalb Schule bewegen, auch wenn ihre Familiensprache nicht Deutsch ist. Das spezifische Problem in der Schule scheint eher darin zu liegen, dass hier eine andere ,Sprache' gesprochen wird als in der Alltagskommunikation außerhalb der Schule. Die *Unterrichtssprache* ist ein spezifisches Deutsch, das sich an der sog. Bildungssprache orientiert. Gerade über diese bildungssprachliche Sprachebene, die vor allem auch neue kognitive Möglichkeiten eröffnen kann, verfügen die Kinder, die Deutsch als Zweitsprache lernen, zunächst noch nicht.

Vermutlich liegen hier auch bei einer Reihe der primär deutschsprachigen Kinder die letztlich sprachlichen Ursachen für Schwierigkeiten im Kontext schulischen Lernens. Für diese Kinder ist die Bildungssprache zwar nicht eine ,Fremdsprache', aber doch eine Art *Fachsprache*. In der Tat wird die Unterrichtskommunikation immer mehr zu einer Fachkommunikation, die außer der Orientierung an der Bildungssprache, nach und nach auch fachsprachliche Elemente des betreffenden Unterrichtsstoffes einführt und so die Schüler schließlich auch an wissenschaftliches Denken heranzuführen versucht (*Wissenschaftspropädeutik*). Damit bereitet die Schule in den höheren Klassen die Schüler dann auch auf ein mögliches Fachhochschul- oder Universitätsstudium vor.

Fachsprache und Fachkommunikation

Fachsprachliche Kommunikation bedient sich ebenfalls einer spezifischen Varietät des Deutschen, nicht eines Dialekts oder eines Soziolekts, sondern der spezifischen *Fachsprache* des jeweiligen Faches oder einer relativ abstrakten *Wissenschaftssprache*.

Fachsprache als eine Varietät zu betrachten, ist in der Linguistik nicht neu. Neben areal oder schichtspezifisch begründeten Varietäten gibt es eine dritte Art von Varietäten, die *funktional* begründeten Varietäten. Hierzu gehören Varietäten, die in der Regel ‚geschaffen' wurden, um kommunikativ spezifische Aufgaben erfüllen zu können. Auch die funktionalen Varietäten, zu denen in erster Linie die (verschiedenen) Fachsprachen gehören, sind keine eigenen Sprachen, es sind keine reinen *Kunstsprachen* (wie z.B. ein System mathematischer Formeln), sie sind immer auch an die natürliche Sprache gebunden, auch wenn sie auf internationale Verständigung abzielen.

Trotz des Vorhandenseins einer Fachsprache in ihrem jeweiligen Fach müssen sich die Vertreter dieses Faches, sagen wir, bei einer internationalen germanistischen Fachtagung in Sevilla, in einer der von den Veranstaltern festgelegten sog. Tagungssprachen verständigen. Es mag durchaus sein, dass vor allem bei naturwissenschaftlichen oder medizinischen Fachtagungen ausschließlich Englisch als Tagungssprache festgelegt wird, bei der besagten Tagung in Sevilla machen es die Germanisten aber sinnvollerweise anders. Sie legen als Vortragssprache Spanisch oder Deutsch fest, weil es nicht sinnvoll erscheint, dass deutsche und spanische Germanisten miteinander auf Englisch kommunizieren. Es wird dann in der Praxis meistens so sein, dass die deutschen Germanisten ihre Vorträge auf Deutsch halten (was die Spanier verstehen), während zumindest einige der spanischen Germanisten ihre Vorträge auf

Spanisch hält (was die deutschen Germanisten nicht unbedingt verstehen). Eine ganz glückliche Mehrsprachigkeitssituation ist das also noch nicht, weil hier die jeweiligen Muttersprachler immer im Vorteil sind.

Sollte man dann nicht vielleicht doch Englisch als internationales fachsprachliches Medium auch für die Germanistik empfehlen? Dann müssten natürlich auch alle Fachpublikationen (in allen Fächern) in Englisch verfasst sein. Wäre das wirklich wünschenswert? Wenn ich die Verlagsprospekte durchschaue, die mir die germanistischen Fachverlage regelmäßig zusenden, bin ich eher froh, dass ich dort noch überwiegend deutschsprachige Titel finde.

Fachexterne Kommunikation

Wenn sich die Fachwissenschafter in ihrer fachsprachlichen Kommunikation einer je spezifischen Fachsprache bedienen, tun sie das sicherlich nicht, damit sie niemand außerhalb der Fachkreise versteht. Genau dies kann aber eine, wenn auch nicht intendierte, Folge des Fachsprachengebrauchs sein. Und dies ist auch einer der Gründe, warum ich das vorliegende Büchlein so zu schreiben versuche, dass auch ganz ‚normale' Menschen, die an sprachlichen und sprachwissenschaftlichen Fragen interessiert sind, verstehen können, was die Sprachwissenschaft im Laufe der letzten Jahrzehnte über bestimmte Aspekte von Sprache und Kommunikation herausgefunden hat.

Innerhalb des ‚Fachdiskurses' ist eine über den Fachdiskurs hinausgehende Verständigung zunächst einmal nicht erforderlich. Die Fachwissenschaftler wenden sich in ihrer Fachkommunikation (mündlich auf Tagungen oder schriftlich in ihren Publikationen) an die Fachkollegen und möchten diese möglichst eindeutig, unmissverständlich, ökonomisch und gleichzeitig mit der nötigen Exaktheit und Präzision über ihre Forschungsergebnisse informieren. Und das funktioniert am besten mithilfe der Fachsprache, die genau deshalb entwickelt worden ist, um eben diesen Ansprüchen, *Präzision und Exaktheit, Eindeutigkeit und Ökonomie,* gerecht werden zu können. In Fachdiskursen bleiben die Wissenschaftler zunächst unter sich – und deshalb ist die Orientierung auf eine andere Gruppe von Adressaten außerhalb des Fachdiskurses auch nicht ihr Problem. Sie sind keine Didaktiker, die sich um die Vermittlung ihrer Forschungsergebnisse über die Fachwelt hinaus in eine breitere Öffentlichkeit kümmern müssen.

Für diese notwendige Vermittlungsarbeit, für den *Wissenstransfer* von den Fachdiskursen hinein in den öffentlichen Diskurs und in den Mediendiskurs, braucht es selbst wieder Spezialisten. Spezialisten, die etwas von dem jeweiligen Fach verstehen und gleichzeitig in der Lage sind, die fachsprachlich ‚verschlüsselten' Informationen so zu entschlüsseln, dass sie sie in die Allgemeinsprache ‚übersetzen', damit sie einer interessierten nicht fachlichen Öffentlichkeit (in der Regel über die verschiedenen gesellschaftlichen Informationsmedien) zugänglich werden.

Eine frühe Form solch sprachlicher Vermittlungsarbeit durch Übersetzen haben wir bereits in der Zeit Karls des Großen in der Institution der *missi,* der Königsboten, kennen gelernt. Ging es damals um die Vermittlung zwischen den schriftlich-lateinisch abgefassten Gesetzestexten und den jeweiligen volkssprachlich-mündlichen Verstehensmöglichkeiten in den verschiedenen Landesteilen eines mehrsprachigen Reichs, so geht es beim Wissenstransfer, bei der Vermittlung von Informationen aus den Wissenschaften eher um eine Art innersprachlicher Übersetzung, um die ‚Übersetzung' von einer fachsprachlichen Varietät, die auf die Bedürfnisse der Fachkommunikation zugeschnitten war, in eine gemein- oder alltagssprachliche Varietät, die auf die Bedürfnisse allgemeiner, nicht fachspezifischer Verständigung zugeschnitten sein muss.

Fachexterne Vermittlung als ‚Gratwanderung'

Die ‚Gratwanderung', die ein ‚Wissenschaftsvermittler', beispielsweise ein Wissenschaftsjournalist, zu bewältigen hat, ist die
zwischen *sachlicher Korrektheit* (die für die Wissenschaftler höchste
Priorität hat) und adressatenangepasster (sprachlicher) *Verständlichkeit* (die an den sprachlichen Voraussetzungen und den
Wissensvoraussetzungen der jeweiligen Adressaten, z.B. der Gruppe
von Fernsehzuschauern, die sich Wissenschaftssendungen
anschauen, ausgerichtet sein muss). Seine Aufgabe ist die schwierige
Aufgabe des Verständlichmachens, die vor allem deshalb schwierig
ist, weil sie zwischen diesen beiden unterschiedlichen Ansprüchen,
Korrektheit und Adressatengerechtheit, ständig einen Ausgleich
suchen muss – und weil es schwierig ist, es in dieser Vermittlungsarbeit allen recht zu machen.

Ich habe eine solche ‚Gratwanderung' selbst einige Male
unternommen, wenn ich in der vermittelnden Rolle als
‚Öffentlichkeitsarbeiter' (heißt das heute vielleicht ‚PR-Manager'?)
versucht habe, fachliche Informationen aus sprachwissenschaftlichen
Projekten sprachlich so aufzubereiten, dass sie für ein breiteres, an
sprachlich-kommunikativen Fragen interessiertes Laienpublikum
verständlich waren. Oder zumindest so, dass dies Informationen für
Wissenschaftsjournalisten verständlich und interessant genug waren,
um sie ihrerseits über verschiedene Medien an dieses Publikum zu
vermitteln. Dazu führt man persönliche Gespräche mit den
Journalisten, vermittelt Gespräche mit den Fachwissenschaftlern
oder schreibt eine Pressemitteilung. In jedem Fall handelt es sich um
adressatenspezifische Texte (mündlich oder schriftlich), die trotz der
spezifischen (sprachlichen) Adressatenorientierung die *Sache* nicht
aus dem Blick verlieren dürfen, Texte, die eine wissenschaftliche
Problemstellung vielleicht ein wenig vereinfachen, aber niemals
‚verfälschen' dürfen.

Als ‚Diener zweier Herren' bleibt es einem nicht erspart, von dem
einen ‚Herrn' getadelt zu werden, während man von dem anderen

‚Herrn' gelobt wird. Also: Wenn ich dachte, ich hätte etwas besonders adressatengerecht, besonders allgemein verständlich dargestellt, waren die Fachkollegen eher kritisch, ob eine solche, ihrer Meinung zu weit gehende Vereinfachung aus fachlicher Sicht noch vertretbar sei. Wenn ich dagegen zu wissenschaftsnahe Texte schrieb, konnte ich keinen Journalisten dafür gewinnen, über die betreffenden Forschungen am Mannheimer Institut für Deutsche Sprache zu berichten. Sie sahen dann nicht den ‚Aufhänger', von dem aus sie dieses oder jenes Forschungsergebnis für ihre Adressaten außerhalb der Wissenschaft interessant und verständlich darstellen konnten; sie suchten nach einer Geschichte, wie sie der Zöllner in unserem eingangs angesprochenen Brecht-Gedicht bei dem Philosophen Laotse schließlich entdeckt hat; eine Geschichte, die etwas mit seinem Leben zu tun hatte: *„...Ich bin nur Zollverwalter/ Doch wer wen besiegt, das interessiert auch mich./ Wenn du's weißt, dann sprich!"*

Brisante Wörter

Wenn ich in dem Lexikon *„Brisante Wörter"* lese, dass ein ‚nuklearer Entsorgungspark' eigentlich nichts anderes ist als eine ‚Atommülldeponie', dann sollte dies auch den Laien interessieren, der hier vielleicht mit einer harmlos klingenden, beschönigenden Bezeichnung *(Euphemismus)* beeinflusst oder gar hinters Licht geführt werden soll, um dann vielleicht bestimmte politische Entscheidungen eher zu akzeptieren. In der Tat ist man zumindest versucht zu glauben, mit einem solchen ‚Park' seien die Probleme der Endlagerung nuklearen Materials im Wesentlichen gelöst oder zumindest prinzipiell zu bewältigen. Zumindest ist die erneute Suche nach einem geeigneten ‚Endlager' jetzt gesetzlicher Auftrag.

Jedes gesellschaftlich kontroverse Problemfeld (das Wörterbuch behandelt die Bereiche ‚Politik' ‚Umwelt' und ‚Kultur'), in dem unterschiedliche gesellschaftliche, politische und wirtschaftliche Interessen aufeinander treffen, wird größtenteils auch sprachlich kontrovers behandelt. Die betreffenden Problemfelder werden dann nicht mehr quasi neutral bezeichnet, sondern in der Art ihrer Bezeichnung, in den sprachlichen Ausdrücken, in den verwendeten Wörtern zeigt sich eine (positive oder negative) Bewertung des bezeichneten Gegenstandes oder Problemfeldes. Versucht nun eine ‚Partei' uns ihre Sicht der Dinge mithilfe bestimmter sprachlicher Bezeichnungsstrategien schmackhaft zu machen (die Politiker würden vielleicht sagen: ‚zustimmungsfähig'), dann verwendet sie sog. ‚Hochwertworte'.

Dass zu diesen Worten z.B. *Freiheit* gehört, hat auch die Konsumwerbung längst erkannt. Was macht uns nicht alles ‚frei'! Merkwürdigerweise aber erst dann, wenn wir dem ‚Zwang' erliegen, das jeweils beworbene Produkt zu erwerben. Vielleicht habe ich ja auch einmal, ohne es mir einzugestehen, an die Freiheit des Marlboro-Cowboys geglaubt oder an den ‚Duft der großen weiten Welt' – Reisefreiheit. Heute wissen wir, dass es keineswegs (nur) um die Freiheit der Raucher, sondern in erster Linie um den Schutz der Nichtraucher geht, also um ‚Rauch*freiheit*' überall dort, wo Nichtraucher (und Raucher natürlich auch!) durch unfreiwilliges ‚Mitrauchen' gesundheitlich beeinträchtigt werden. ‚Die Freiheit, die ich meine' ist also im Zweifelsfall immer die Freiheit des anderen und schließlich auch meine eigene, denn eine wirklich freie Entscheidung ist der Griff zur Zigarette natürlich nicht. Ein Wort wie *Freiheit* ist genau deshalb ein allseits beliebtes, aber eben auch *brisantes Wort*, weil es oft gerade dort verwendet wird, wo es, wie wir an den Beispielen gesehen haben, nun wirklich nicht um ‚Freiheit' geht und weil es natürlich auch ein schillernder Begriff ist: ‚*Freiheit ist…*', ‚*Liebe ist…* ?

‚Brisante Wörter' sind weder als fachsprachliche Ausdrücke, noch für die Wissensvermittlung in fachexterner Kommunikation geeignet, weil sie eher Missverständnisse als Klarheit und Eindeutigkeit schaffen. Leider gibt es manchmal jedoch auch Interessen, die man besser nicht so deutlich zum Ausdruck bringt, sondern lieber ein wenig kaschiert oder ‚verschleiert'. Ganz harmlos machen wir das manchmal bereits, wenn wir nur höflich oder zurückhaltend sein wollen: *‚Möchtest du etwas trinken?'* – *‚Ja? Dann genehmige ich mir auch ein Gläschen'*. Wollte in Wirklichkeit ich selbst etwas trinken? Was unsere ‚wahren' Interessen sind oder ‚was wir wirklich brauchen', wissen wir manchmal wohl selbst nicht. Wenn es aber Andere immer zu wissen glauben, dann sollten unsere inneren Alarmglocken läuten und uns signalisieren, dass uns hier jemand beeinflussen könnte oder gar bestimmen möchte.

Um Beeinflussung sollte es weder in der fachinternen noch in der fachexternen Kommunikation gehen, auch dann nicht, wenn wir allein mit Mitteln des fairen Wettbewerbs versuchen, jemanden von einer uns wissenschaftlich begründet erscheinenden Sicht auf die Dinge zu überzeugen. Während die *Überredung* auf rhetorische (oder auch psychologische) ‚Tricks' zurückgreift, versuchen wir jemanden durch *Argumente* zu überzeugen. Aber Argumente müssen nicht zwangsläufig dazu führen, dass wir unsere Auffassungen ändern. Sie müssen uns ‚einleuchten', d.h. wir müssen sie als Argumente akzeptieren. So gesehen, bleiben wir in unserer Entscheidung frei, zumal uns auch niemand hindern kann, das eine oder andere Mal mehr oder weniger unbegründet, wenn nicht irrational zu handeln.

Lektüreempfehlungen

Zur Dialektologie gibt es eine ganze Reihe Einführungen, die in der Regel für Studierende der Germanistik gedacht sind, aber auch für interessierte ‚Laien' recht gut verständlich sein dürften:

Niebaum, Hermann/ **Macha**, Jürgen: *Einführung in die Dialektologie des Deutschen*. Tübingen: Niemeyer Verlag, 1999 (= Germanistische Arbeitshefte 37).

Löffler, Heinrich: *Dialektologie. Eine Einführung*. Tübingen: Narr Verlag, 2003.

89

Simon, Carsten: Varietätenlinguistik. Eine Einführung. Tübingen: Narr Verlag, 2013.

Recht unterhaltsam geschrieben ist die Darstellung von Karl-Heinz Göttert:

Göttert, Karl-Heinz: *Alles außer Hochdeutsch. Ein Streifzug durch unsere Dialekte.* Berlin: Ullstein Verlag, 2011.

Für eine soziolinguistische Perspektive auf Dialekte gilt als grundlegend:

Mattheier, Klaus: *Pragmatik und Soziologie der Dialekte. Einführung in die kommunikative Dialektologie des Deutschen.* Heidelberg 1980 (= UTB).

Zu soziolinguistischen Fragen allgemein empfiehlt sich:

Löffler, Heinrich: *Germanistische Soziolinguistik.* Berlin: Erich Schmidt Verlag, 2010 (1. Aufl. 1994).

Das angesprochene Wörterbuch ‚*Brisante Wörter*' ist anders als ein traditionelles Wörterbuch eher eine Art Lesebuch, allerdings schon etwas älter:

Strauß, Gerhard/ **Haß**, Ulrike/ **Harras**, Gisela: *Brisante Wörter von Agitation bis Zeitgeist.* Berlin/ New York: de Gruyter Verlag, 1989.

6 Varietäten im Sprachunterricht

Der ‚ideale' Sprecher-Hörer im Sinne Noam Chomskys – wir haben bei bereits bei der Erläuterung des Begriffs der ‚Sprachkompetenz' davon gesprochen - „lebt" in einer homogenen Sprache bzw. Sprachgemeinschaft. Aber er „lebt" natürlich nicht wirklich. Noam Chomsky hat ihn als eine Art Kunstfigur geschaffen, als eine methodologische Abstraktion, die es den Linguisten ermöglicht, natürliche Sprachen als homogene Systeme zu verstehen. Denn erst dann können sie ein über die Kompetenz eines einzelnen Sprechers hinausgehendes allgemeines Sprachsystem beschreiben. Dementsprechend sind *deskriptive* (beschreibende) *Grammatiken* bestrebt, deskriptiv (*nicht präskriptiv*, vorschreibend oder normierend) zu erfassen, was in der jeweiligen Sprachgemeinschaft als „Standard" gilt bzw. was das *sprachliche Wissen* eines idealen Sprecher-Hörers ausmacht.

Ein solcher in Grammatiken und Wörterbüchern kodifizierter Standard wird auch als „deskriptive Norm" bezeichnet (Peter von Polenz). Das bedeutet, dass das, was von den Linguisten eigentlich nicht normativ gemeint war, aufgrund der Kodifizierung eine normative Kraft entfalten kann und dementsprechend den Sprachgebrauch der einzelnen Sprecher (z.B. über die Institution ‚Schule') beeinflusst. Es scheint also eine unlösbare Verquickung und Wechselwirkung zwischen dem Anspruch der schlichten Beschreibung und dem Anspruch, quasi vorzuschreiben, wie etwas sein *soll*, zu geben. Diese letztlich normative Wirkung deskriptiver Grammatiken und Wörterbücher verhindert zwar nicht, dass eine Sprache sich wandelt, sie kann aber diesen Prozess des beständigen Wandels, der von den Sprechern einer Sprache getragen wird, doch verlangsamen.

‚Plurizentrismus' des Deutschen

Im Bewusstsein der Sprecher sind *Varietäten* so etwas wie Sprachen in der Sprache, Subsysteme unter dem Dach einer gemeinsamen

Sprache, von der sie sich jedoch z.T. erheblich unterscheiden. Ist dann das Schweizerdeutsch, das Österreichische oder Luxemburger Deutsch auch eine Varietät des Deutschen? Nein, denn hier greift die ‚Plurizentrismus'-These. Danach sind die genannten Varietäten zwar zweifelsohne „Deutsch", aber sie sind auf ein jeweils eigenes politisch-geographisches, aber auch sprachliches Zentrum bezogen. So orientiert sich etwa das, was im österreichischen Deutsch als Standard gilt, nicht am bundesrepublikanischen Deutsch, sondern an dem in Wien gesprochenen Deutsch bzw. Österreichisch.

Wird Deutsch nun aber als Fremdsprache gelehrt und gelernt, so wird (auch bei österreichischen Lektoren im Ausland) in der Regel nicht Österreichisch gelehrt, ebenso wenig wie irgendeine Varietät des Deutschen (selbst wenn der Lektor aus Bayern stammt), sondern das, was als *deutsche Standardsprache*, als Hoch- oder Literatursprache gilt.

Ist dies heute die Mediensprache, die Sprechweise der Nachrichtensprecher? Oder ist es die „Bühnenhochsprache"? - Mag auch ein Tübinger Kollege – ich habe es bereits erwähnt - sein Schwäbisch auch in seinen Vorlesungen nicht verleugnen, so habe ich mich doch in meinen Vorlesungen stets bemüht, möglichst standardnah zu artikulieren und meine ursprünglich leicht sauerländische Sprechweise möglichst zu unterdrücken. Dies versuche ich umso mehr, wenn ich im Ausland bin, z.B. bei einer Tagung in Sevilla oder bei Seminaren in Bydgoszcz (Polen) oder bei Lehraufenthalten in Pisa. - „Verleugne" ich damit meine Herkunft aus dem Sauerland, wo man doch als Bestätigungs- oder Bekräftigungspartikel stets ein *woll* anzufügen hat und wo die Kinder *Blagen* heißen (was ganz lieb gemeint ist)? Wen aber interessiert die regionale Herkunft überhaupt? Irritiert eine dialektale Färbung den Lerner des Deutschen als Fremdsprache nicht eher?

Varietätenwahl und code switching

Das Problem ist komplex, wie wir schon allein auf der Ebene der Muttersprache gesehen haben: Einmal bekennen wir uns (sprachlich) zu unserer angestammten Varietät (wenn wir sie denn noch beherrschen), ein anderes Mal tendieren wir in der Varietätenwahl eher zum Hochdeutschen. Die Gründe für eine bestimmte Sprachen- bzw. Varietätenwahl sind in der Regel kommunikativer oder pragmatischer Art. Das eine Mal wollen wir uns vielleicht nicht regional lokalisieren lassen, um nicht zu sagen „outen", und versuchen deshalb, einer bestimmten (eher neutralen) standardsprachlichen Norm gerecht zu werden. Ein anderes Mal versuchen wir vielleicht, uns den Verstehensmöglichkeiten unserer Adressaten anzupassen.

Wir können im Grunde alle in einer standardnahen Varietät sprechen, wenn es die Situation erfordert, selbst wenn wir damit nur zeigen wollen, dass wir „gebildet" sind. Wir haben als Muttersprachler, wenn wir mehrere Varietäten beherrschen, die bereits angesprochene Möglichkeit des *code switching*: Für welchen ‚Code' wir uns auch entscheiden, ‚irgendwie' wissen wir schon, warum wir ggf. in diese oder jene Varietät wechseln. - Diese Wahl hat derjenige, der Deutsch als Fremdsprache gelernt hat, in der Regel nicht. Oder doch?

Der Engländer, der Rheinisch sprach

Als ich vor einigen Jahrzehnten am Strand vor Montpellier mit einem jungen Engländer auf Deutsch ins Gespräch kam, der dort wie ich eigentlich Französisch lernen wollte bzw. sollte, wunderte ich mich zunächst über seinen rheinischen Akzent. Dann wurde mir schnell klar, dass es auch beim Erwerb einer Fremdsprache *natürliche*, ungesteuerte *Spracherwerbssituationen* gibt, in denen wir nicht anders können, als die Sprache unserer Umgebung, die Sprache der mit uns kommunizierenden Partner zu erlernen. Und das ist dann nicht unbedingt Standarddeutsch, sondern eben das Deutsch der jeweiligen regionalen und soziokulturellen Umgebung, der Dialekt oder Soziolekt, wie er in diesem Fall von den Mitarbeitern in der

Autoproduktion bei Ford in Köln gesprochen wurde, wo unser junger Engländer eine Zeit lang gejobbt hatte.

Trotzdem war ich zunächst, wie gesagt, mehr als irritiert, weil meine Erwartung eine andere gewesen war. Ein Engländer in Frankreich spricht, wenn er Deutsch spricht, nicht Rheinisch, sondern deutsche Standardsprache. Aber er hatte wohl keine gar keine Wahl: Er sprach die Varietät, die er in einer quasi natürlichen Spracherwerbssituation als ‚Deutsch' gelernt hatte, möglicherweise ohne das Bewusstsein, dass dies nicht Standard, sondern eine regionale Varietät des Deutschen war.

Andererseits: Auch als Muttersprachler habe ich oft keine Wahl. Ich kann nicht Westfälisch oder Plattdeutsch sprechen, selbst wenn ich es wollte; erst recht kann ich kein Schwäbisch oder Pfälzisch sprechen, obwohl ich einige Zeit in Tübingen verbracht und lange im Mannheimer Raum gelebt habe. Und der Versuch, es zu tun, würde wohl kaum zum kommunikativen Erfolg führen, sondern bestenfalls lächerlich wirken.

Am besten beherrsche ich wohl die Standardsprache. - Bin ich mit dieser überregionalen Varietät nun sprachlich „heimatlos"? Fühle ich mich vielleicht deshalb im Ausland wohler als etwa in Bayern? Habe ich vielleicht deshalb neben den muttersprachlichen Studierenden in Koblenz immer auch gern Lerner des Deutschen als Fremdsprache unterrichtet? Diese haben eines mit mir gemeinsam: Sie wollen genau das Deutsch lernen, das ich spreche und schreibe: die deutsche Standardsprache.

Warum *wollen* sie das? Warum *sollen* sie das? Weil es, wie mein Spracherlebnis in Montpellier zeigt, wohl noch befremdlicher ist, wenn ein Ausländer einen Dialekt spricht, als wenn es ein Muttersprachler versucht, der den betreffenden Dialekt nicht von Kindesbeinen an gelernt hat. Ebenso befremdlich fand ich es allerdings an der Fremdsprachenhochschule in Tianjin (China), als eine Studentin ihre umgangssprachlichen Deutschkenntnisse dadurch unter Beweis zu stellen (oder mich zu provozieren?) versuchte, dass sie immer wieder „scheiße" sagte, also eine stark umgangs-sprachliche, eher vulgäre Varietät benutzte.

Das Recht auf Standarddeutsch

Wenn wir als Nicht-Muttersprachler ‚Deutsch als Fremdsprache' in einer gesteuerter Spracherwerbssituation lernen wollen, haben wir ein Recht darauf, die deutsche Standardsprache und nicht irgendeine Varietät des Deutschen, keine regionale und keine subkulturelle, präsentiert zu bekommen. Und das sehen diejenigen, die Deutsch lernen wollen, genauso, wie diejenigen, die Deutsch unterrichten.

Können Varietäten des Deutschen (über die regionalen Varietäten hinaus) trotzdem im Unterricht „Deutsch als Fremdsprache" eine Rolle spielen und welche Rolle spielen sie im muttersprachlichen Deutschunterricht? - Diesen Fragen wollen wir in diesem Kapitel nachgehen.

Situationsspezifische Varietäten, Funktionalstile und Register

Auch unsere muttersprachliche Kenntnis verschiedener Varietäten besteht in der Regel weder darin, dass wir diese alle beherrschen, noch darin, dass wir ihre Eigenschaften im Einzelnen linguistisch beschreiben könnten. In der Regel wissen wir aber, dass es in bestimmten Situationen angemessen ist, eine bestimmte Varietät zu verwenden. Dieses Wissen ist ein wesentlicher Teil unserer *kommunikativen Kompetenz*.

Mit der Frage eines situativ angemessenen Sprachgebrauchs (siehe unser Beispiel aus China) sind wir auch im Unterricht des Deutschen als Fremdsprache, vor allem seit seiner weitgehend kommunikativen Orientierung, konfrontiert. Wir müssen innerhalb der Sprach-lernsituation realitätsnahe Kommunikationssituationen als Stimuli für eine kommunikationsorientierte Sprachproduktion konstruieren und dazu müssen wir wissen, welche Varietätenwahl in welcher Situation wirklich angemessen ist.

Aber schwierig wird es trotzdem bleiben, Varietäten unter dem Aspekt der situativ angemessenen *Registerwahl* im Unterricht zu behandeln. Denn wir sind manchmal durchaus unsicher, was kommunikativ jeweils angemessen ist oder was von unseren Kommunikationspartnern für angemessen gehalten wird. Außerdem kann die *Dynamik einer Kommunikationssituation* dazu führen, dass selbst *innerhalb* einer Kommunikationssituation unter Aspekten der kommunikativen Adäquatheit ein Code- bzw. Varietätenwechsel stattfinden kann bzw. muss (*code switching*). Offensichtlich werden hier von Muttersprachlern subtile Kommunikationsstrategien praktiziert, deren Systematisierbarkeit an Grenzen stößt.

Situative Sprachenwahl

Dort wo in einem geographischen Raum verschiedene Sprachen gesprochen werden, seien es verschiedene Muttersprachen, Deutsch als Fremd- bzw. Zweitsprache, Spielarten des Mannheimerischen, des Pfälzischen oder Kurpfälzischen, findet Kommunikation stets unter erschwerten Bedingungen statt. In fast jeder Kommunikationssituation stellt sich für den Sprecher das Problem der Sprachen- bzw. Varietätenwahl. Insbesondere dann, wenn er individuell in der glücklichen Lage ist, mehrsprachig zu sein, wie es z.B. die Kinder von Migranten oft sind, die in zweiter oder dritter Generation in Deutschland leben, oder wie es die Dialektsprecher sind, wenn sie sich in einer *Diglossie*-Situation befinden und zwischen Mundart und Standard jeweils situationsangemessen wechseln können, je nachdem, ob sie sprachlich-kommunikativ ‚Nähe' oder ‚Distanz' signalisieren wollen.

Die Sprachenwahl steht prinzipiell auch dem Lerner des Deutschen als Fremdsprache zur Verfügung. Er kann sich z.B. entscheiden, seine Muttersprache zu sprechen oder es doch lieber in der deutschen Standardsprache zu versuchen, selbst wenn seine Fremdsprachenkompetenz phonetisch wie grammatisch noch weit vom kodifizierten Standard entfernt sein mag. Er sollte es tatsächlich so oft wie möglich versuchen, auch wenn er dabei vielleicht nicht immer mit so viel Lob überschüttet wird, wie wir von den Franzosen, wenn wir in Frankreich mit unseren Französisch-Kenntnissen zu punkten versuchen.

Wir können uns ohne weiteres vorstellen, dass es zwar schwierig, aber durchaus nicht unmöglich ist, fremdsprachlich einigermaßen angemessen kommunizieren zu können. Für zwei Marktfrauen in einer chinesischen Kleinstadt war dies offensichtlich nicht vorstellbar: Als ich dort in Begleitung einer relativ gut Chinesisch sprechenden deutschen Lektorin eine Tüte Nüsse kaufte (ehrlich gesagt, tat sie es: auf Chinesisch), tuschelten die Marktfrauen und fingen an zu lachen. Dachte ich einen Moment, sie fänden die Chinesisch-Kenntnisse der Lektorin wohl zum Lachen, wurde ich eines Besseren belehrt. Maria hatte verstanden, dass sie sich wunderten, dass wir gar nicht aussähen wie Chinesen. Wie hätten wir sonst Chinesisch sprechen können?

Dagegen wundern *wir* uns kaum, wenn ein südländisch aussehender junger Mann auf dem Wochenmarkt in Mannheim in (fast) perfektem Deutsch seine Einkäufe erledigt. Aber hätte er vielleicht nicht doch ein sprachliches Problem, wenn die Kartoffeln hier als „*Grumbeere*" angeboten würden? Wenn er nicht sähe, dass das handgeschriebene Schildchen in einer Pfälzer Kartoffel steckt, vielleicht schon. Wenn er aber in Mannheim aufgewachsen ist, dürfte er, wie der eingangs zitierte Engländer, der Rheinisch sprach, vielleicht auch damit keine Probleme haben. Aber wenn er nun die Grumbeere kaufen möchte, würde er wohl trotzdem fünf Pfund „*Kartoffeln*" kaufen und sich in der *aktiven* Sprachverwendung mit „*Grumbeere*" vermutlich schwer tun. Einmal erzählte mir mein damaliger Chef am Institut für Deutsche Sprache, es gäbe jetzt in den großen Mannheimer Bekleidungshäusern keine Hemden mehr, sondern nur noch *City Shirts*. Aber er hatte auch hingehört, was die

Kunden bestellten: „*ein Hemd*". Tatsächlich finden wir viele sog. *Anglizismen* zwar in der Werbesprache, aber sie werden von den Sprechern des Deutschen in ihrem sprachlichen Alltag kaum aktiv verwendet.

Produktive und rezeptive Kompetenz

Es ist also tatsächlich etwas entschieden anderes, ob wir eine (regionale) Varietät verstehen können (*rezeptiv*) oder ob wir sie selbst aktiv verwenden (*produktiv*). Wenn wir in einer gesteuerten Spracherwerbssituation Deutsch lernen, lernen wir das Standard-Deutsch. Und wenn wir – im wirklichen Leben – mit den verschiedensten Varietäten konfrontiert werden, versuchen wir sie zunächst zu verstehen, aber nicht zu sprechen. Und das tut im Fall regionaler Varietäten oder im Fall von Sondersprachen wie der ‚Werbesprache' (und wie wir im nächsten Kapitel sehen werden, auch im Fall von sog. Gruppensprachen, wie der *Jugendsprache*) sogar der Muttersprachler, wenn er sich nicht lächerlich machen will.

Es lässt sich also wohl kein einleuchtendes Argument finden, dass ein Lerner des Deutschen als Fremdsprache irgendeine regionale Varietät zum aktiven Gebrauch erlernen sollte. Denn dies kann nicht einmal der Muttersprachler. Dann fehlt uns zwar ein sprachliches Register, dessen Verwendung ‚Nähe' zu den Kommunikations-partnern signalisieren könnte, aber ‚Nähe' lässt sich ohnehin nicht rein sprachlich erzeugen: Die Nähe ist vor der Sprachverwendung da, und wo nicht, kann die angepasste Sprachverwendung sie auch nicht wirklich herstellen.

Dialekttexte in den Medien

Trotzdem gibt es gute Argumente für eine *passive Kenntnis* dialektaler (und anderer) Varietäten des Deutschen. In bestimmten Situationen kann es durchaus sinnvoll sein, zumindest Grundkenntnisse darüber zu haben, welche regionalen Varietäten es im Deutschen gibt und evtl. zu wissen, was deren grundlegenden

Merkmale sind. Zum einen, um in der mündlichen Kommunikation den Mundartsprechern oder den Sprechern einer regionalen Umgangssprache einigermaßen folgen zu können, zum anderen, um dialekthaltige Texte oder Medienprodukte (nicht zuletzt literarische) einigermaßen verstehen zu können.

Ich fragte mich vor einigen Jahrzehnten beispielsweise, ob ich polnischen Germanistik-Studenten den Film „Herbstmilch" (Vilsmaier) zeigen könnte, in dem relativ viel Bairisch gesprochen wird. Aber genau so könnte ich mir diese Frage stellen im Hinblick auf die Literatur des Naturalismus (z.b. Gerhart Hauptmann) und ebenso im Hinblick auf eine Reihe junger deutscher Autoren, die sich nicht mehr bemühen, Literatursprache zu schreiben, sondern die uns ihre oder die von ihnen beschriebene Welt als Welt mit eigenen sprachlichen Gepflogenheiten näher zu bringen versuchen.

Dann scheint manchmal durch, dass unser scheinbar harmloser Umgang mit Varietäten auf etwas viel Substantielleres hinausläuft, nämlich auf die Frage nach der sprachlichen Verfasstheit der Welt.

Nicht produktiv, sondern reflexiv
Wir stoßen hier auf eine Art *inter*kulturellen Lernens, das ansetzt bei der Sensibilisierung für *intra*kulturelle Heterogenität. Die Einsicht, dass wir bereits innerhalb einer (vermeintlich homogenen) Kultur mit (intra-)kulturellen Differenzen konfrontiert sind, legt den Schluss nahe, dass wir in der Dimension des *Interkulturellen* erst recht auf Heterogenitäten unterschiedlichster Art stoßen werden.

Demnach können wir Varietäten auch im muttersprachlichen Unterricht unter dieser Perspektive thematisieren. Über die Bewusstmachung von Heterogenität innerhalb der Muttersprache können wir ein Verständnis für die Sprachenvielfalt (allein schon in Europa, wo fast 30 verschiedene Sprachen gesprochen werden) anbahnen und vielleicht auf die Abstraktionsleistung vorbereiten, die es uns erst ermöglicht, überhaupt von so etwas wie *der* ‚deutschen Sprache' zu sprechen.

So wird im neuen Rahmenplan Grundschule für Rheinland-Pfalz (Teilrahmenplan Deutsch) im Lernbereich „Sprache und Sprachgebrauch untersuchen" der Teilbereich „*Gemeinsamkeiten und Unterschiede von Sprachen entdecken*" angeführt, der wie folgt erläutert wird: „*Deutsch – Fremdsprache; Dialekt – Standardsprache; Deutsch – andere Muttersprachen in der Klasse; Deutsch – Nachbarschaftssprachen ...*". Während hier Dialekte und andere Sprachen zum Gegenstand sprachsystematischer und sprachvergleichender *Reflexion* gemacht werden sollen, fehlen die Varietäten in den produktionsorientierten Teilbereichen. Dort heißt es vielmehr ausdrücklich, die Schüler sollten lernen, „*an der Standardsprache orientiert und artikuliert sprechen*".

Es gilt also für den fremdsprachlichen und für den muttersprachlichen Unterricht gleichermaßen: Keine Behandlung von Varietäten für die Sprachproduktion, aber sehr wohl als Gegenstand der Sprachreflexion. Darüber hinaus kann man noch einen Sinn darin sehen, Varietäten mindestens soweit zu *kennen*, dass man dialekthaltige (literarische) Texte und Dialekt sprechende Gesprächspartner einigermaßen *verstehen* kann.

Mündlichkeit und Schriftlichkeit

Neben der Unterscheidung von Sprach*produktion*, Sprach*rezeption* und Sprach*reflexion* muss muttersprachlich wie fremdsprachendidaktisch aber auch der Unterscheidung von *Mündlichkeit* und *Schriftlichkeit* Rechnung getragen werden. Im Primärspracherwerb ist die Reihenfolge klar: Erst lernen wir *sprechen*, dann lernen wir (in der Schule) *schreiben und lesen*. In einem kommunikativen Unterricht ‚Deutsch als Fremdsprache' wird diese Reihenfolge in der Regel auch so sein. Aber sie muss nicht so sein. Vielleicht wollen wir in der Fremdsprache gar nicht sprechen, sondern nur bestimmte Arten von Texten lesen und verstehen können. Je nach Lerner-

Interessen könnte ich mich also durchaus nur auf die schriftlich-rezeptive Kompetenz konzentrieren, während es bei einer griechischen Deutschlernerin, der ich einmal ein halbes Jahr Deutschunterricht gegeben habe, genau umgekehrt war, weil sie nur für die Bedürfnisse in ihrem griechischen Restaurant deutsch sprechen und verstehen wollte. *„Nein, nicht lesen und am besten auch keine Grammatik.“* Aber ganz ohne Grammatik ging es dann doch nicht.

Mit den *diatopischen* (räumlichen oder arealen) Varietäten haben wir uns im Prinzip im Bereich der Mündlichkeit bewegt. Dialekte haben in der Regel keine *kodifizierte*, normierte Schriftform. Wenn man sie ‚verschriftet‘, dann so, wie man sie spricht. Und so finden wir auch in der dialekthaltigen Literatur im Grunde verschriftete mündliche Sprache, wie sie uns vor allem in (mündlichen wie verschrifteten) Dialogen begegnet.

Funktionale Varietäten (Fachsprachen)
Die Domäne der funktionalen Varietäten ist demgegenüber primär die Schriftlichkeit ist. Das gilt weitgehend für die Fachsprachen als funktionale Zwecksprachen, auch wenn in der mündlichen Fachkommunikation natürlich auch die jeweilige Fachsprache verwendet werden kann. Wir müssen nicht nur an die Ausbildung von Fachübersetzern denken, um den Erwerb fachsprachlicher Kenntnisse für Lerner des Deutschen als Fremdsprache begründen zu können, denn die Übergänge zwischen Gemeinsprache und Fachsprache werden zunehmend fließend.

Allerdings dürfen wir hier Sprache auch nicht losgelöst von den fachlichen Gegenständen betrachten. So ist das Erlernen eines spezifischen fachsprachlichen Wortschatzes letzten Endes nur dort sinnvoll, wo wir es mit einer Lerngruppe zu tun haben, die auch entsprechende fachliche Kenntnisse besitzt und über diese in der Fremdsprache kommunizieren möchte. Es macht m.E. wenig Sinn, wenn etwa polnische Germanistikstudenten das Wort *pochieren* kennen, mir aber nicht erklären können, welche Gar-Methode das ist. Ich wusste es nämlich tatsächlich auch nicht. Hier sieht man deutlich, dass es im Fachsprachenunterricht um sprachliches *und* fachliches Wissen zugleich gehen muss, sonst produzieren wir nur Sprechblasen.

Für den „normalen" Fremdsprachen-Lerner ohne fachspezifischen Wissenshintergrund könnten fachspezifische und entsprechende fachsprachliche Kenntnisse allerdings dann von Bedeutung sein, wenn er als Fach-Dolmetscher oder Fach-Übersetzer tätig werden möchte. Dann allerdings müssen wir den Unterricht auch an Problemen der *interkulturellen Fachkommunikation* orientieren.

Mit der Orientierung auf *Fachkommunikation* (anstatt Fachsprachen) kann die Fremdsprachendidaktik den Anschluss an die neuere Fachsprachenforschung finden. Diesen interessiert sich neben der systembezogenen Orientierung auf spezifische lexikalische und syntaktische Eigenschaften von Fachsprachen zunehmend für den Fachsprachen*gebrauch* in verschiedenen mehr oder weniger fachlichen Kommunikationssituationen, von der *fachinternen* bis zur *fachexternen* Kommunikation mit allen vermittelnden (sprachlichen) Zwischenformen dazwischen, bis hin zur interkulturellen Dimensionen der Fachkommunikation.

Die Frage, ob die Behandlung von Varietäten in den muttersprachlichen und fremdsprachlichen Deutschunterricht (‚Deutsch als Fremdsprache') gehört, lässt sich jetzt zusammenfassend so beantworten: Anders als regionale oder soziale Varietäten, deren Kenntnis nur rezeptiv, d.h. für das Verstehen von Dialektsprechern und dialekthaltigen Medien (Texte, aber auch Filme), sinnvoll ist, gehören funktionale Varietäten wie die Fachsprachen auch in den produktiven Bereich des muttersprachlichen Unterrichts wie des Unterrichts ‚Deutsch als Fremdsprache'. Der spätere Übersetzer muss nicht nur Fachsprachliches in der Ausgangssprache verstehen (rezeptiv), sondern er muss sich auch in der Zielsprache fachsprachlich äußern können (produktiv) und dies genauso mündlich (als Dolmetscher) wie schriftlich (als Übersetzer). Dabei muss er aber auch etwas von dem jeweiligen Fach verstehen, sonst weiß er nicht, wovon er redet.

Lektüreempfehlungen

Zum eingangs erwähnten Status des Deutschen als plurizentrische Sprache:

Clyne, Michael: „Deutsch als plurizentrische Sprache". In: **Clyne**, Michael (ed.): *Pluricentric Languages: Differing Norms in Different Nations.* Berlin/ New York: Mouton de Gruyter, 1992. Der Sammelband insgesamt enthält Beiträge zu einer ganzen Reihe plurizentrischer Sprachen.

Zu den muttersprach- wie fremdsprachendidaktischen Aspekten der Behandlung verschiedener Varietäten ausführlicher:

Biere, Bernd Ulrich: „'Varietas delectat' – Varietäten des Deutschen im fremdsprachlichen und muttersprachlichen Unterricht". In: *Estudios Filológicos Alemanes. Revista del Grupo de Investigación Filología Alemana* 13, Sevilla, 2007, S. 234-256.

7 Jugendsprachen – eine ganz besondere Varietät

Wir haben in den vorangegangenen Kapitel über verschiedene Arten von Varietäten des Deutschen gesprochen: regionale Varietäten, wie die Dialekte und Mundarten, soziale Varietäten, wie die Soziolekte und funktionale Varietäten, wie die Fachsprachen, sowie über deren Berücksichtigung im Unterricht. - Die Frage nach dem Alter der Sprecher schien dabei zunächst keine Rolle zu spielen. Allerdings wurden bei den Erhebungen der Dialekte im ländlichen Raum vorzugsweise die jeweils ältesten Dialektsprecher ausgewählt, weil man diese für Repräsentanten des ursprünglichen ‚tiefen' Dialekts hielt. Das Kriterium ‚Alter' ist heute jedoch nicht mehr ausschließlich in dialektologischen Zusammenhängen relevant, sondern beispielsweise auch in linguistischen Untersuchungen zur ‚Sprache im Alter' oder zur ‚Alterssprache'.

Jugendsprachforschung

Eine ebenfalls relativ junge Forschungsrichtung widmet sich dagegen nicht der Sprache im Alter, sondern der Sprache und dem Kommunikationsverhalten Jugendlicher. Eine wirkliche *Jugendsprachforschung* hat sich erst seit Anfang der 80-er Jahre des 20. Jahrhunderts entwickelt. Zwar finden sich erste Aufsätze zur ‚Jugend und ihrer Sprache' in der Zeitschrift ‚Muttersprache' bereits in den 60-er und 70-er, vereinzelt sogar schon in den 50-er Jahren, dabei handelt es sich jedoch weitgehend um populäre *sprachkritische* Bemerkungen zu angeblichen Anzeichen des ‚Sprachverfalls' in der Sprache Jugendlicher, die aus heutiger sprachwissenschaftlicher Sicht theoretisch wie methodisch problematisch erscheinen. So heißt es in einem Beitrag aus dem Jahre 1960 beispielsweise, schon jetzt seien gewisse „Schrumpfungserscheinungen … in der Grammatik … erkennbar" und die Jugend habe offenbar „kein Verständnis mehr für die Auffassung von Sprache als dem ‚heiligsten Gut der Nation'", Sprache sei für sie „kein Kulturwert mehr, sondern ein Konsumgut, dessen man sich unbefangen bedient." (Stave 1960, S. 12)

Seit den 70-er Jahren beginnt man europaweit mit der Erforschung sog. *Jugendkulturen* (zunächst in Großbritannien, seit Anfang der 80-er Jahre verstärkt auch in Deutschland, wo 1982 die erste Shell-Jugendstudie „*Jugend 1981. Lebensentwürfe, Alltagskulturen, Zukunftsbilder*" erscheint). Damit setzt auch eine tatsächlich empirische Erforschung von *Jugendsprachen* ein bis hin zu neuesten Untersuchungen zum *Kommunikationsverhalten Jugendlicher* wie auch zu spezifischen Ausprägungen sog. *Ethnolekte, wie sie sich seit* Beginn des 21. Jahrhunderts in ethnisch gemischten Gruppierungen von Jugendlichen herauszubilden beginnen.

Wörterbücher zur Jugendsprache

Jugendsprachliche Wörterbücher, die sich dem Phänomen ‚Jugendsprache' lexikographisch anzunähern versucht haben, erfreuten sich aufgrund ihres Unterhaltungswertes zwar relativ großer Beliebtheit, aus linguistischer Sicht erscheinen sie allerdings eher wie eine Karikatur jugendsprachlicher Sprechweisen. - Wir haben mit einem Seminar an der Universität Koblenz-Landau im Jahr 2010 Koblenzer Jugendlicher (Hauptschülern und Gymnasiasten) ausgewählte Worteinträge aus solchen Wörterbüchern vorgelegt und danach gefragt, ob sie diese Wörter kennen oder selbst verwenden. Das Ergebnis war, dass den Jugendlichen mehr als die Hälfte, bei Gymnasiasten fast zwei Drittel der Wörter nicht bekannt waren. Nur bei wenigen Wörtern wurde ‚zugegeben', dass man diese gelegentlich auch selbst benutzte.

Man darf also wohl unterstellen, dass solche ‚Wörterbücher' kaum die sprachliche Realität widerspiegeln oder lexikographisch erfassen. Dies können die Wörterbücher vor allem deshalb nicht leisten, weil die Vorstellung, ‚Jugendsprache' sei ein homogenes sprachliches Gebilde, der sprachlichen Wirklichkeit nicht gerecht wird. Denn die ‚Jugendsprache', die linguistisch in der Regel als einer ‚*Gruppensprache*' oder auch ‚*Sondersprache*' eingestuft wird, ist insgesamt nicht nur ein Beleg für die Heterogenität des Deutschen, sondern sie ist in sich selbst wiederum ein heterogenes Gebilde. Es gibt also gar nicht *die* Jugendsprache schlechthin, sondern es gibt unterschiedliche jugendsprachliche Sprechweisen, die wir in unterschiedlichen sozialen Gruppierungen von Jugendlichen vorfinden.

Wenn man dabei einen Bezug zu sozialen Gruppierungen herstellt, z.B. Hauptschüler und Gymnasiasten, Schüler und junge Arbeitnehmer, Jungen und Mädchen usw. in ihrem Sprachverhalten jeweils getrennt betrachtet und die jeweiligen sprachlichen Befunde dann in Beziehung setzt zu Merkmalen wie Ausbildung, Alter, Geschlecht, soziale Schicht usw., wird deutlich, dass wir die moderne Jugendsprachforschung im Prinzip als einen Teilbereich der Soziolinguistik betrachten müssen.

Demgegenüber wird man das, was die jugendsprachlichen Wörterbücher als ‚Jugendsprache' deklarieren, als eine Art ‚Fiktion' betrachten müssen, die in einem gewissen Sinn *literarisch* geschaffen wird. Der gleiche Stilisierungseffekt tritt noch deutlicher hervor, wenn man ‚Übertragungen' der Grimmschen Märchen in Jugendsprache liest (Es gibt auch ‚Übertragungen' der Märchen in Verwaltungssprache, die ebenfalls der Unterhaltung und Belustigung der Leser dienen sollen).

So wie sich z.B. ‚Rotkäppchen' dann anhört, wird allerdings kein Jugendlicher sprechen. Es handelt sich hier um Übertreibungen, Zusammenballungen von (vielleicht) jugendsprachlichen Elementen, die in dieser Dichte jedoch niemals in der Realität anzutreffen sind. Im Grunde sind derartige ‚Übertragungen' Märchen-*Persiflagen*, die ihren Unterhaltungseffekt dadurch erlangen, dass der Leser in den vermeintlich jugendsprachlichen Formulierungen zwar einerseits die altbekannten Märchen wieder erkennt, dass diese ihm jedoch andererseits sprachlich ‚verunstaltet' erscheinen, zumal gerade die ‚Formelhaftigkeit' von Märchen diese vor sprachlichen Eingriffen hätte schützen sollen. (Ähnliches gilt auch für eine ganz andere Art von Text, nämlich für Bibeltexte, die ebenfalls nur äußerst behutsam an die Gegenwartssprache angepasst werden können, selbst wenn die Sprache Luthers heute manchmal schwer verständlich erscheinen mag.)

Sprechweisen in jugendlichen ‚peer groups'

Wie können wir denn eigentlich wissen, wie Jugendliche, wenn sie unter sich sind, wirklich miteinander sprechen, oder was sie von *ihrer* Sprechweise auf der einen Seite und von der ‚Erwachsenensprache' auf der anderen Seite halten und wie sie diese bewerten? Wie können wir wissen, in welchen Situationen die Jugendlichen so, und in welchen Situation sie vielleicht ganz anders sprechen? Sind es alle Jugendlichen oder nur bestimmte Gruppen von Jugendlichen, die bestimmte Sprechweisen bevorzugen? Und schließlich: Warum tun sie das? Wozu brauchen sie eine eigene Sprache, wo sie doch einfach so sprechen könnten wie ihre Eltern oder Lehrer? Welche (psychosozialen) Funktionen hat all das, was wir pauschalierend ‚Jugendsprache' nennen? In welchem Alter beginnt sich eine solche *alterspezifische Sprechweise* herauszubilden (und wann verschwindet sie wieder)? Wie ist die Zeitspanne ‚Jugend' abzugrenzen oder gibt es vielleicht auch ‚jugendliche Erwachsene'?

Aus der Sicht der Erwachsenen muss man aber auch kritisch fragen: Wie gehen wir als Erwachsene (nicht nur als Eltern oder als Lehrer) mit der Sprache bzw. den Sprechweisen Jugendlicher um? Was verstehen wir noch, wenn unsere (fast erwachsenen) Kinder sich untereinander oder auch mit uns Erwachsenen unterhalten? Und wie bewerten *wir* als Erwachsene jugendsprachliche Sprechweisen, was kritisieren wir daran und aus welchen Gründen?

„Hallo Papa"

Zur Illustration möglicher Verständigungsschwierigkeiten zwischen Erwachsenen und Jugendlichen will ich Ihnen eine völlig harmlose Szene vor einem Einkaufszentrum in Koblenz schildern, die mich sozusagen sprachlos (oder verständnislos?) zurück ließ. Als ich an dem Einkaufszentrum vorbeifuhr, fuhr ein mit zwei Jugendlichen besetztes Auto vom Straßenrand an, das mich kurz darauf überholte. Als das Auto auf meiner Höhe war, drehte der Beifahrer das Fenster herunter, winkte und rief lachend zu mir herüber: „*Hallo Papa*". Mehr nicht. Was soll das, dachte ich, der junge Mann ist ganz gewiss nicht mein Sohn, also bin ich auch nicht sein Vater. Und was machte den beiden Jugendlichen so viel Spaß dabei, mich mit diesem umgangssprachlichen Hallo zu ‚grüßen'? Oder wollten sie mich gar nicht grüßen (wozu auch sollten sie das im Vorbeifahren tun)? Wollten sie mich etwa provozieren? Hatte ich sie mit dem Auto geschnitten? Ich weiß es nicht. Ich verstehe es nicht. – Zweiter Teil, etwa fünfzig Meter weiter: Die beiden fahren immer noch neben mir und ordnen sich zum Linksabbiegen entsprechend ein; der Beifahrer winkt noch einmal und ruft aus dem Fenster: „*Tschüs Papa*". Manchmal bin ich ja auch gern ein bisschen witzig, manchmal vielleicht sogar schlagfertig, aber in dieser harmlosen Begegnung mit zwei Jugendlichen bin ich völlig sprachlos. Ich kann überhaupt nicht einschätzen, was hier eigentlich vor sich geht. Die Jugendlichen hatten ihren Spaß mit mir, aber ich konnte (zunächst jedenfalls) nicht mitlachen. Später habe ich diese kleine Begegnung wohl einige Mal anderen Erwachsenen erzählt, aber niemand fand eine Lösung des kommunikativen Rätsels. So etwas wie „*Ey Alter*" hätte ich ja noch verstanden, und das hätte ich wahrscheinlich sogar in einem Wörterbuch der Jugendsprache gefunden (z. B. in den drei Wörterbüchern von Hermann Ehmann, 1992, 1996 und 2001 sowie in dem neuesten von 2009: „*affengeil*", „*oberaffengeil*", „*voll konkret*" bis hin zu „*endgeil*").

Mit einer mehr oder weniger spektakulären Auswahl einiger vermeintlich jugendsprachlicher Ausdrücke kann ein Wörterbuch zwar schon im Titel einen Kaufanreiz zu geben versuchen, die moderne Jugendsprachforschung kann sich damit jedoch nicht zufrieden geben – und damit sollten Sie, liebe Leser, egal in welchem Alter, sich auch nicht mehr zufrieden geben, wenn Sie dieses Kapitel gelesen haben. - Was also können wir über jugendsprachliche Sprechweisen und Kommunikationsverfahren lernen, wenn wir einen Blick in die moderne Jugendsprachforschung werfen? Werfen wir als erstes einen kleinen Blick in die Geschichte der Jugendsprache und ihrer Erforschung und fragen uns dann, welche unter-schiedlichen Erscheinungsformen von Jugendsprache es in der Nachkriegszeit seit 1945 gegeben hat.

Historische deutsche Studentensprache

Ein wenig ältere Jugendliche waren und sind die Studenten. Allerdings kann heute kaum mehr von einer ‚Studentensprache' als einer besonderen Ausprägung von Jugendsprache gesprochen werden. Das sog. ‚Studentenleben' ist weitgehend in andere ‚Jugendszenen' integriert und in den historischen Heidelberger Studentenlokalen treffen sich die japanischen und amerikanischen Touristen. Die Mitglieder der *Burschenschaften*, die im Jahre 1832 mit der demokratisch-republikanischen Bewegung in die Pfalz zum Hambacher Schloss zogen, um dort an einer Massenkundgebung für ein freies und einiges Deutschland teilzunehmen (*„Hambacher Fest"*), sind heute im Heidelberger Studentenleben kaum noch sichtbar, sie feiern in ihren Verbindungshäusern, in gediegenen Villen am Hang unterhalb des Heidelberger Schlosses. Dort mögen sie zum Teil wohl heute noch spezifisch männliche Gruppenrituale pflegen, die ihren sprachlichen Ausdruck immer noch in dem finden, was die Forschung ‚*Historische deutsche Studentensprache*' nennt. In der alltäglichen studentischen Kommunikation werden derartige sprachliche Rituale heutzutage allerdings kaum noch eine Rolle spielen.

In fast allen Arbeiten zur *„Jugendsprache*' (so auch in dem material-reichen und informativen Buch zur ‚Jugendsprache' von Eva Neuland) wird die ‚*Historische* deutsche Studentensprache' als ein *Vorläufer* der heutigen Jugendsprache betrachtet. Das bedeutet: Man kann die historische Studentensprache zwar in den größeren Kontext der Jugendsprachforschung stellen, sie ist aber von ihren Formen und Funktionen her etwas völlig anderes als die heutigen Sprechweisen

Jugendlicher. Die historische deutsche Studentensprache kann daher allenfalls als ein *„Vorläufer"* heutiger jugendsprachlicher Erscheinungen gesehen werden.

Akademische Jugend im 18. Jahrhundert

Bis ins 20. Jahrhundert hinein ist auch dort, wo altersbezogene Sprachformen untersucht werden, kaum von ‚Jugendsprache' die Rede. Man untersuchte vielleicht *‚Schülersprache'* oder auch *‚die Sprache der akademischen Jugend'*, und die Sondersprache der Studenten wurde nicht einmal als generationenspezifisch verstanden, nicht als Sprache einer bestimmten Altersgruppe, sondern eher als Sprache eines bestimmten ‚Standes', was sie ja auch tatsächlich war. Aber auch die historische Studentensprache ist keineswegs homogen, sondern in sich wiederum heterogen: Es finden sich durchaus regionale Differenzierungen, so dass sie auf keinen Fall als eine einheitliche ‚Sprache' verstanden werden kann. Und sie wird natürlich nicht von *der* Jugend insgesamt gesprochen, sondern allenfalls von der akademischen männlichen Jugend, und noch genauer, wohl nur von einem Teil der akademischen männlichen Jugend, nämlich von den *„raufenden Studenten"*, dem *‚petit maitre'*, *„der nett und glücklich focht, um niemand sich geschoren"*, jedoch sicherlich nicht von dem *„fleißigen Studenten"*, *„der seine Zeit und Geld weiß nützlich anzuwenden"*. Die Voraussetzungen für ein derart ‚lustiges Studentenleben' waren ein entsprechender Stand und ein dementsprechend gut gefüllter Geldbeutel. Diese Gruppe von Studenten war im 18. Jahrhundert jedoch eher in der Minderzahl gegenüber einer weniger finanzkräftigen, aber fleißigen Gruppe von Studenten, die von der ‚raufenden' Minderheit als die *Crassen* verhöhnt wurde. – *„Voll krass"* würden das die heutigen Jugendlichen vielleicht finden.

Burschensprachen

Das Interesse an der historischen Studentensprache ist nicht erst mit der Entstehung einer modernen Jugendsprachforschung erwacht, die nach historischen Wurzeln sucht, sondern bereits die Zeitgenossen des 18. und 19. Jahrhunderts halten die Studentensprache, deren Anfänge bis ins 16. Jahrhundert zurück zu verfolgen sind, in selbstständigen Wörterbüchern fest. So erscheint bereits 1749 ein *„Handlexikon der unter den Herren Purschen auf Universitäten gebräuchlichsten Kunstwörter* (Salmasius), 1781 ein *„Studentenlexicon"* (Kindleben) und 1795 ein *„Idiotikon der Burschensprache"*.

Dass diese Lexika durchaus mehr leisteten als die heutigen Wörterbücher zur Jugendsprache, macht schon der Untertitel eines 1825 erschienenen Lexikons von Schuchardt deutlich: *„Studentikoses Conversationslexikon. Oder Leben, Sitten, Einrichtungen, Verhältnisse und Redensarten der Studenten beschrieben, erklärt und alphabetisch geordnet"*. Es ging den Lexika (und deshalb sollte man eigentlich gar nicht von ‚Wörterbüchern' sprechen) nicht nur um sprachliche Informationen, sondern darum, den Leser nicht nur mit den besonderen Ausdrucksweisen, sondern gleichermaßen mit den besonderen Lebensweisen der Studenten vertraut zu machen. Und für die damaligen Erstsemester stellten sie vielleicht tatsächlich eine Art Leitfaden dar, der sie mit den *„eigentümlichen Gestaltungen in Leben, Sitte und Sprache"* vertraut machen, sie jenseits des in Vorlesungen und Seminaren vermittelten Stoffes in das ‚Studentenleben', das Leben der ‚Burschen' einführen sollte.

Auch wer mit dem Begriff ‚Burschen' heute wenig anzufangen weiß, findet ein sprachliches Überbleibsel in dem Wörtchen *burschikos,* womit heute zwar eher Mädchen charakterisiert werden, die sich sehr jungenhaft, eben ‚wie Burschen', benehmen, das ursprünglich aber die Lebensart der ‚Burschen' im studentischen Umfeld meinte, nämlich einen freiheitlich-burschikosen Lebensstil: *„Man taht alles, wozu man Lust und Belieben hatte; und man war ungehindert allerwerts ein praver und fideler Pursch. Dis war das güldene Alter der Pursche. Freiheit, Freiheit; Alles war Freiheit!"* (Salmasius 1749, S. 66; zit. nach Neuland 2008, S. 93).

111

Eine ganze Reihe burschensprachlicher Ausdrücke sind seinerzeit in die Standard- bzw. Umgangssprache übergegangen und finden sich dort, teilweise wiederum mit Bedeutungsveränderungen, bis heute: *pumpen, Moneten, Kümmeltürke, pauken, anscheißen, brav, famos, fidel* und in der Verstärkung *kreuzfidel*. Hier erkennen wir bereits eine Funktion, die auch für die moderne Jugendsprache reklamiert wird. Ein Begriff, für den es in der Standardsprache keine Abstufung oder Steigerung gibt, wird durch eine Wortneubildung dann eben doch gesteigert (hier: vom schlichten *fidel* zum gesteigerten *kreuzfidel*). Jugendsprachliche Wortneuschöpfungen realisieren also Erweiterungs*möglichkeiten* der deutschen Sprache, die in deren System, hier im System der Wortbildung, bereits angelegt sind.

Abgrenzungsfunktion

In der modernen linguistischen Forschung fragen wir allerdings nicht nur nach den sprachlichen *Formen*, sondern insbesondere nach deren kommunikativen *Funktionen* (linguistische Pragmatik). Die Frage nach den Funktionen ist natürlich bei der historischen Studentensprache wie auch bei der modernen Jugendsprache von besonderem Interesse. Wenn ich etwas verstehen (vielleicht auch kritisch sehen oder ablehnen) will, muss ich mir darüber klar zu werden versuchen, *warum* jemand so handelt, wie er handelt, und auch, warum er so spricht, wie er spricht. Welchen Sinn macht es, in einer informellen Kommunikation von *Moos, Kies* oder *Kohle* zu sprechen, während wir alle auf der Bank ganz standardsprachlich *Geld abheben*?

Wenn eine soziale Gruppe sich eine eigene Sprache schafft, so spricht sie *anders*, sie spricht so, wie andere gerade *nicht* sprechen und wie es allgemein zu sprechen auch nicht als schicklich gilt, wenn man keine Tabus brechen will. Die Jugendlichen – gestern wie heute – wollen anders sein, sich von den Erwachsenen abgrenzen. Gleichzeitig müssen sie sich aber auch untereinander abgrenzen, denn die Abgrenzung von den Erwachsenen soll ja nicht wiederum eine neue Uniformität hervorrufen. Mit dem Tragen einer Jeans oder einer Krawatte kann ich mich nur dort abgrenzen, wo es andere nicht tun. Und wenn es schließlich doch wieder alle tun, muss ich mir etwas Neues einfallen lassen.

Die Studenten des 18. Jahrhunderts grenzten sich wohl hinreichend ab: nicht nur mit ihrem Drang nach persönlicher, sondern auch nach politischer Freiheit. Sie überschritten reale Grenzen, übertraten Gesetze oder benahmen sich so, wie *man* sich eigentlich nicht benehmen sollte. Und gerade dadurch bildeten sie ihrerseits eine Gemeinschaft. Innerhalb der Heterogenität der gesamten Studentenschaft waren die ‚Burschen' aber auch nur eine Gruppe, die sich ihrerseits wieder von anderen Gruppen abgrenzen musste. Auf sozusagen symbolische Weise konnte man das durch bestimmte Bezeichnungen für die jeweils eigene Gruppe (‚*In-Group*') und für die anderen (‚*Out-Group*') tun. So waren die nicht-studentischen Bürger die *Philister*, die nicht-studentischen Jugendlichen die *Gnoten* und die nicht-burschikosen Studenten die *Mucker, Klösse, Finken* oder eben die *Crassen*.

Sprachmischungen

Anders als in den modernen Jugendsprachen, aber doch vergleichbar, sind die in der historischen Studentensprache die unterschiedlichen sprachlichen Quellen, die bei der Bildung neuer Wörter herangezogen werden. Typisch für die historische Studentensprache ist - auch wenn die Vorlesungen nach und nach immer mehr auf Deutsch gehalten werden - die Verwendung von Wortelementen aus den klassischen Sprachen Griechisch und Latein, mit denen die Studenten bereits aus den sog. 'Lateinschulen', unseren heutigen Gymnasien vergleichbar, vertraut waren. Aber auch Französisch, das sich im Laufe des 18. Jahrhunderts zur allgemeinen Verkehrssprache der Gebildeten entwickelte, war eine beliebte sprachliche Quelle.

So spiegeln die (fremd)sprachlichen Quellen der historischen deutschen Studentensprache einerseits durchaus die Wertschätzung der akademischen, gelehrten Welt, wie auch der sozialen

Herkunftswelt der Studenten, andererseits gehen sie mit diesen Quellen aber auch respektlos um, indem sie seltsame Verschmelzungen von Latein und Deutsch hervorbringen und dabei mit Spott und Ironie nicht sparen. Mit der Erzeugung von lateinisch-deutschen Sprachmischungen drehen die Studenten das Rad der Sprachgeschichte fast ein wenig zurück. Während die offizielle Sprache der Lehrveranstaltungen inzwischen fast ausschließlich Deutsch ist, praktizieren die Burschenschaften in freilich eher ritueller Kommunikation ähnliche Konversationsformen, wie wir sie in Luthers Tischreden rund 250 Jahre früher vorgefunden haben, die von einer fast chaotisch erscheinenden Mischung aus lateinischen und deutschen Teilen geprägt waren.

Neben diesen auf sprachlich-historische, ‚klassische' Bildung verweisenden Quellen der klassischen Sprachen ist ein zweiter, ganz anderer sprachlicher Herkunftsbereich ‚tonangebend' für die sprachlichen Vorlieben der historischen deutschen Studentensprache. Es ist, wie schon an den zu allen Zeiten vielfältigen Bezeichnungen für Geld abzulesen ist, die sog. *Gauner- und Vagantensprache*, die Sprache des ‚fahrenden Volkes', aus der sich die Studentensprache ihre Anregungen holt.

Selbst umgangssprachlich kennen wir eine ganze Reihe von Bezeichnungen für ‚*Geld*'. Eine Bezeichnung, auf die ich bei meinen ersten Bemühungen, Polnisch zu lernen, gestoßen bin, möchte ich Ihnen nicht vorenthalten: Vor allem wohl im Ruhrgebiet – und daher kenne ich das Wort aus meiner Kindheit - spricht man von ‚*Pinunzen*' oder ‚*Penunzen*'. Das ist nicht jugendsprachlich, sondern wurde wohl von der ersten Generation polnischer Gastarbeiter und Einwanderer im ersten Drittel des 20. Jahrhunderts mitgebracht. Im Polnischen heißt das Kleingeld nämlich *pienonce*. – Sie haben uns auch die ‚Gurke' mitgebracht, die im Polnischen *ogórek* heißt (wobei das ó als u gesprochen wird)? Westlich des Rheins taucht die Gurke dann sprachlich ganz anders auf, als *concombre* (frz.), *concomers*

114

(niederl.) usw. Das Wort *Gurke* ist offenbar nicht weiter gekommen als der polnische sprachliche Einfluss reichte.

Sprachliche ‚Quellen' der modernen Jugendsprache

Wie schon die historische Studentensprache unterschiedliche regionale Ausprägungen aufwies, so sind auch die Erscheinungsformen moderner deutscher Jugendsprache äußerst heterogen. ‚Quelle' oder ‚Ressource' für die Entfaltung jugendsprachlicher Kreativität ist nun verständlicherweise nicht mehr das Lateinische, sondern übereinstimmend mit allgemeinen Tendenzen der Sprachentwicklung nach 1945 das Englisch-Amerikanische, weiterhin aber auch (wie schon bei den Studenten des 18. Jahrhunderts) die Gaunersprache, das sog. Rotwelsch, und auch wieder regional-dialektale Ausdrücke. Drei Beispiele aus den 50-er und 60-er Jahren mögen diese drei unterschiedlichen Ressourcen illustrieren: *hotten*, Englisch für ‚*heißes Tanzen*' (heute wird wohl eher *abgerockt*), *stenzen*, Rotwelsch für ‚*schlagen/stehlen*' (später *Stenz* für ‚Müßiggänger') und *gammeln*, Norddeutsch für ‚*nichts tun*' (heute würde man vielleicht *chillen* sagen).

Im Umgang mit kulturellen Ressourcen werden in der aktuellen jugendsprachlichen Kommunikation immer wieder sprach-spielerische Abwandlungen und Anspielungen vorgenommen auf die jeweilige Kultur oder Subkultur, mit der man sich entweder identifiziert oder von der man sich ironisch distanziert. Die Jugendsprachforschung spricht hier von ‚*bricolage*' oder ‚*Stilbastelei*'. So spielt man beispielsweise auf James-Bond-Filme an, wenn man sich in der Art eines James Bond vorstellt, also zunächst den Nachnamen nennt, dann den kompletten Namen (Vornamen plus Nachnamen) nachträgt: „*Mein Name ist Bond, James Bond*". Um mit einer solchen Vorstellungsweise Lachen hervorzurufen, müssen wir natürlich davon ausgehen, dass das, worauf wir uns nachahmend oder ironisierend beziehen, bei den Zuhörern bekannt ist, es muss in der betreffenden sozialen Gruppierung entsprechendes ‚*geteiltes Wissen*' vorhanden sein.

115

Sonst laufen Scherze, die Anspielungscharakter haben, ins Leere. Das Gleiche gilt für Anspielungen auf eine bestimmte Werbung, auf Fernsehserien oder auch auf Sprechweisen von Personen.

Wenn heute von ‚Jugendsprache' die Rede ist, denkt man jedoch normalerweise nicht an die Studenten des 18. und 19. Jahrhunderts, sondern an die sich in der Nachkriegszeit seit 1945 herausbildenden neuen Gruppierungen von Jugendlichen, die gruppenspezifische Verhaltens- und Sprechweisen praktizieren, mit denen sie sich von der Mehrheitskultur abzusetzen versuchen.

Halbstarke

Während wir uns heute eher mit Punkern oder mit rivalisierenden Rockerbanden konfrontiert sehen, waren es in den 50-er Jahren des 20. Jahrhunderts zunächst die *‚Halbstarken'*, die die bürgerliche Erwachsenengeneration Zigaretten rauchend, Lederjacken tragend und die Musik wie die Motorräder voll aufdrehend zu provozieren versuchten.

Die ‚Halbstarken' grenzten sich einerseits durch ihre Sprechweise ab (*Halbstarken-Chinesisch*), die den Erwachsenen mindestens teilweise unverständlich war, andererseits aber auch durch ihre äußeren Erscheinungsformen, die auf die eher biederen Erwachsenen der 50-er Jahre (*Adenauer-Ära*) vielleicht noch provozierender wirken als manche relativ harmlosen Bezeichnungen, wie *steiler Zahn* für ein besonders attraktives Mädchen: Elvis-Frisuren, Lederjacken, Jeans (bzw. wie sie damals hießen: *Nietenhosen*); übertrieben lässige Haltung und Gestik (wohl das, was wir heute *cool* nennen und was uns vielleicht an James-Dean-Filme erinnert).

Und natürlich war die Musik eine ideale Abgrenzungsmöglichkeit. Dominierte in der bürgerlichen Welt noch der Schlager, war die Begeisterung der Jugendlichen (auch derjenigen, die sich nicht zu den Halbstarken rechneten) für die neue Musik aus Amerika, für Rock- und Jazzmusik entfacht. Was dachte sich eigentlich damals

116

Mitte der 60-er Jahre unser Musiklehrer, wenn er sich auf die Tastatur des Klaviers im Musikraum setzte und zu den dadurch erzeugten Misstönen das Wort *Negermusik* hervorstieß. Vielleicht habe ich nur zu seiner Ehrenrettung vergessen, dass er wahrscheinlich noch das Wörtchen *primitiv* davor setzte. Wir haben ihn einfach nicht ernst genommen, haben alle pflichtbewusst gelacht, obwohl wir es eigentlich nicht in Ordnung fanden, wie hier die Bezeichnung *Neger* mehr oder weniger diskriminierend verwendet wurde. Wie weit waren wir noch von dem entfernt, was man heute *political correctness* nennt! Niemand hat den Musiklehrer einen Rassisten genannt, niemand hat öffentlich aufgemuckt, wir warteten nur auf das nächste Mal, um uns wieder brav vor Lachen zu schütteln. Nein, Halbstarke waren wir weiß Gott nicht.

Natürlich holte der Medien- und Musikmarkt die Halbstarken und ihre Sprache bald ein – und irgendwann wusste man nicht mehr, wer die Wörter ‚erfunden', hatte und wer sie nur werbewirksam imitierte: Übernahmen die Medien die Sprache der Halbstarken oder übernahmen die Halbstarken ihrerseits wieder die Sprache der Medien? Vermutlich haben wir es mit einem komplexen Wechselverhältnis zu tun.

Wie sich eigentlich die Bezeichnung *Halbstarke* etabliert hat, wissen wir nicht (s.u.). Wenn wir aber nicht nur an die Studenten*sprache,* sondern an die gesamte, an ihrer Vorstellung von Freiheit ausgerichtete Lebensweise der Studenten des 18. Jahrhunderts denken, so erscheinen die Halbstarken den ‚Burschen' von damals gar nicht so fern. Es ist allerdings wohl eine andere soziale Schicht, die hier *ihre* Vorstellung von Freiheit auszuleben versucht; die akademische Orientierung am Latein wird durch die Orientierung an einer vermeintlich freieren, ungezwungenen amerikanischen Lebensweise ersetzt. Diese war freilich auch und gerade in Amerika auf eine Jugend beschränkt, deren Protest gegen die Elterngeneration durchaus eine politische Dimension hatte, ähnlich der Bedeutung der Musik im Freiheitskampf der Schwarzen in Amerika. Allerdings wird der Blues des amerikanischen Südens schnell verdrängt durch einen Tanz, den die Welt der Erwachsenen als ‚Tanz' anzuerkennen sich noch einige Zeit lang weigern würde: den Rock 'n' Roll.

Vielleicht war es tatsächlich weniger die Sprache, als vielmehr die Musik und Mode, die in der Nachkriegszeit eine ganze Generation prägte und Grenzen überschreitend verband zu einer, wenn auch immer mehr durch den Musik- und Modemarkt ‚organisierten' und damit kommerzialisierten weltweiten Bewegung. An die Stelle der frühen amerikanischen ‚Rock 'n' Roller', wie Elvis Presley und Fats Domino, traten andere ‚Stars' aus den britischen Industriegebieten, die mehr noch als die (klassische) Rockmusik bald den ‚Weltmarkt' beherrschen: die Beatles und die Rolling Stones. Und die gesamte jugendliche Welt, selbst in den sozialistischen Ländern, wo man die neue Musik noch als Zeichen kapitalistischen Sittenverfalls zu brandmarken versuchte, lernte einen Tanz, den man eigentlich nicht mehr lernen musste, der keine vorgegebenen Schritte kannte, sondern der Jugend die Freiheit rhythmischer Bewegung zurück gab. Und die Jugendlichen selbst nannten das, was sie da taten und bis heute in den Diskotheken tun, ein paar Jahrzehnte später nicht einmal mehr ‚*tanzen*' oder ‚*rocken*', sondern mit einem Schuss Selbstironie und Witz ‚*zappeln*'. Und was die Erwachsenen davon hielten, war ihnen einfach egal.

Egal war es wohl auch den Halbstarken selbst, wie man sie nannte. Als sich die Psychologie mit dem Phänomen ‚Jugend' zu beschäftigen begann, begann sie auch nach definitorischen Zusammenhängen zu suchen und stellte fest, dass der Ausdruck *Halbstarker* (interessanterweise ein deutsches Wort!) wohl den bereits im 19. Jahrhundert bekannten Ausdruck *Rowdy* ersetzt. Dementsprechend sind Halbstarke „*alle Jugendlichen, die in größeren oder kleineren Gruppen an Straßenecken, auf Spielplätzen oder in Lokalen müßig und laut albernd herumstehen und dabei auch einen Vorübergehenden, insbesondere junge Mädchen, mit Worten oder auch tätlich belästigen.*" (Bondy/ Braden, 1957). Aber hilft uns eine solche ‚Definition' wirklich zu verstehen, was die Jugendlichen, hier die ‚Halbstarken', bewegt?

Teenager und Twens

Ein Jahrzehnt später, in der „Wohlstandsgesellschaft" des Wirtschaftswunders", scheint dies vor allem die Konsumindustrie ganz gut zu wissen. Während Sprachkritiker hinter dem jugendtypischen Wortschatz, wie er jetzt in ersten Wörterbüchern (*„Die Sprache der Teenanger und Twens"*, 1962) festgehalten wird, noch eine *„tiefe Jugendnot"* vermuteten und beklagten, dass in den jugendlichen Wortschatz Wörter aus der Ganovensprache *„und aus den Slums"*, sowie aus den Sprachen der *„Besatzungsmächte"* (Anglizismen) eingehen, hat der Freizeitmarkt die Teenager und Twens längst vereinnahmt, bis hin zu einer eigenen Zeitschrift „Twen", die noch durchaus seriöser erschien als die spätere *„Bravo"* für die Teenies.

Völlig entpolitisiert wirken auch die eingängigen Schlagertexte, die gesellschaftliche Probleme, wie etwa die Migrationsproblematik aufzugreifen scheinen, diese aber zugleich verharmlosen oder romantisieren. Wie sang "Conny" doch so schön: *„Zwei kleine Italiener…"* , während die Deutschen die Riviera zu entdecken begannen und im VW-Käfer eine Reise-Euphorie entfalteten, wie sie Anfang der 90-er Jahre die Bürger der ehemaligen DDR nach der deutschen Wiedervereinigung noch einmal neu aufleben ließen: *„Go Trabi, go!"*

Es sind jedoch nur wenige jugendspezifische Ausdrücke, die diese Zeit hinterlässt. Wie schon die Bezeichnungen *Teenager* und *Twen* selbst zeigen, wird die *„Sprache der Besatzungsmächte"* nun zu einer wesentlichen Quelle für (nicht nur) jugendsprachliche Wortschöpfungen bzw. Entlehnungen: *Anglizismen* (englischsprachige Wörter und Wortbestandteile) halten Einzug in die deutsche Sprache. In der Jugendsprache ist, wie schon bei den Halbstarken, erneut die Domäne ‚Freizeit' und die sie prägende

Musik ein wesentlicher Einflussfaktor. Mit der Rock- und Popmusik ist Englisch die internationale Sprache der Musik geworden, nur der Schlager hält in den 60-er Jahren noch deutschsprachig dagegen.

Betrachtet man die sprachlich-kulturellen Entwicklungen der Nachkriegszeit geschlechtsspezifisch, so fällt auf, dass die ‚Halbstarken', ähnlich wie die ‚Burschenschaften' im 18. und 19. Jahrhundert, zunächst so etwas wie ‚Männerbünde' waren. Von halbstarken Mädchen war nicht die Rede. Dies ändert sich nun mit dem Begriff des Teenagers, der die weiblichen Jugendlichen nicht nur einbezieht, sondern im allgemeinen Sprachgebrauch m.E. wohl überwiegend auf weibliche Jugendliche bezogen wird, obwohl der DUDEN erläutert: *„ugs. für Junge oder Mädchen im Alter zwischen 13 und 19 Jahren"*. Haben Sie in den ersten Konzerten der Beatles kreischende junge Männer gesehen? Waren nicht gerade die für die Beatles begeisterten Mädchen der Inbegriff unserer Teenager? Oder waren das die *Teenies*, zu denen es im DUDEN heißt: *„[jüngerer, bes. weibl.] Teen"*? Beim Begriff des *Twens* denke ich seltsamerweise eher an Männer, obwohl mich auch hier der DUDEN eines Besseren belehrt: *„junger Mann, junge Frau um die zwanzig"*.

„Jugendrevolte"

Bedeutete die Zeit des Wirtschaftswunders noch die tendenzielle Einbindung der Jugendlichen in eine konsumorientierte Freizeitindustrie, so entsteht seit Mitte der 60-er Jahre eine neue Kultur dezidiert politischen Protestes, in der *‚Studentenbewegung'* wie in einer Außerparlamentarischen Opposition (APO), die zunächst – ähnlich wie die Halbstarken - gegen überkommende Autoritätsstrukturen (nicht zuletzt an den Universitäten) rebellieren, im Zusammenhang mit den Protesten gegen den Vietnamkrieg dann aber dezidiert gesellschaftskritisch werden. Man mag durchaus kritisch sehen, ob hier überhaupt von einer ‚Jugendbewegung', vergleichbar den Halbstarken oder den Teenagern, gesprochen werden kann. Der eher ungerichtete Protest der 50-er Jahre bekommt jetzt einen konkreten politischen Bezug, eine Stoßrichtung. Er richtet sich *gegen etwas*, das zwar einerseits weit weg zu sein scheint, wie etwa der Vietnamkrieg, aber andererseits auch gegen etwas, was die unmittelbare Realität der Studenten betrifft: gegen Vorlesungen, in denen nicht diskutiert werden durfte, oder Zwischenprüfungen, die als ‚Selektionsmechanismus' kritisiert wurden.

An einer solchen Begrifflichkeit merkt man schon, dass es hier eigentlich nicht um Jugendsprache, sondern um eine neue politische Sprache bzw. Ideologie geht, in der immer mehr von den Interessen der ‚werktätigen Klassen' die Rede sein wird. Der Sprachstil der neuen Studentenbewegung der 60-er Jahre hat nichts mehr mit den rituellen Formeln der organisierten Burschenschaften zu tun, er ist eine komplexe ‚Theoriesprache' geworden, die mit dem Fachvokabular sozialwissenschaftlicher und marxistischer Theorien jongliert bzw. agitiert, als sei dies die ‚Sprache der Arbeiter', deren Interessen sich die Studenten auf die Fahnen geschrieben hatten. Die eher diffuse Gesellschaftskritik der frühen Nachkriegszeit erhält in den 60-er Jahren ein gesellschaftstheoretisches Fundament und eine Zielscheibe – die Amerikaner. Aber tatsächlich spricht kaum jemand so, wie jetzt einige (‚linke') Studenten glauben sprechen zu müssen, nämlich genau so abstrakt wie die Sozial- und Gesellschaftstheoretiker der sog. Frankfurter Schule (Theodor Adorno, Jürgen Habermas u.a.). Wissen wir vielleicht noch, was *Repressionen* sein könnten, so verstehen wir den Begriff der *repressiven Toleranz* oder das ökonomische Konzept des *Mehrwerts* kaum noch. ‚*APO-Sprache*' wird zu einer Art Geheimsprache.

In der politischen Dimension studentischen Lebens finden sich dagegen zunehmend Anglizismen: *Hearing* für ‚Anhörung', *Happening, Sit-In* für eine besondere Art passiven Widerstandes oder *Teach-in* für meist ideologisch einseitige ‚Aufklärungsveranstaltungen' bis hin zum *Love-in,* das vielleicht schon die Hippie-Bewegung vorweg nimmt: „*Make love, not war*".

Spontis

Nach einer Phase der ‚Ideologisierung' kehren seit den 70-er Jahren Witz und Ironie in die jugendsprachliche Kommunikation zurück. Oder ist die jetzt zu bemerkende *Subjektivierung* nur wieder eine neue theoretische Orientierung? Werden die (vermeintlich) *objektiven* Gesellschaftstheorien durch Theorien der *subjektiven* Befindlichkeit oder der Betroffenheit, des Sich-Einbringens mit all seinen (auch widersprüchlichen) Gefühlen abgelöst?

Die ‚*Sprache aus dem Kopf*' wird zu einer ‚*Sprache aus dem Bauch*' und ‚im Bauch' relativiert sich alles mit dem schlichten Füllwort *irgendwie.* Verantwortung für eine Meinung, die man früher dezidiert und mit stichhaltigen Argumenten vorzutragen versucht hatte, braucht man dann kaum mehr zu übernehmen: *Ich sag mal so, irgendwie:* ‚*Du hast keine Chance, aber nutze sie!*' Ist das nicht ein Widerspruch? Natürlich, aber genau das macht den Witz aus, man ist hoffnungsvoll und hoffnungslos zugleich. (Der Buchmarkt scheint so etwas in die Rubrik ‚Humor' einzuordnen, wie ein Titel im Knaur Verlag bezeugt: „*Do you speak Sponti – das Letzte aus der Scene*", 1984).

Freizeitkulturen im 21. Jahrhundert

Gegen Ende des 20. Jahrhunderts wird die bisher beschriebene Entwicklung, in der verschiedene jugendsprachliche Erscheinungen im Prinzip nacheinander auftraten, gewissermaßen aufgelöst. Jetzt beginnen sich parallel in verschiedenartigen subkulturellen Milieus unterschiedliche *Gruppenstile* zu entwickeln.

In sog. ‚*Freizeitkulturen*', die insbesondere von jeweils unterschiedlichen Musik- und Modestilen geprägt sind, wie z.B. *Rap, Break Dance, Hip Hop, Punk* und *Funk* oder *Techno* finden wir jetzt spezifische Bezeichnungen für die jeweiligen Tanzstile, die weitaus differenzierter sind als das relativ schlichte, unspezifische *Zappeln: jammen, bangen oder stage diving.* Zu welcher Gruppe man gehört, signalisieren nun auch wieder spezifische Begrüßungsformeln: *Yo*

Hip Hop Freaks oder in der Techno-Szene: *Hi, Party-People, Hallo Sympartysanten.* Es sind derartig gruppenspezifische Formeln, dass ich eingestehen muss, sie noch nie gehört zu haben.

Jugendliche werden zu *Experten* für Mode, Musik und nicht zuletzt für die neuen Medien (Computer, iPhones und neue soziale Netzwerke). Ihre (jugendsprachliche?) Ausdrucksweise nähert sich teilweise fachsprachlicher Kommunikation an; sie ist jetzt nicht mehr politisch sondern technisch. Im Ergebnis entsteht wiederum eine Art Geheimsprache, die jemand außerhalb der Expertenkreise kaum noch verstehen kann. Oder wissen Sie, was *dreadlocks, chucks* oder *docs* sind?

,Normalos'

Wenn wir allerdings nach dem Sprachgebrauch durchschnittlicher Jugendlicher fragen, die nicht irgendeiner ,Szene' angehören, so ist dieser weitaus ,normaler' als all das, was die Medien als sog. ,Jugendsprache' in Szene setzen. Und es bestätigt sich noch einmal, dass auch das, was die oben bereits angesprochenen Wörterbücher als Jugendsprache vermarkten, bei den Jugendlichen selbst nicht unbedingt einen hohen Bekanntheitsgrad genießt.

Aber es zeigt sich auch, dass man differenzieren muss: In einem Wuppertaler Projekt (Eva Neuland) wurde beispielsweise festgestellt, dass kaum einer der befragten Jugendlichen den Ausdruck *chillen* kannte; welche Eigenschaften einen *Proll* ausmachen, konnte nur die Hälfte der befragten Jugendlichen beschreiben, die bewertenden Ausdrücke *cool* und *geil* kannten und gebrauchten dagegen fast alle. Die Ergebnisse sind wiederum unterschiedlich bei jüngeren und älteren Jugendlichen, bei Gymnasiasten und Hauptschülern sowie in unterschiedlichen Regionen in Deutschland. So zeichnet die neuere Jugend-sprachforschung ein überaus differenziertes Bild von Jugendsprache, die heute, wie schon zu Zeiten der historischen Studentensprache(n), keineswegs ein homogenes, sondern ein äußerst vielfältiges, heterogenes Erscheinungsbild aufweist.

,Bricolage'

Ebenso wichtig wie die sprachliche Vielfalt innerhalb dessen, was wir als alterspezifische Gruppensprache ‚Jugendsprache' nennen können, ist deren Bezug zur Gemeinsprache, zur Standardsprache, aber auch zu anderen Varietäten. Einerseits finden sich in der Jugendsprache deutliche regionale Unterschiede aufgrund der unterschiedlichen regionalen Zugehörigkeit der Jugendlichen. Andererseits finden sich in immer weiter ausdifferenzierten *Scenen* ‚Experten' für eine bestimmte Musikrichtung, für eine bestimmte Sportart oder Freizeitbetätigung zusammen, so dass, wie gesagt, jugendsprachliche Erscheinungen hier weitgehend fachsprachlichen Charakter annehmen und Nicht-Experten durchaus vor Verständigungsschwierigkeiten stellen. Gerade auch fachsprachliche Kommunikation kann zu einer Art exklusiver Kommunikation werden, die ‚Nicht-Eingeweihte' ausschließt.

In ähnlicher Weise schwer zugänglich sind allerdings auch die *sprachspielerischen Aktivitäten* von Jugendlichen, die umso interessanter sind, als sie sich nicht auf einzelne mehr oder weniger kreative Wortschöpfungen beschränken, sondern komplexe Kommunikationsmuster darstellen. Was in der Jugendsprachforschung *,bricolage', ,Stilbastelei'* genannt worden ist, lässt sich kaum lexikographisch erfassen, sondern nur in der Beobachtung größerer Kommunikationssequenzen, wie sie in ausgewählten Gruppierungen von Jugendlichen tatsächlich vorzufinden sind.

Teilnehmende Beobachtung

,Schwer zugänglich' heißt hier zweierlei: Erstens kann man entsprechende Kommunikationen unter Jugendlichen nicht leicht ‚beobachten' und für die Analyse aufzeichnen. Man stolpert dabei schnell in das sog. *Beobachterparadoxon*. Dieses besteht darin, dass man das authentische Kommunikationsverhalten sozialer Gruppen

beobachten möchte, die Gruppen sich aber nur authentisch verhalten, wenn sie unbeobachtet sind. Mit anderen Worten: Wenn man sie beobachtet und sie bemerken es, verhalten sie sich anders, als wenn sie sich unbeobachtet fühlen. Um aber etwas über ihr Verhalten herauszufinden, muss man zwangsläufig beobachten. Das erscheint paradox. Ein methodischer Ausweg ist die sog. *teilnehmende Beobachtung*, die keine heimliche Beobachtung ist, bei der aber ein Beobachter in die Gruppe ‚eingeschleust' wird und an den Gruppenaktivitäten teilnimmt, ohne sich jedoch zunächst in seiner (zusätzlichen) Rolle als Beobachter zu erkennen zu geben. Er muss dann allerdings später von der beobachteten Gruppe das Einverständnis einholen, mit den erhobenen Gesprächsdaten arbeiten zu dürfen.

Das Verfahren der teilnehmenden Beobachtung ist zunächst vor allem in der Ethnologie praktiziert worden, bei der ‚Beobachtung' fremder Kulturen, wo sich der Sinn bestimmter (kommunikativer) Handlungen dem Beobachter oft gar nicht erschließt, solange er nicht von innen heraus, durch Teilnahme an bestimmten Gruppenaktivitäten deren ‚Sinn' verstehen lernt. Damit verbunden kann man natürlich auch Interviews durchführen oder den Gruppenmitglieder Fragebögen vorlegen. Mit diesen drei Verfahren – teilnehmende Beobachtung, Befragung im Interview oder mithilfe von Fragebögen – sind auch drei grundlegende methodische Vorgehensweisen der Jugendsprachforschung benannt. Wenn es nicht nur um das ‚Abfragen' einzelner Wörter und deren Bedeutungen geht, sondern um Einsichten in das Kommunikationsverhalten von Jugendlichen, ist die teilnehmende Beobachtung in der Regel die Methode der Wahl.

Zurück zum *Bricolage-Prinzip*: Es ist noch aus einem anderen Grund ‚*schwer zugänglich*', was die Jugendlichen hier eigentlich tun. Um den Situationswitz zu verstehen, müssen wir nämlich die sog. *kulturellen Ressourcen*, auf die sich die Jugendlichen beziehen, ebenfalls sehr genau kennen. Wenn etwas zitiert oder zitierend auch noch umgeformt und damit manchmal bis zur Unkenntlichkeit *verfremdet* wird, kann man oft nur schwer verstehen, was hier gespielt bzw. worauf hier angespielt wird, und was somit letztendlich den Witz ausmacht.

Wenn man bei einer Vorstellung als neues Gruppenmitglied witzig erscheinen will, kann man das vielleicht im Stil einer Kontaktanzeige machen. Wer keine Kontaktanzeigen kennt, wird den Witz nicht verstehen, erst recht nicht, wenn zusätzlich distanzierend-ironische Elemente eingebaut werden, d.h. wenn die Formelhaftigkeit der Kontaktanzeige einerseits *benutzt*, andererseits jedoch gleichzeitig (kreativ-sprachspielerisch) *durchbrochen* wird. Das kann dann beispielsweise so klingen: „*Suche offenherziges Mädchen, das auf wilden hemmungslosen Puzzle-Spaß steht.*" Da ‚Kontaktanzeigen' von Jugendlichen eher unüblich sind, wird hier von den Jugendlichen offensichtlich ein Textmuster aus der Erwachsenenwelt aufgegriffen (das ist hier die ‚kulturelle Ressource') und in einen anderen subkulturellen (eben jugendsprachlichen) Kontext ‚eingepasst', aber eben auch ironisiert.

Derart komplexe Verfahren der ‚Stilbastelei' (*bricolage*) sind wohl kaum Anzeichen eines durch die Jugendsprache sprechenden Jugendlichen herbeigeführten ‚Sprachverfalls', sondern eher Anzeichen eines kreativen Umgangs mit sprachlichem Material, das auf diese Weise weiter entwickelt wird und den Sprechern neue sprachliche Möglichkeiten eröffnet.

Mehrsprachigkeit von Jugendlichen
Neue sprachliche Möglichkeiten eröffnen sich für die Jugendlichen auch durch den *Sprachkontakt*. Dieser kann ebenso im eigenen Land wie an den (Sprach)grenzen oder im Ausland stattfinden. Im Kontext von (europa- und weltweiten) *Migrationsprozessen* treffen in Deutschland gerade auch in Jugendkulturen *Jugendliche mit verschiedenen Muttersprachen* zusammen.

Im ‚Kontakt' ihrer verschiedenen Muttersprachen und je nach dem Grad ihrer Beherrschung der Zweitsprache Deutsch praktizieren Jugendliche – im Grunde ähnlich wie beim (innersprachlichen) Bricolage-Prinzip - eine Art ‚gemischtes Sprechen' und kreieren dabei eine charakteristische ‚interkulturelle' Sprechweise, die die Sprechfehler in der Zweitsprache quasi zur Norm eines sog. *Ethnolekts* erhebt: Die Jugendlichen sprechen dann beispielsweise Türkisch-Deutsch, sozusagen eine Variante des Deutschen, die ursprünglich von türkischsprachigen Deutschlernern in einer Art Zwischensprache (*interlanguage*) hervorgebracht wurde, die nun aber von muttersprachlich Deutsch Sprechenden in der jeweiligen interkulturellen Gruppe von Jugendlichen aufgegriffen und spielerisch imitiert wird. Dass sich primär deutschsprachige Jugendliche tatsächlich vermehrt auf diese Weise ethnolektal äußerten, ist aufgrund neuerer empirischer Forschungen jedoch eher eine populäre Spekulation.

Die kommunikativen Funktionen solcher Ethnolekte sind vielfältig und nur für den Einzelfall wirklich bestimmbar: Es dürfte jedenfalls nicht so zu sein, dass sich die Ethnolekt sprechenden muttersprachlichen Deutsch-Sprecher damit über die nicht-muttersprachlichen Deutsch-Sprecher lustig machen oder sich von ihnen aufgrund ihrer besseren Sprachkompetenz abzugrenzen versuchen. Es scheint sich eher wie beim Bricolage-Prinzip um ein gemeinsam praktiziertes Sprachspiel zu handeln, mit dem man die Zweitsprache-Sprecher nicht ausgrenzt, sondern integriert, so als wollte man sagen, *„Ihr sprecht durchaus ein akzeptables Deutsch; seht her, wie sprechen ja auch so, nehmen Eure Interlanguage an...".* Dies wiederum könnte die Identifikationsmöglichkeiten in einer interkulturell zusammengesetzten Gruppe von Jugendlichen für alle Beteiligten erhöhen.

Wird Mehrsprachigkeit – hier tatsächlich verstanden als die Beherrschung unterschiedlicher Sprachen, wenn auch auf unter-schiedlichem Niveau – auf diese Weise angenommen und in der

Gruppe anerkannt, so ist eine Basis geschaffen, auf der dann auch ein ‚*Spiel* mit fremden Sprachen' seine kreative Fortsetzung finden kann.

Spiel mit fremden Sprachen

Was Jugendliche heute unter polykulturellen und vielsprachigen Bedingungen in Form von ‚*code switching*', Sprachenwechsel und Sprachmischungen zunehmend praktizieren, ist in der Tat in vielerlei Hinsicht ein ‚Spiel mit Sprachen'. Aus dem (einsprachigen) Spiel mit *Sprache* wird zunehmend ein (mehrsprachiges, gewissermaßen polyphones) Spiel mit *Sprachen*.

Analog dazu wird auch der Deutschunterricht seine einsprachige Tradition überwinden und etwa den Lernbereich ‚Reflexion über Sprache' zunehmend auch als ‚Reflexion über Sprache*n*' verstehen müssen, zumal ohnehin in der Schülerschaft einer beliebigen Grundschulklasse weit mehr als eine Sprache vertreten sind. So trafen wir bei einem Praktikum in der Grundschule eines Koblenzer Stadtteils auf eine Klasse mit Schülern aus 14 Nationalitäten mit 11 verschiedenen Muttersprachen. Gerade einmal 6 Kinder hatten Deutsch als Muttersprache.

Solche vielsprachigen Kommunikationszusammenhänge sind allerdings nicht nur auf Migrationskontexte beschränkt, das ‚Spiel mit Sprache*n*' darf also nicht ausschließlich als Spiel mit Migrantensprachen, wie bei der Herausbildung von Ethnolekten, verstanden werden. Außerdem müssen wir immer noch von Fall zu Fall entscheiden, um welche Migrantensprache es sich jeweils handelt. Wenn es etwa heißt *gib Kamm,* dann haben wir immer noch die Wahl, auf welche, offensichtlich artikellose Sprache sich diese ethnolektale Imitation beziehen könnte. Es könnte Türkisch sein, aber ebenso gut könnte es Polnisch sein.

Was manche Linguisten neuerdings *languaging* nennen, ein ‚Spiel mit fremden Sprachen', dem kommunikative wie identifkatorische Funktionen zugeschrieben werden, das sprachliche Kreativität und allem voran mehrsprachige Kompetenzen voraussetzt, ist, wie gesagt, nicht auf Migrationskontexte beschränkt. Es kann beispielsweise auch dort stattfinden, wo mehrere Sprachen in einem Staat oder in einer Region nebeneinander existieren, wie etwa das Schwedische der schwedischen Minderheit in Finnland neben der Mehrheitssprache Finnisch.

Entlehnungen

Abgesehen von der Herausbildung spezifischer Ethnolekte und dem Spiel mit fremden Sprachen finden sich gerade auch in jugendsprachlichen Kommunikationen generell zahlreiche *Entlehnungen,* wie die Linguistik Übernahmen aus dem Wortschatz anderer Sprachen nennt. Und es sind nicht nur, wie man eine Zeitlang glaubte, Entlehnungen aus dem Anglo-Amerikanischen (so wie in der historischen Studentensprache aus dem Lateinischen), die die Jugendsprache insgesamt prägen. Allerdings wird gerade dort, wo Jugendliche auf fachsprachliche Kenntnisse, insbesondere im Musikgeschäft und in der Computertechnologie, zurückgreifen, das entsprechende englischsprachige Vokabular präsent sein.

Wenn man liest, dass in Lettland die Zahl der Anglizismen derzeit zunimmt bei einer gleichzeitig abnehmenden Zahl von Russizismen, hat man den Eindruck, hier werde eine Entwicklung ‚nachgeholt', die bei uns nach der Wiedervereinigung stattgefunden haben könnte. Unstrittig scheint zumindest zu sein, dass eine Angleichung ost- und westdeutscher Jugendsprachen erfolgt ist, bei der vermutlich auch der Anteil der Russizismen tatsächlicher kleiner geworden sein dürfte.

Natürlich bleiben Entlehnungen nicht auf Jugendsprachen beschränkt. Sie sind ein allgemeines Phänomen im Zusammenhang mit Sprachen im Kontakt. So ist das aus dem Italienischen entlehnte *ciao* wohl kaum mehr als jugendsprachliche Spezifität zu verstehen. Es kann, wie andere Lehnwörter auch, bereits ohne Probleme mit deutschsprachigen Äußerungsteilen kombiniert werden: *ciao bis morgen* (hier als Verabschiedungsformel). Wohl eher milieuspezifisch ist dagegen bislang noch die Übernahme türkischer Begrüßungsformeln wie *hadi,* auch mit deutschen Anschlussmöglichkeiten *(hadi tschüss).*

Welche Sprachen es jeweils sind, die Einfluss nicht nur auf Jugendsprachen, sondern Einfluss auf das umgangssprachliche wie standardsprachliche Deutsch ausüben, ist nicht generell zu beantworten. Einmal war es (im 18.Jahrhundert) das Fran-zösische, das uns den ‚Bürgersteig' *Trottoir* nennen ließ, ein-mal war es (in der Nachkriegszeit) das Englisch-Amerika-nische, das uns die ‚Nietenhose' *Jeans* nennen ließ, ein anderes Mal ist es das Spanische, mit dem wir auch in Deutschland kleine Appetithäppchen vielleicht bald nur noch *tapas* nennen werden. Oder es ist das Italienische, dessen *ciao* wir sehr ökonomisch bei der Begrüßung wie bei der Verabschiedung verwenden können.

Unter entsprechenden Bedingungen haben aber durchaus auch andere Sprachen eine Chance, dass die internationaler werdende Jugendsprache auch eine ihrer Begrüßungsformeln übernimmt: Wie wäre es beispielsweise mit *Hei hei* (was Finnisch wäre) oder mit *ahoi,* das sich in der Slowakei großer Beliebtheit erfreut und bei uns bekanntermaßen ein Seemanns- oder Schiffsgruß ist (*Schiff ahoi!*)?

Begrüßungs- und Verabschiedungsformeln
Es sind gerade typische Begrüßungs- und Verabschiedungsformeln unter Jugendlichen, die jedoch genauso unter ‚jung gebliebenen' Erwachsenen oder altersunabhängig in einem bestimmten subkulturellen Milieu verwendet werden, die bei aller Heterogenität jugendsprachlicher Sprechweisen letztes Endes eine so große Attraktivität erlangen, dass sie fast schon wieder allgemein umgangssprachlich zu sein scheinen.

In den 80-Jahren glaubte Helmut Henne in ersten sprachwissenschaftlichen Untersuchungen mit Fragebogen-

Erhebungen zur Jugendsprache eine große Übereinstimmung in jugendtypischen Begrüßungs- und Verabschiedungsformeln gefunden zu haben. So wurde etwa die Kontakt-Partikel *ey* als einzelne Gruppierungen von Jugendlichen übergreifende Formel ausgemacht (*ey* + Bezeichnung des Gegenübers, wie in *ey, Alter)*.

Ey scheint mir allerdings eine relativ übliche Form in bestimmten (regionalen) Umgangssprachen zu sein, wo sie weitgehend altersunabhängig gebraucht wird. Von *hallo,* das zunehmend die an der Tageszeit orientierten Begrüßungsformen abzulösen scheint und vielleicht ursprünglich eine Entlehnung aus dem amerikanischen *hello* war, einmal ganz abgesehen, sind viele jugendsprachliche Begrüßungsformeln bereits in die Gemeinsprache übergegangen. Wie fremd erscheint uns eigentlich noch die Begrüßung mit *hi?* Denken sie immer noch, ,*wir sind doch nicht in Italien'*, wenn Sie jemand mit *ciao* begrüßt? Aber finden Sie es als Frau nicht doch befremdlich, mit *ciao bella* begrüßt zu werden? Ist das nur Italienisch oder ist es ein Kompliment für die bekannte oder unbekannte Schöne?

,*Mischsprachen'*

Dort wo sich neue Formen übergreifender kultureller und sprachlicher Identität herausbilden, finden sich gelegentlich auch bereits eigene ,Sprachbezeichnungen', wie z.B. die von F. Zaimoglu quasi literarisch geprägte Bezeichnung *Kanak-Sprak.* Die Linguistik spricht inzwischen teilweise von *Türkendeutsch* und *Russendeutsch* und auf ein bestimmtes subkulturelles Milieu, den *Kiez,* bezogen, ist (ebenfalls in einem Buchtitel) vom *Kiez-Deutsch* die Rede.

Ähnliche Phänomene der Herausbildung von Mischsprachenfinden finden sich ebenso in den Vorstädten französischer Großstädte (in den sog. *banlieus)* mit Mischungen aus Französisch und Arabisch wie beispielsweise in einem Stockholmer Vorort (*Rinkeby-Schwedisch*).

Man kann also heute Jugendsprachen sicherlich als ein internationales Phänomen betrachten, wobei die jeweilige ‚Jugendsprache' immer öfter im Kontakt mit anderen Sprachen, mit regionalen Dialekten, mit Fachsprachen und schließlich mit anderen Nationalsprachen, und eben auch mit den jeweiligen Migrantensprachen, ihr jeweils spezifisches sprachliches Profil entwickelt.

Lektüreempfehlungen

Von den immer zahlreicher werdenden „Wörterbüchern" sei exemplarisch nur eines der neuesten genannt:

Ehmann, Hermann: *Endgeil: Das voll korrekte Lexikon der Jugendsprache.* München: K.H. Beck Verlag, 2009.

(Ältere Wörterbücher von H. Ehmann tragen Titel wie: *„affengeil"* (1992), *„oberaffengeil"*(1996) und *„Voll konkret"* (2001)

Ein wirklich seriöses, breit angelegtes und informatives Buch zur Jugendsprache ist das im Text bereits genannte von Eva Neuland, das ich diesem Kapitel größtenteils zugrunde gelegt habe:

Neuland, Eva: *Jugendsprache. Eine Einführung.* Tübingen/ Basel: A. Francke Verlag, 2008 (= UTB 2397).

8 Kindersprache und Spracherwerb

Wenn wir „*Jugendsprache*' als eine altersbezogene Varietät charakterisiert haben, die gleichzeitig auch Merkmale einer Gruppen- oder Sondersprache aufweist, so können wir mit der Frage nach altersspezifischen Sprechweisen noch einen Schritt weiter zurück gehen: zur sog. „*Kindersprache*'.

Kindersprachliche Sprechweisen können wir zumindest bei jungen Kindern nicht als Gruppensprachen betrachten. Dass Kinder so sprechen, wie sie jeweils auf einer bestimmten Altersstufe sprechen, ist schlicht Ausdruck ihrer im Prozess des Spracherwerbs jeweils erreichten Entwicklungsstufe. Sie können im Prinzip (noch) nicht anders sprechen, weil entweder der Wortschatz nicht ausreicht oder weil komplexere syntaktische Strukturen noch nicht erworben worden sind. Mit dem zeitlichen Voranschreiten des Spracherwerbsprozesses, d.h. mit zunehmendem Alter, wird sich die Kindersprache in einem kontinuierlichen Entwicklungsprozess auch qualitativ verändern, und sich so immer weiter der „Erwachsenensprache' angleichen. Und wenn sie sich, ohne dass der Sprachentwicklungsprozess damit definitiv abgeschlossen wäre, dann im Alter von etwa 7-8 Jahren der Erwachsenensprache in ihren grundlegenden Strukturen weitestgehend angenähert hat, beginnt in der Pubertät paradoxerweise der umgekehrte Prozess einer tendenziellen „Ablösung' von der gerade erst erworbenen Erwachsenensprache mit der Herausbildung spezifischer jugendsprachlicher Sprechweisen, wie wir sie im vorangegangenen Kapitel kennen gelernt haben.

Dieser Ablösungsprozess ist ein wichtiger Entwicklungsschritt im Übergang von der Kindheit zur Jugend, zur Adoleszenz, für den die Sprache vielleicht nur Stellvertreterfunktion hat. Die Jugendlichen streben nach Selbstbestimmung, nach Unabhängigkeit, nach Autonomie; sie versuchen sich in kritischer Auseinandersetzung mit der Erwachsenenwelt zu „positionieren' in einem komplexen Prozess

133

der Identitätsbildung in immer komplexer werdenden Lebensverhältnissen.

Wir kennen alle unsere eigenen Versuche, unser Leben zu verändern, auch indem wir eine neue Sprache zu lernen versuchen. Dies gelingt uns mal mehr, mal weniger gut; manchmal sind wir mit uns wirklich zufrieden, manchmal haben wir eher das Gefühl, am Ende eines vermeintlichen Lernprozesses schlicht gescheitert zu sein. Aber genau damit ‚fertig zu werden', ist wahrscheinlich auch wieder ein Lernprozess. Wer es ganz pessimistisch ausdrücken möchte, könnte sagen, wir fangen immer wieder von vorn an - eine frustrierende Sisyphos-Arbeit. Aber so ist eben das Leben, würde der Optimist sagen. Und wenn die Jugendlichen zumindest sprachlich die Welt neu erschaffen wollen, so müssen sie dies wohl versuchen, ohne auf die ‚Alten' zu hören, die immer schon wissen, wo das enden wird. Es wird in der Regel nur ein paar Jahre dauern, bis die Jugendlichen es selbst merken: Es ‚endet' (auch sprachlich) weitgehend in der ‚Normalität' des Erwachsenenlebens.

Auch wenn die Kinder schon wüssten, dass sie das, was sie als die ‚Sprache der Erwachsenen' Schritt für Schritt lernbegierig erwerben, als Jugendliche wieder in Frage stellen werden, würde sie dies in keiner Weise davon abhalten, diese Sprache, die die Sprache ihrer Umgebung und ihrer sozialen Bezugsgruppe ist, zu erwerben.

Vom ‚kollektiven Monolog' zur kindlichen Kommunikation

Der (primäre) Spracherwerb von Kindern ist darauf angelegt, in der Regel nicht in irgendeinem Stadium der Sprachentwicklung stehen zu bleiben, sondern sich Schritt für Schritt immer mehr dem System der umgebenden Sprache anzunähern, sich beständig weiterzuentwickeln. Aber nicht erst mit Schuleintritt im Alter von 6 bis 7 Jahren ist es den Kindern möglich, mit Eltern und Geschwistern, mit den Kinder auf dem Spielplatz, im Kindergarten oder in der Kita zu kommunizieren.

Entwicklungspsychologen, wie beispielsweise der Schweizer Jean Piaget, nehmen an, eine (echte) Kommunikation, ein ,Dialog', sei erst möglich, wenn die Kinder die Phase des sog. *Egozentrismus* überwunden hätten, also etwa nach dem 7. Lebensjahr. Meine eigenen Untersuchungen zur *„Kommunikation unter Kindern"* (1978) legen nahe, dass Kinder bereits erheblich früher tatsächlich miteinander kommunizieren. Und es gibt auch hinreichend Anzeichen dafür, dass sie sich dabei verstehen und wechselseitig aufeinander eingehen. Wenn es ihnen im Alter von etwa 4 bis 6 Jahren vielleicht noch nicht immer gelingt, die Perspektive des Anderen einzunehmen und damit zu antizipieren, wie der kindliche Gesprächspartner reagieren könnte, welches Vorwissen er hat und was er dementsprechend verstehen könnte und was nicht, so erscheint es mir dennoch nicht gerechtfertigt zu behaupten, die Kinder kommunizierten nicht wirklich dialogisch, sondern führten lediglich einen *„kollektiven Monolog"*, wie Piaget es genannt hat.

Bevor wir uns noch einmal der *Kommunikation unter Kindern* zuwenden, wollen wir uns zunächst noch einige grundlegende *Theorien zum Spracherwerb* anschauen. Die Kindersprachforschung betrachtet Sprache und Kommunikation von Kindern zu einem bestimmten Zeitpunkt ihrer Sprachentwicklung. In der Regel wird dabei der Sprachstand eines Kindes oder die kindliche Kommunikation empirisch zu beschreiben versucht. So wurde beispielsweise das gesamte Sprechen eines 9-jährigen Mädchens an einem Tag aufgezeichnet und analysiert (Klaus R. Wagner) oder es wurden ausgewählte Aufnahmen von Kommunikationen unter Kindern mit Beteiligung mehrerer Kinder (auch unterschiedlichen Alters) aufgezeichnet, verschriftet und analysiert, wie ich es getan habe. Die Spracherwerbsforschung betrachtet dagegen nicht einen einzigen Zeitpunkt, sondern die Veränderungen von einem früheren Zeit*punkt* zu einem späteren, also die Entwicklung, die sich in einem bestimmten Zeit*raum* bei einem Kind (oder verallgemeinert: bei Kindern einer bestimmten Altersgruppe) vollzieht, bis hin zur voll ausgebildeten Sprachbeherrschung in der jeweiligen Muttersprache.

Spracherwerbstheorien

Wie können wir einen solchen Spracherwerb – *monolingual* und ungesteuert in der jeweiligen Muttersprache oder *bilingual* wiederum ungesteuert in der Muttersprache, und gesteuert oder ebenfalls ungesteuert in einer Zweitsprache – theoretisch erklären? Wie können wir es uns grundsätzlich vorstellen, dass ein Kind von Geburt bis zum Schuleintritt, bis zur Pubertät und darüber hinaus, in der Lage ist, eine Sprache, seine Muttersprache (oder wie wir im Anglo-Amerikanischen sagen, seine *first language* oder L1) zu erwerben? Und wenn wir *erwerben* statt *erlernen* sagen, wirft dies vielleicht schon ein Licht auf eine bestimmte Vorstellung, wie der ungesteuerte primäre Spracherwerb vor sich gehen könnte.

Anders als das *Fremdsprachenlernen,* das ein durchaus mühevoller Lernprozess sein kann, ist der *Erstspracherwerb* etwas, was *jedem* Kind, völlig unabhängig von seinem Intelligenzquotienten, in der Regel völlig mühelos gelingt: Bei dem einen Kind geht es vielleicht etwas schneller, bei dem anderen vielleicht etwas langsamer (Sprachentwicklungsverzögerung), aber wenn keine Sprachbehinderung vorliegt, gelingt es schließlich allen Kindern, das System ihrer Muttersprache in wenigen Jahren, d.h. bis zu einem Alter von 8 bis 10 Jahren zu erwerben und sich in ihrer jeweiligen Muttersprache untereinander und mit Erwachsenen hinreichend verständigen zu können.

In der Linguistik und Spracherwerbsforschung sind – anders als bei den genannten empirischen Untersuchungen zur Kindersprache und zum kindlichen Sprachvermögen in exemplarischen Fällen – relativ abstrakte theoretische Vorstellungen davon entwickelt worden, wie es überhaupt möglich ist, dass Kinder sich in so kurzer Zeit so komplexe Systeme wie eine Sprache aneignen können.

Behaviorismus oder Nativismus?

Ende der 50-er Jahre fand eine in der Spracherwerbsforschung ‚berühmt' gewordene Kontroverse zwischen Noam Chomsky (der

2013 seinen 85. Geburtstag feierte) und seinem wissenschaftlichen Kontrahenten B.F. Skinner statt, eine Kontroverse zwischen zwei grundlegend unterschiedlichen theoretischen Auffassungen vom Spracherwerb, eine Kontroverse zwischen der (traditionellen) *behavioristischen* Position Skinners und der im Kontext seiner Universalgrammatik neu entwickelten *nativistischen* Position Chomskys. In einem Beitrag in der renommierten amerikanischen linguistischen Zeitschrift *Language* (Nr. 35; 1959) griff Chomsky die Position Skinners an und versuchte erstens zu zeigen, warum man den Spracherwerb des Kindes nicht im Sinne des behavioristischen Modells Skinners (*„Verbal Behavior"*, 1957) erklären kann und wie zweitens eine angemessene, nicht behavioristische, sondern nativistische Spracherwerbstheorie aussehen müsste.

Behaviorismus: ‚Konditioniertes Lernen'

Der Behaviorismus ist eine traditionelle, in der ersten Hälfte des 20. Jahrhunderts entwickelte Lerntheorie, die menschliche Lernprozesse im Grunde nach einem Schema zu erklären versucht, das aus Tierversuchen abgeleitet worden ist. Am bekanntesten sind wohl die Versuche des russischen Forschers Pawlow (1849-1936) geworden, dem es bei Hunden gelang, durch sog. *Konditionierung* bestimmte Reaktionen, ‚bedingte Reflexe' hervorzurufen. Die Verallgemeinerung dieser Ergebnisse war die Annahme, auch bei Menschen könne durch entsprechende Konditionierung jede beliebige Reaktion hervorgerufen werden, auch Menschen seien demnach in ihren Handlungen nicht ‚frei', sondern ‚konditionierbar', beeinflussbar und somit manipulierbar. (Eine Annahme, der vor allem die Werbebranche gern gefolgt ist).

Allein durch systematische ‚Verstärkung' einer Reaktion, durch den Einsatz von ‚Belohnung' und ‚Bestrafung' bei erwünschten bzw. unerwünschten Reaktionen, sollte es einem Kind im Prinzip möglich sein, sogar ein so komplexes System wie eine Sprache nach und nach zu *erlernen*. In diesem Sinn wäre der Prozess des Spracherwerbs nichts anderes als ein voranschreitender Prozess konditionierten

Lernens. Etwas vereinfacht gesehen, sähe dieser Prozess dann so aus: Die Eltern (oder Lehrer) bestätigen ihr Kind, wenn es ein richtiges Wort hervorgebracht hat, geben ihm zur Belohnung bei jedem richtigen Wort ein Gummibärchen (zuckerfrei, versteht sich); sie tadeln ihr Kind, wenn es etwas Falsches sagt, nehmen ihm vielleicht pro Fehler wieder ein Gummibärchen weg oder geben irgendwelche ‚Drohungen' von sich; das alles verbunden mit einer Korrektur, die dem Kind vorgibt, wie es jeweils richtig heißen muss. Da das Kind mehr daran interessiert ist, Gummibärchen zu bekommen, als daran, welche abzugeben, sammelt es mit dem Gummibärchen sozusagen korrekte Elemente der zu lernenden Sprache, bis es schließlich seine Muttersprache beherrscht, indem es konsequent die Erwachsenensprache, den sog. *Input*, nachgeahmt und als *Output* zu reproduzieren versucht hat.

Können wir uns so wirklich den doch ungeheuer komplex erscheinenden Prozess des Spracherwerbs vorstellen? Ist der Spracherwerb wirklich nichts anderes als ein Prozess *konditionierten Lernens*? Müssen wir unsere Kinder nur wie kleine Hunde gut genug abrichten, damit sie – vielleicht wie ein Clown im Zirkus – das ihnen Vorgesagte mehr oder weniger mechanisch nachplappern? Kann man auf diese Weise wirklich eine Sprache lernen?

Noam Chomsky führt nun eine Reihe von Argumenten an, warum wir uns den Spracherwerb ganz und gar nicht als einen schlichten Nachahmungs- und Konditionierungsprozess vorstellen können und entwickelt aus dieser Kritik der *behavioristischen* Spracherwerbstheorie eine völlig andersartige, eine *nativistische* Spracherwerbstheorie.

Nativismus: Hypothesenbildung und Regellernen
Ein Kind ist einem regelrechten ‚Sprachbad' ausgesetzt, in das es von Geburt an gewissermaßen ‚eintaucht' und erstaunlicherweise nicht darin untergeht. Die umgebende Welt ist eine sprechende Welt, ein Welt voller Geräusche und voller Stimmen. Manche ‚Geräusche'

sind Sprachlaute, andere dagegen nicht; manche ‚Geräusche' sind Laute der jeweiligen Muttersprache, andere dagegen sind Laute fremder Sprachen; neben standardsprachlichen Lauten sind je nach Region auch mundartliche Laute zu hören, und auch Laute aus verschiedenen Mundarten. – Wie kann ein Kind in einem solchen *heterogenen* ‚Sprachbad' herausfinden, welche Laute der jeweils zu erwerbenden Muttersprache angehören? Wie kann es jeweils *eine* Sprache ‚herausfiltern', um sich genau diese und nicht etwa irgendeine Sprachenmischung anzueignen?

Die Eltern und Erzieherinnen mögen sich durchaus bemühen, dem Kind ausschließlich korrekte Äußerungen vorzusprechen, es bei fehlerhaften Äußerungen sorgfältig zu korrigieren, trotzdem ist das Kind fast überall mit einem wildwüchsigen heterogenen Sprachleben konfrontiert, das es schnell vergessen lassen könnte, was es zuhause muttersprachlich korrekt gelernt hat. Selbst wenn es hier noch nicht unbedingt auf fremde Sprachen stoßen muss, so wird es doch auch innerhalb seiner zu erwerbenden Muttersprache auf Äußerungen von Erwachsenen stoßen, die nicht normgerecht, nicht standardsprachlich sind. Das kann natürlich auch im Elterhaus der Fall sein.

Wir machen im spontanen Sprechen durchaus mehr Fehler als wir glauben. Wir überhören sie genauso, wie sie unser Gesprächspartner in der Regel auch überhört, wenn sie das Verständnis nicht stören. Was interessiert es uns in einer anregenden Unterhaltung, ob jemand einmal einen Akkusativ anstatt des korrekten Dativs oder den Dativ anstatt des Genitivs verwendet, wenn das Gespräch ansonsten informativ oder unterhaltsam ist?

Heterogener ‚Input'
Wie kann ein Kind, das uns dabei zuhört, während wir munter Fehler machen, eigentlich herausfinden, was richtig ist (wenn es so viel Falsches hört)?

Wenn alle konsequent immer die gleichen Fehler machten, würde das Kind die betreffenden Äußerungen natürlich genauso ‚falsch' erwerben, im Glauben, sie seien ‚richtiges Deutsch'. Wer oder was bringt das Kind irgendwann dazu, die im Glauben an die Unfehlbarkeit der Erwachsenen erworbenen falschen Formen als falsch zu erkennen und durch die richtigen zu ersetzen. Und wer sagt, was eigentlich richtig ist? Sind es nicht die Sprecher einer Sprache, die über ihre Sprache verfügen? – Ich will hier die Frage nach sprachlicher Richtigkeit, nach Regeln und Normen einer Sprache, nicht weiter verfolgen. Sie sehen schon, wie kompliziert das wird… Wie soll es ein Kind schaffen, in diesem sprachlichen Wirrwarr die für die jeweils zu erwerbende Muttersprache richtige Grammatik herauszufinden und sich anzueignen.

Vielleicht ginge es ja doch im behavioristischen *Trial-and-Error*-Verfahren (‚Versuch und Irrtum'), d.h. durch beständiges Ausprobieren, durch wiederholte Verstärkung, wenn die richtigen Formen verwendet werden. Aber wie lange müsste dann der Erwerb einer kompletten Sprache mit all ihren Wörtern und Strukturen dauern? - Hier finden wir ein weiteres Argument Chomskys gegen die behavioristische Spracherwerbstheorie Skinners. Wenn es sich beim Spracherwerb um reine Nachahmung des in einer Sprache Gehörten handelte, brauchten wir eine Ewigkeit, bis alles, was wir ausdrücken möchten, irgendwann einmal zu hören gewesen wäre. Wir könnten also nicht erklären, wie der Spracherwerbsprozess des Kindes so schnell verlaufen kann, dass es dem Kind möglich ist, innerhalb weniger Jahre die grundlegenden grammatischen Strukturen seiner Muttersprache (und keiner anderen, die es vielleicht auch noch zu hören bekommt) zu erwerben?

Chomskys Lösung
Daher nimmt die nativistische Spracherwerbstheorie an, dass jeder Mensch über einen *angeborenen Spracherwerbsmechanismus (language acquisition device)* verfügt, der es ihm ermöglicht, die passende Grammatik für die jeweils als input ‚angebotene' Sprache

zu generieren. Dies geschieht nicht durch bloße Nachahmung, sondern durch *Hypothesenbildung*. Hierzu befähigt uns ein *Hypothesenbildungsverfahren*, das wir uns als wesentlichen Teil des Spracherwerbsmechanismus vorstellen müssen.

Auf der Basis der vielleicht wenigen gehörten Äußerungen bildet das Kind Hypothesen über mögliche *Regeln*, die diesen Äußerungen zugrunde liegen könnten. Damit ist es in der Lage, nicht nur die jeweils gehörte Äußerung zu reproduzieren, sondern alle möglichen Äußerungen zu *generieren*, die aufgrund der angenommenen Regel gebildet werden können. Dabei bildet das Kind zunächst durchaus auch falsche Äußerungen bis es bemerkt, dass manche Äußerungen zwar ähnlich gebildet werden, aber spezifischeren Regeln unterliegen. Dabei kann die vom Kind gebildete Regelhypothese das eine Mal zu weit, ein anderes Mal zu eng gewesen sein. Wenn eine zu weite Regel gebildet wurde, heißt das, dass sie auch auf Fälle angewendet wird, für die sie nicht gilt. Da Regeln immer Generalisierungen sind, spricht man hier von einer *Übergeneralisierung*.

‚Fehlerhafte' Regelhypothesen: Name oder Bezeichnung?

Als mein ältester Sohn im Alter von vielleicht drei oder vier Jahren sich in Heidelberg auf dem Philosophenweg darüber freute, weit unter uns ganz klein den Neckar fließen zu sehen, machte ich eine unvorsichtige Bemerkung, indem ich sagte: *Schau, Sebastian, da unten fließt der Neckar.* Sebastian wiederholte begeistert das neue Wort: *Neckar, Neckar.* Ein Wort allerdings, das keine *Bezeichnung*, sondern der *Name* eines Flusses war. Und Namen zeichnen sich gerade dadurch aus, dass sie dazu dienen, ein einzelnes, individuelles Objekt zu identifizieren und deshalb im Prinzip einzigartig sein sollten. Es gibt zwar gelegentlich Mehrdeutigkeiten, weil einige Orte den gleichen Namen tragen. Diese lösen wir jedoch etwa durch einen Namenszusatz schnell wieder auf: *Neustadt an der Weinstraße* und *Neustadt (Wied)*, *Menden im Sauerland* und *Menden (Rheinland)*; oder bei mehreren Bundestagsabgeordneten namens *Müller*, kann man den Wahlkreis hinzufügen, damit unmissverständlich klar ist, von welchem Abgeordneten die Rede ist: *Müller Lüdenscheid*. Auch mit der Kombination von Namen und Ort sind Missverständnisse allerdings nicht in jedem Fall auszuschließen, vielmehr können sogar neue entstehen. So stellte sich einmal ein Kollege auf einer internationalen Tagung vor mit *Hess-Lüttich*, was Kollegen, die ihn nicht kannten, nach dem Muster von *Müller Lüdenscheid* so interpretierten, als heiße er *Hess* und komme aus *Lüttich*. Tatsächlich aber führte er den Doppelnamen *Hess-Lüttich*. Und vielleicht wissen wir auch nicht immer sofort, dass es sich um die gleiche Stadt handelt, wenn Städte in mehreren Landessprachen unterschiedlich benannt werden: So heißt *Lüttich* gleichzeitig (auf Flämisch) *Luik* bzw. auf Wallonisch *Liège*. Ganz eindeutig und unmissverständlich geht es also wohl auch bei den Namen nicht zu, aber sie funktionieren eben doch anders als Bezeichnungen von Objekten.

Das alles kann ein Kind freilich noch nicht wissen, und so wendete Sebastian den individuellen Namen *Neckar* eine Zeitlang auf alle fließenden Gewässer an. Ob da die typische Erwachsenenerklärung: *das ist ein Fluss, der heißt Neckar und der Neckar fließt in einen anderen größeren Fluss, der heißt Rhein* wirklich nötig ist? Das Kind wird es bald schon selbst bemerken und seine übergeneralisierte Hypothese korrigieren. - In diesem Sinn versteht Chomsky den Spracherwerbsprozess als *kreativen* Prozess, bei dem das Kind nicht passiv Sprache aufnimmt und reproduziert, sondern aktiv Hypothesen über zugrunde liegende *Regeln* bildet und überprüft.

Mutter-Kind-Interaktion

Auf andere Spracherwerbstheorien, wie die interaktionistische oder die kognitivistische, will ich hier nicht weiter eingehen. Der angesprochene Begriff der *Interaktion* ist jedoch in neueren Arbeiten zum kindlichen Spracherwerb stärker in den Vordergrund gerückt. So nimmt man heute an, dass gerade beim frühen Spracherwerb die Interaktion und Kommunikation mit der Mutter oder mit anderen

Bezugspersonen eine besondere Rolle spielt. Die Mutter interpretiert die grammatisch noch unvollständigen Äußerungen des Kindes wohlwollend, sie gibt sich alle erdenkliche Mühe, zu erschließen, was das Kind wohl meinen könnte und äußert ihre jeweiligen ‚Deutungen' (Hypothesen) in grammatisch möglichst vollständigen und korrekten Sätzen. So hilft sie dem Kind, nach und nach die Muster zu erkennen, mit denen es seine Ausdrucksbedürfnisse in der betreffenden Sprache (sprachlich korrekt) realisieren kann. In solchen ‚spracherwerbsorientierten' Interaktionen geht es also um mehr als in den schlichten sprachlichen Instruktionen *Schau, das ist ein Ball.* Kind wiederholt: *Ball.* Mutter: *Wie heißt das?* Kind: *Ball happe;* Mutter: *Möchtest du den Ball haben?* Kind: *happe happe;* Mutter: *Das heißt: ich möchte gern den Ball haben. Wie heißt das?* Das klingt doch sehr nach Dressur.

Die braucht das Kind aber gar nicht, denn es verfügt ja über seinen angeborenen Spracherwerbsmechanismus und ist somit kreativ genug, um eigenständige Hypothesen zu bilden und diese ggf. auch zu korrigieren, ohne dass Erwachsene steuernd oder gar belohnend und strafend eingreifen müssen. Ein Lernprozess, der über Lob und Bestrafung gesteuert werden müsste, wäre wiederum ein Konditionierungsprozess und somit eine behavioristische Vorstellung. Alles was das Kind braucht, ist die *Zuwendung* in der Mutter-Kind-Interaktion, im gemeinsamen, auch sprachlichen Spiel. Ständig belehren und sprachlich instruieren oder abrichten müssen wir unsere Kinder dabei wohl nicht.

Phasen des Spracherwerbs

Normalerweise durchläuft jedes Kind mühelos die verschiedenen Phasen des Spracherwerbs, auch wenn sich bei einzelnen Kindern im zeitlichen Ablauf durchaus individuelle Unterschiede zeigen können. Selbst der Zeitpunkt, wann Kinder überhaupt zu sprechen beginnen, kann so unterschiedlich sein, dass sich die Eltern gelegentlich Sorgen zu machen, ob der Spracherwerb ihres Kindes wirklich ‚normal' verläuft. Solche Sorgen können bei allen individuellen

Abweichungen in der Sprachentwicklung berechtigt sein, denn tatsächlich könnte eine Sprachentwicklungs*verzögerung* oder eine Sprachentwicklungs*störung* vorliegen. Diese würde allerdings in der Regel bei den normalen Vorsorgeuntersuchungen erkannt werden. Dann wäre – etwa im Alter von ein bis zwei Jahren – immer noch Zeit, sich eventuell an einen HNO-Facharzt zu wenden, um spezifische Störungen des Gehörs oder im Artikulationsapparat feststellen zu können.

Im Normalfall erwirbt das Kind bereits im ersten Lebensjahr („Lallperiode") spielerisch die Grundlage für den dann schnell voranschreitenden Erwerb des phonetisch-phonologischen Systems, also des Lautsystems seiner Muttersprache. Der Erwerb des Phonemsystems einer Sprache (*Phoneme* sind in der Tradition der strukturalistischen Linguistik die kleinsten Lauteinheiten einer Sprache, die eine bedeutungsunterscheidende Funktion haben, wie beispielsweise die Vokale /a/ und /o/, wie man an der Gegenüberstellung der beiden Wörter *Hase* und *Hose* sehen kann, die allein aufgrund eines einzigen unterschiedlichen Vokals eine unterschiedliche Bedeutung haben) scheint einer sog. phonologischen Hierarchie zu folgen, so dass zuerst die am stärksten kontrastierenden Laute, wie z.B. /i/ und /u/ (nicht gerundet vs. gerundet) erworben werden, danach feinere Unterschiede, wie z.B. die zwischen stimmhaften und stimmlosen Lauten (/p/ und /b/, /d/ und /t/). Relativ häufig bilden die Kinder auch (einfachere) Ersatzlaute, die für sie leichter auszusprechen sind. Besonders auffällig sind bei vielen Kindern Lautkombination mit den *s*-Lauten, die zunächst zu Doppellauten vereinfacht werden, wie z.B. *Kitte* statt *Kiste*. Hierbei handelt es sich jedoch meistens nicht um eine Sprachentwicklungsstörung, sonder eher um eine Art Übergangsphänomen.

Im Erwerb des Lautsystems erkennt man bereits ein Grundprinzip des Spracherwerbs: Es werden nicht isolierte Elemente, sondern komplexere Muster oder Strukturen bzw. Regeln erworben. Mit

Beginn des zweiten Lebensjahres setzen dann Differenzierungen von Bedeutungen wie auch grammatische Differenzierung ein. Die Kinder beginnen mit *Einwortsätzen*, d.h. mit einzelnen Wörtern, die die Funktion eines ganzen Satzes oder eines Sprechaktes haben, ohne dass bereits die formal-syntaktischen Mittel des Satzbaus beherrscht werden: Der Einwortsatz *Ball* könnte dann z.b. bedeuten: *ich möchte gern den Ball haben*. In der Kommunikation mit Kindern erschließen wir in der Regel aus dem Kontext, was das Kind mit seinem Einwortsatz meint. Aber schon bald tauchen die ersten *Zweiwortsätze (Ball haben)* und schließlich *Drei- und Mehrwortsätze* auf, die dann im Alter von fünf bis sieben Jahren weitgehend den tatsächlichen syntaktischen Strukturen der jeweils erworbenen Sprache entsprechen.

Schulische Förderung

Wenn wir den Sprachentwicklungsprozess im Sinne einer ständigen Erweiterung unserer Sprachkompetenz als prinzipiell ‚offen' begreifen, wird deutlich, dass die Sprachentwicklung mit dem Eintritt ins Schulalter natürlich nicht abgeschlossen ist. Während der primäre Spracherwerb bis dahin weitgehend ungesteuert abgelaufen ist, setzen im schulischen Kontext nun vielfältige Fördermaßnahmen ein, die die weitere Sprachentwicklung der Kinder gezielt anregen sollen.

Dabei dürfte es heute weniger um eine isolierte Förderung der syntaktischen Ausdrucksfähigkeit gehen (obwohl auch diese bei immer mehr Kindern der Förderung bedarf), sondern um eine Einbeziehung der Sprachförderung in immer komplexere Handlungszusammenhänge, in denen es tatsächlich der Fähigkeit bedarf, sich syntaktisch entsprechend komplex artikulieren zu können. Eine so verstandene sprachliche Förderung der Kinder geht ebenso Hand in Hand mit der Entwicklung immer differenzierterer Kommunikationsfähigkeiten wie mit einer zunehmenden Entwicklung und Differenzierung kognitiver Fähigkeiten.

Kommunikation unter Kindern

Kinder kommunizieren – so werden wir spontan denken – zunächst, wie in der Mutter-Kind-Interaktion, mit ihren Eltern. Aber vielleicht auch mit ihren Geschwistern? Und bald schon kommen sie auf dem Spielplatz oder in der Kita in Kontakt mit anderen gleichaltrigen, jüngeren oder älteren Kindern und auch mit anderen Erwachsenen. Während die Mutter-Kind-Interaktion den Grund legt für erste kommunikative Erfahrungen, wird es dem Kind bald möglich sein, darüber hinaus gehende weitere kommunikative Erfahrungen zu machen. Dabei sind es wieder Interaktionszusammenhänge, praktische Handlungs- oder Spielzusammenhänge, in denen sich zunehmend sprachliche und sprachspielerische Formen finden, die die Kinder – wiederum kreativ – für sich ‚erfinden' und in die sie sich manchmal regelrecht hineinsteigern.

Bei einer meiner ersten Tonbandaufnahmen auf einem Heidelberger Spielplatz Mitte der 70-er Jahre kam ich mit einer altersgemischten Gruppe von drei oder vier Kindern in Kontakt. Der Gesprächseinstieg lief etwa so ab: Ich fragte eines der Kinder *Hast du noch Geschwister?* Antwort: *Isch hab zwei Brüder.* Ein weiteres Kind mischte sich ein: *Isch hab drei Brüder*; älteres Kind: *Du hosch s Klopfmännele drin.* Weiteres Kind: *Und ich hab hundertausend Brüder.* Das ältere Kind, das das Steigerungsspiel voll erfasst hatte, punktete schließlich mit einer gewitzten Wendung: *Und ich hab immer einen mehr.*

Wenn man dann das Aufgenommene verschriftet und als schriftlichen Text vor sich sieht, entdeckt man schnell, was hier gespielt wird: MEHR – GRÖßER – BESSER – SCHÖNER und schließlich SCHLAUER mit allen nur denkbaren Strategien (einschließlich des Hinweises, der Partner sei nicht zurechungsfähig). Denken die Kinder, ich merke das nicht? Verstehen die Kinder selbst, was sie da inszenieren? Verstehen sie sich untereinander? – Ich glaube, ja. Und mehr noch: Vermutlich verstehen sie sich oft auch dann, wenn der beobachtende Erwachsene im Zweifel ist, wie er die kindlichen Äußerungen verstehen soll.

Verbale Konfliktlösung

Wie Kinder potentielle oder manifeste Konflikte wahrnehmen und regeln - manchmal offensichtlich ganz anders, als Erwachsene das tun würden -, war meine ursprüngliche Fragestellung, als ich in den 70-er Jahren damit begann, „Kommunikation unter Kindern" zu untersuchen. Zu einer wirklichen Theorie, wie sich im Kindesalter die Fähigkeit entwickelt, Konflikte nicht mehr ‚handgreiflich', sondern *verbal* zu lösen, bin ich dabei leider nicht vorgedrungen, aber immerhin wurde mir klar, dass wir etwas vorsichtiger sein sollten, wenn wir manchmal vorschnell zu verstehen meinen, was Kinder tun und was sie mit ihren verbalen Äußerungen meinen bzw. wie andere Kinder diese verstehen.

Das gilt eigentlich für das Verstehen von Äußerungen von Erwachsenen genauso. Das Problem, etwas (richtig) zu verstehen, fängt nicht erst bei schwierigen Fachtexten oder bei literarischen Texten an, sondern ist bereits in der alltäglichen Kommunikation präsent: *Kannst du mir bitte zwei Brötchen zum Frühstück mitbringen.* Ich will gar nicht so spitzfindig sein, zu antworten: *Ja, das kann ich, aber soll ich es auch tun?* Also bringe ich zwei Brötchen mit. Ein normales und ein Roggenbrötchen? Oder zwei Milchbrötchen? Oder zwei Körnerbrötchen? Als ich mit zwei Brötchen nach Hause komme, sagt meine Frau: *Wolltest du kein Brötchen zum Frühstück?* Ach, so was das gemeint: *Du wolltest für dich allein zwei Brötchen, aber du isst doch sonst immer nur eins.* Ich kann den möglichen Fortgang des Gesprächs hier offen lassen. Ein simples Missverständnis. Vielleicht aber auch schon ein (möglicher) Konflikt? Was machen wir jetzt mit den zwei Brötchen? Kinder wüssten schnell, wie der Konflikt zu lösen wäre: *verschenken, teilen* oder *tauschen.*

Kindliches Argumentieren

Manchmal scheinen die jüngeren Kinder auch von den älteren zu lernen, wie man Konflikte auch verbal lösen, wie man einen Streit schlichten kann. Beobachten wir ein Spiel zwischen drei Kindern, Sebastian (4 Jahre), Carmen (5 Jahre) und Ragana (11 Jahre). Carmen hat eine Puppe mitgebracht und will diese mit einem übergroßen Schaumstoffteil, das Sebastian ‚gehört', zudecken. An dem vertrauten Spiel-Muster ‚*Wir bringen unser Kind/unsere Puppe ins Bett*' beteiligt sich auch die ältere Ragana, die auf Carmen ‚aufpasst'. Carmen nimmt sich das herumliegende Schaumstoffteil, deckt die Puppe damit zu und sagt ‚*gute Nacht*'. Sebastian protestiert lautstark, ruft ‚*nee*' und nimmt ihr das Schaumstoffteil wieder weg. Wir glauben schon zu wissen, wie das Spiel jetzt weiter gehen könnte.

Aber die ältere Ragana, vermutlich mehr an dem Spiel mit Puppen interessiert als Sebastian, initiiert eine verbale Konfliktlösung, indem sie *begründet* bzw. *erklärt*, wozu Carmen das Schaumstoffteil so dringend benötigt. Sie setzt eine von älteren Kindern nach und nach erworbene verbale Strategie ein, die darauf abzielt, dem Partner verständlich zu machen, warum man einen Spielgegenstand dringend benötigt und ihn deshalb nicht abgeben möchte: ‚*Das Ding brauchen wir für die Babys, weißte, weil die krank sind*'. Ragana spielt also nicht wie Carmen ‚zu Bett bringen', sondern, wie sie etwas später auch ausdrücklich sagt, ‚Krankenhaus'. Da kranke Kinder besonders gut zugedeckt werden müssen, damit sie nicht frieren und sich nicht erkälten, sollte es nun für Sebastian nachvollziehbar sein, dass er das Schaumstoffteil nicht einfach wieder wegnehmen kann, wenn er nicht riskieren will, dass ‚das arme kranke Kind' dann vielleicht nicht wieder gesund wird. Es ist im Grunde eine ausgesprochen ‚moralische' Argumentation, die Ragana hier vorbringt, vielleicht aber auch nur eine einfache ‚Mitleidstrategie'. Wir sehen hier schon deutlich: Es gibt (besonders für den unbeteiligten Beobachter) meistens mehrere mögliche Erklärungen und manchmal verstehen wir allenfalls annähernd, was Kinder in einer bestimmten (Spiel)situation eigentlich beabsichtigen bzw. tatsächlich tun.

Sebastian gibt sich mit dieser ‚Erklärung' allerdings nicht zufrieden; er hat seinerseits eine Erklärung parat, warum *er* das Schaumstoffteil genauso dringend braucht: *‚Nee, will des für des Hau..., will des für den Tunnel'.* Damit ist klar, dass hier ein Interessenkonflikt vorliegt. Und tatsächlich geben sich Ragana ihrerseits und Sebastian seinerseits die größte Mühe, ihren jeweiligen Anspruch als jeweils dringlicher durchzusetzen. Rein verbal läuft das freilich nicht ab, manchmal sieht es neben den verbalen Überzeugungs- oder Überredungsversuchen eher aus wie ein Tauziehen: Carmen versucht ebenso wie Sebastian das Schaumstoffteil wieder an sich zu bringen. Der Konflikt scheint nicht zu lösen. Hilft da vielleicht zu guter letzt das bekannte Besitz-Argument: *‚Gehört aber mir'.* Ragana unternimmt einen letzten Schlichtungsversuch: *‚Dann kriegt die Carmen auch eins, ja?'* (Irgendwie scheint sie zu wissen oder zu ahnen, dass es noch mehrere Schaumstoffteile im Kinderzimmer gibt.) Das ist ein Lösungsvorschlag, den Sebastian bereitwillig akzeptiert, fast so etwas wie ‚teilen': *‚Ich hab noch welche'.* Dann könnte jeder eines der offenbar vorhandenen zwei Schaumstoffteile bekommen. Während er ins Kinderzimmer läuft, ruft er noch einmal betont, fast hyperkorrekt: *‚Denn ich habe noch welche'.* - Keines der Kinder muss auf das Schaumstoffteil verzichten. So einfach kann es sich manchmal tatsächlich ergeben, dass ein wirklicher Streit gar nicht erst aufkommt, weil zügig eine (fast präventive) Konfliktlösung angebahnt wird.

Streiten

Wir kennen aus kindlichen Spiel-Interaktionen nur zu gut die Art von Lösung, die (zumindest für Erwachsene) letztlich nicht akzeptabel ist, an die wir vielleicht aber spontan denken, wenn von ‚Streit' die Rede ist, nämlich an irgendeine Art von gewaltsamer Konfliktlösung. Die Konflikt- und Friedensforschung zielt demgegenüber darauf ab,

‚friedliche', d.h. nicht zuletzt verbale Möglichkeiten zur Lösung von Konflikten zu entwickeln.

Gerade im Hinblick auf die Analyse von Kommunikationen unter Kindern habe ich seinerzeit versucht, den umgangssprachlichen Begriff des Streitens vom Begriff des Konflikts abzugrenzen und deutlich zu machen, dass nicht der Streit den Konflikt darstellt, sondern dass verschiedene Formen des Streitens eingesetzt werden können, um einen je spezifischen Konflikt zu lösen. Wir kennen natürlich Versuche der Konfliktlösung, die eher dazu angetan sind, den Konflikt eskalieren zu lassen. Dies ist meistens beim Einsatz gewaltsamer Formen der Konfliktlösung bzw. des Streitens der Fall. Gewalt erzeugt Gegengewalt, weil eine Konfliktlösung, die durch Einsatz von Gewalt herbeigeführt worden ist, den Konflikt zwar momentan ‚löst', seine Ursachen aber letzten Endes weiter bestehen lässt, so dass eine solche ‚Lösung' für die unterlegene Partei in der Regel nicht akzeptabel ist und ‚Rachegelüste' hervorruft: „Auge um Auge, Zahn um Zahn", wenn man es alttestamentarisch ausdrücken möchte.

In einer seit der Aufklärung letztlich auf einer Idee rationalen Handelns basierenden Gesellschaft scheidet Gewalt als mögliches Verfahren der Konfliktlösung aus: Wir setzen auf Schlichtung und Ausgleich von Interessenkonflikten zwischen den Parteien. Aber mit einem solchen anzustrebenden Ausgleich ist der Begriff des Streits nicht aus der Welt geschafft. Der Streit ist nicht der Ausgangspunkt eines Konflikts, sondern eine Form des mehr oder weniger geregelten Umgangs mit dem Konflikt. Über Schlichtungsversuche bis hin zum Rechts*streit*, ist das Ziel eines so verstandenen Streitens, eine Lösung des Konflikts herbeizuführen.

Streiten unter Kindern

Um eine Vorstellung davon zu bekommen, auf welche Situationen Kinder den Begriff ‚Streit' oder ‚Streiten' anwenden, habe ich mit zwei Kindern ein Gespräch über vier verschiedene bildliche

150

Darstellungen von Streitsituationen geführt: (1) eine Bildfolge von vier Bildern (ein Junge und Mädchen ‚prügeln' sich; die jeweiligen Mütter nehmen ihr Kind in Schutz und beschuldigen sich gegenseitig, schreien sich an und prügeln sich dann selbst, während die Kinder bereits wieder friedlich miteinander spielen); (2) eine weitere Bildfolge mit vier Bildern (ein Junge und ein Mädchen reißen an jeweils einem Arm einer Puppe, fallen zu Boden, als das Mädchen einen Arm der Puppe abreißt; sie hält den Puppenarm in der Hand und ein Hund trägt die zerstörte Puppe davon; die beiden Kinder schauen ihm ‚frustriert' nach); (3) eine Bildfolge von zwei Bildern (ein Junge und ein Mädchen ohrfeigen sich wechselseitig).

Interessanterweise verwenden die beiden Kinder, denen ich diese vier Bildfolgen vorgelegt haben, den Ausdruck *streiten* nur bei der ersten Bildfolge in Bezug auf die sich ‚prügelnden' Kinder. Dass die Mütter am Schluss das Gleiche tun, wird nicht angesprochen, obwohl für uns Erwachsene gerade hier die Pointe der kleinen Bilderfolge liegen dürfte. Der Streit um eine Puppe (nach dem Motto ‚Wenn zwei sich streiten, freut sich der Dritte') wird dagegen nicht mit dem Ausdruck *streiten* beschrieben: *da is der Junge und das Mädchen und da is die Puppe ... der mag die haben und der mag ... Mädchen haben* [und das Mädchen mag die (auch) haben]. Hier gelingt es den beiden Kindern im Alter von drei und dreieinhalb Jahren zwar noch nicht ganz ihr Mitteilungsbedürfnis in korrekte grammatische Formen zu kleiden, aber obwohl sie (wie sie im Beispiel 1 zeigen) ja offensichtlich über den Ausdruck *streiten* verfügen, wenden sie ihn hier nicht abstrahierend an, sondern erzählen, was sie auf den Bildern im Einzelnen sehen. Das zweite Kind wird zwar genauer, indem es davon spricht, dass das Mädchen der Puppe den Arm herausreißt, die gemeinsame Verantwortlichkeit beider Kinder scheint ihm aber ebenso wenig klar zu sein, wie die verallgemeinernde Schlussfolgerung, dass die beiden Kinder in der Bildfolge sich um eine Puppe ‚streiten'. Bei der dritten Bildfolge ist ebenso wenig von ‚*Streiten*' die Rede. Was die beiden Kinder dort tun, wird als *draufhauen* bzw. als *macht aua*, nicht aber als ,*Streiten*' beschrieben.

Man kann also zumindest auf dieser Altersstufe nicht ganz sicher sein, was Kinder eigentlich unter *Streiten* verstehen bzw. wie *sie* das wahrnehmen, was für uns Erwachsene in der Regel ein Streit wäre. Aber auch die Erwachsenen sind sich da wohl nicht immer einig. Wir wollen unter *streiten* (in welcher Form auch immer) hier nicht den Konflikt selbst verstehen, sondern darin einen Versuch sehen, den Konflikt zu lösen.

Konfliktlösung ,Tauschen'

Betrachten wie an einem weiteren Beispiel noch eine andere Konfliktlösungsmöglichkeit beim Streit um einen Spielgegenstand in einer realen Spielsituation. Es handelt sich um eine rote und eine weiße Windschutzscheibe und zwei zerlegbare Playmobil-Autos, mit denen Joscha und Sebastian zusammen spielen. Joscha ist etwas viereinhalb, Sebastian dreieinhalb Jahre alt. Besonders bei Joscha wird deutlich, wie weit in diesem Alter sein Spracherwerb bereits vorangeschritten ist, so dass wir bereits grammatisch vollständige Sätze und ganze Kaskaden von Argumentationen zu hören bekommen:

J	*oh wir solln mal die Scheiben tauschen*
S	*nein*
J	*doch doch*
S	*nee nee*
J	*doch doch*
S	*du wolltest doch ...*
J	*zu welcher Scheibe gehört denn das?* (zeigt auf das rote Auto)
S	*gehört die rote Scheibe zum roten Auto?*
J	*genau, und die weiße zum weißen*
S	*oh...*
J	*ja, wolln wir tauschen?*

S	*nein*
J	*doch doch*
S	*du has ja meins eben mir geschenkt*
J	*da, aber, ehm, die weiße Scheibe geht besser, da kann man besser durchschauen*

Offenbar ist die Situation diese: J spielt mit einem roten Auto mit einer weißen Scheibe, während Sebastian mit einem weißen Auto mit einer roten Scheibe spielt. Es scheint also anders als im Spiel mit dem Schaumstoffteil eigentlich gar kein echtes Konfliktpotential zu geben. Tatsächlich streiten die beiden Kinder auch nicht, Joscha hätte allerdings gern zu seinem roten Auto die rote Scheibe und versucht, Sebastian mit verschiedenen Argumenten zum *Tausch* der Scheiben zu bewegen. Möglicherweise legt die Tatsache, dass die Autos zerlegbar sind und variabel wieder zusammengesetzt werden können, auch nahe, genau damit spielerisch umzugehen, so dass die beiden Kinder (oder zumindest Joscha, der den ‚Tauschhandel' initiiert) hier vielleicht so etwas wie ‚Tauschen' spielen und dabei auch grundlegende Regeln des Tauschens in Erfahrung bringen.

Aber die konkrete Durchführung des Akts des Tauschens, der in dieser kleinen verbalen Sequenz erst einmal symbolisch antizipiert wird, ist an sich ja keine sprachliche Handlung, sondern eine körperliche Handlung: Zwei Objekte wechseln den Besitzer, es ist ein Geben und Nehmen, wobei der (subjektive) Wert der Tauschgegenstände annähernd gleich sein muss. Verhandlungsbedarf besteht allerdings bei der verbalen Vorbereitung und kommunikativen Absicherung des *Tauschgeschäfts*. Es ist ja tatsächlich ein ‚Geschäft', bei dem sozusagen Ware gegen Ware ‚verrechnet' wird, ohne dass Geld bezahlt werden muss. Anlass zu solchen ‚Tauschgeschäften' unter Kindern ist zweifellos der Wunsch, einen Spielgegenstand zu erlangen, der zwar grundsätzlich verfügbar ist, mit dem jedoch gerade ein anderes Kind spielt.

Nein, nein – doch, doch

Das Überraschende an unserem Beispiel ist wohl, dass hier von Anfang an ein Tauschhandel vorbereitet wird, dass also nicht ein Kind mit dem üblichen Geschrei einem anderen etwas wegnimmt, mehr oder weniger ‚gewaltsam' gegen den Widerstand des anderen Kindes, sondern das sofort verhandelt wird. Für das begehrte Objekt (weiße Scheibe) wird ein anderes Objekt (rote Scheibe) als Tauschobjekt angeboten.

Ein tendenzieller Konflikt entsteht erst in dem Moment, als das Tauschangebot (zunächst) abgelehnt wird. Der jüngere Sebastian, dem beide Autos ‚gehören', verweigert den Tausch mit wiederholtem *nein nein*, während Joscha mit ebenfalls wiederholtem *doch doch* darauf insistiert. Dies wirkt in der fast rituellen Wiederholung so ‚gespielt', die Stimmen fast ‚gekünstelt', dass man den Eindruck hat, die beiden *spielen* hier ‚Tauschen'. Auf jeden Fall muss, bevor der Tauschhandel wirklich durchgeführt werden kann, zwischen den Handelspartnern einiges kooperativ und kommunikativ geklärt werden. Wenn nicht das Tauschen selbst, so ist auf jeden Fall die kommunikative Absicherung des konkreten Tauschakts ein notwendiges verbales ‚Vorspiel' zu einem nur kooperativ durchzuführenden Tauschakt. Es muss allererst Einverständnis hergestellt werden.

Sebastian ist allerdings mit dem durchaus konsensorientierten Tauschvorschlag Joschas nicht einverstanden und lehnt ihn zunächst kategorisch ab. Damit ist der sich anbahnende Konflikt im Grunde ein Besitzkonflikt, denn Joscha möchte etwas haben, worüber Sebastian zumindest momentan die Verfügungsgewalt hat. Ganz anders als in unserem Beispiel mit dem Schaumstoffteil, wo wohl das schlichte Wegnehmen die kindliche Strategie der Wahl gewesen zu sein scheint, wird hier – eher spielerisch – erprobt, welche verbalen Chancen es geben könnte, den gewünschten Gegenstand *gewaltlos* an sich zu bringen.

Joscha beginnt deshalb zu *argumentieren*, warum es aus seiner Sicht sinnvoll sein könnte, die Scheiben zu tauschen. Damit sind die Kinder über schlichte Bekräftigungsformeln, wie z.b. *weil ich das will*, hinaus gekommen, wenn auch die Argumentation eher implizit abläuft und vielleicht auch auf die Unterstützung durch einen Erwachsenen abzielt, der bestätigen könnte, dass die Scheiben farblich zur Farbe der Autos passen müssen. Das ist natürlich nicht zwangsläufig so, denn wir können uns ebenso gut weiße Scheiben (gemeint ist die Farbe des Rahmens) für ein rotes Auto vorstellen und umgekehrt.

Geschenkt ist geschenkt

Sebastian scheint dagegen zu argumentieren, er habe doch soeben von Joscha die weiße Scheibe „geschenkt" bekommen, was immer in diesem Spiel *schenken* bedeutet. Dies soll Joscha wohl so verstehen, dass Sebastian deshalb die Scheibe jetzt nicht schon wieder tauschen möchte. Daraufhin bringt Joscha vor, die Scheibe ,ginge' besser, weil man *besser durchschauen* könne, wobei unklar bleibt, welche der beiden Scheiben er eigentlich meint. Für ein Tauschangebot wäre es durchaus sinnvoll zu argumentieren, das, was man anbietet, sei besser als das, was man dafür haben wolle. Wer lieber ganz ehrlich sein will, kann freilich auch zugeben, dass er etwas im Tausch bekommen möchte, was ihm momentan sehr wichtig ist (aus welchem Grund auch immer). Dann treibt er, würde der Erwachsene sicherlich einwenden, allerdings nur die Preise hoch.

In unserem Fall kommt das Tauschgeschäft an dieser Stelle nicht zustande, die beiden Kinder wenden sich dem weiteren Spiel mit den beiden Autos zu. Vielleicht lenkt Joscha aber auch nur ab, denn etwas später bringt er seinen Tauschvorschlag noch einmal vor, worauf Sebastian mit dem Argument „*geschenkt ist geschenkt*" dagegen hält. Wiederum kommt kein Tausch zustande. Das Spiel mit den Autos wird lebhafter, die Jeeps werden zunächst zu Krankenwagen ,umgerüstet', dann als ,Möbelwagen' neu ,definiert' und schließlich geht es nur noch um einen Bauklotz, den nun Joscha von Sebastian geschenkt haben möchte. Möglicherweise spielen die Kinder jetzt ,*Verschenken*' (mit welchen realen Konsequenzen auch immer).

Wir sehen hier, wie komplex und verschachtelt, man könnte auch sagen, wie ,sprunghaft' Kinder bereits im Alter zwischen drei und vier Jahren interagieren und wie ausgebildet dabei auch ihre kommunikative (hier: argumentative) Kompetenz erscheint. Wenn wir als Erwachsene dabei zuschauen, bemerken wir bald, dass wir oft nicht so recht verstehen, was die Kinder mit bestimmten sprachlichen Äußerungen eigentlich tun, welche kommunikativen Ziele sie damit verfolgen. Deshalb sollten wir uns wohl auch nicht vorschnell einmischen und *für die Kinder* Entscheidungen treffen, die sie in ihrem jeweiligen Spielkontext selbst treffen können. Natürlich dürfen und sollen wir, wenn es wirklich ,ernst' (oder gefährlich) wird, zu *schlichten* oder zu *vermitteln* versuchen. Aber auch das lernen die Kinder im Laufe ihrer sprachlich-kognitiven und kommunikativen Entwicklung bald selbst zu tun.

Lektüreempfehlungen

Die spracherwerbstheoretische Diskussion und der Verlauf der Sprachentwicklung werden recht umfassend in einem „Lehrbuch" von Gisela Szagun dargestellt:

Szagun, Gisela: *Sprachentwicklung beim Kind. Ein Lehrbuch.* 5. aktualisierte Auflage. Weinheim: Beltz Verlag. 2013.

Eher an Eltern richtet sich ein Buch der gleichen Autorin:

Szagun, Gisela: *Das Wunder des Spracherwerbs. So lernt ihr Kind sprechen.* Weinheim: Beltz Verlag, 2007.

Mit einer etwas weiteren Fragestellung ist auch die Arbeit des ehemaligen ZEIT-Wissenschaftsredakteurs Dieter E. Zimmer recht gut lesbar (Erstausgabe allerdings bereits von 1986):

Zimmer, Dieter E.: *So kommt der Mensch zur Sprache. Über Spracherwerb, Sprachentstehung und Sprache und Denken.* München: Heyne Verlag, 2007 (Taschenbuchausgabe).

Zwei linguistisch fundierte Arbeiten finden sich in der „Sammlung Metzler" und in der Reihe „C.H. Beck Wissen":

Klann-Delius, Gisela: *Spracherwerb.* 2. Auflage. Stuttgart: Metzler Verlag 2008 (= Sammlung Metzler 349).

Dittmann, Jürgen: Der Spracherwerb des Kindes. Verlauf und Störungen. München: C.H. Beck Verlag 2010 (= C.H. Beck Wissen)

Erste empirische Analysen von Kommunikationen unter Kindern findet man in:

Biere, Bernd Ulrich: *Kommunikation unter Kindern. Methodische Reflexion und exemplarische Beschreibung.* Tübingen: Niemeyer Verlag, 1978.

9 Deutsch als Fremd- und Zweitsprache

Wir haben bereits deutlich zu machen versucht, dass es uns nicht um eine als homogen vorgestellte, also einheitliche muttersprachlich erworbene Sprachkompetenz (im Deutschen) geht, sondern immer auch um interne wie externe Formen der Mehrsprachigkeit und somit auch um den Erwerb des Deutschen als Fremdsprache oder als Zweitsprache als ein Weg zur Mehrsprachigkeit.

Wenn es nicht primär um natürliche, ungesteuerte Erwerbsprozesse geht, in denen der Erwerb des Deutschen als Fremd- oder Zweitsprache im Prinzip genauso abläuft wie der Erwerb einer Muttersprache – erinnern Sie sich an das Beispiel des Rheinisch sprechenden Engländers, den ich in Südfrankreich getroffen habe – , findet die Beschäftigung mit ‚Deutsch als Fremdsprache' in der Regel unter spezifischen *didaktischen* und *methodischen* Aspekten statt. Man untersucht beispielsweise *didaktisch*, welche Ziele man im Unterricht des Deutschen als Fremdsprache im Einzelnen verfolgt, was man zuerst einführen muss, wie man darauf weiter aufbauen kann, für welche Zwecke jemand Deutsch lernen möchte und welche Teilkompetenzen er dazu jeweils benötigt. *Methodisch* wird man sich mit der Frage beschäftigen, mit welchen Unterrichtsverfahren und -medien man arbeiten will, welche Methoden mehr oder weniger geeignet erscheinen, bestimmte Ziele möglichst effektiv zu erreichen, welche Verfahren sich mehr für junge Lerner, welche mehr für Erwachsene eignen oder auch für Lerner mit einer bestimmten Muttersprache oder für Lerner, für die das Deutsche schon die zweite oder gar dritte Fremdsprache darstellt. Mit solchen Fragen einer ‚Didaktik des Deutschen als Fremdsprache' sind natürlich auch generelle Fragen des Fremdsprachenlernens angesprochen, also Fragen, die sich nicht auf das Erlernen einer bestimmten Sprache beziehen, sondern auf das Sprachenlernen überhaupt.

Fremdsprache oder Zweitsprache?

Wenn wir von ‚Deutsch als *Fremdsprache*' (DaF) sprechen, meinen wir damit in der Regel den gesteuerten Fremdsprachenerwerb, bei dem innerhalb eines strukturierten Unterrichts die deutsche Sprache erlernt wird. Ein solcher Unterricht findet in de Regel in Bildungseinrichtungen im Ausland statt, wobei die ausländischen Lerner aus den unterschiedlichsten Gründen ein spezifisches Interesse daran haben, Deutsch zu lernen.

Wenn ich beispielsweise an der Fremdsprachenhochschule in Tianjin (China) Anfang der 90-er Jahre im praktischen Teil des Studiengangs ‚Deutsch als Fremdsprache' Übungen zur deutschen Grammatik, zur Formulierung von Texten oder Konversationsübungen angeboten habe, dann waren die Lerner chinesische Studenten und Studentinnen, die sicherlich aus unterschiedlichen Gründen daran interessiert waren, Deutsch zu lernen. Auch wenn mit der Zeit immer deutlicher wurde, dass ein großer Teil der Studentinnen in erster Linie daran dachte, irgendwann nach Deutschland gehen und vielleicht sogar in Deutschland (dauerhaft) leben zu können, unterrichtete ich zweifelsohne ‚Deutsch als *Fremdsprache*' und nicht ‚Deutsch als *Zweitsprache*'. Erst wenn meine Studenten in Deutschland lebten und hier ein vitales Interesse daran hätten, sich auch sprachlich in ein überwiegend deutschsprachiges Umfeld zu integrieren, würden sie ihre Deutschkenntnisse auch mehr oder weniger spontan und ungesteuert zu verbessern versuchen und somit Deutsch als Zweitsprache erlernen bzw. erwerben.

In China war ein solches deutschsprachige Umfeld, in dem die Studierenden einen dauerhaften Kontakt mit der deutschen Sprache und Kultur hätten haben können, natürlich nicht vorhanden. Auch wenn neben dem sprachlichen durchaus auch ein kulturelles Interesse an Deutschland vorhanden ist, können Kontakte mit der deutschen Kultur immer nur punktuell und eben auch in einer didaktisch-methodisch ‚inszenierten' Form stattfinden. Wenn wir in Tianjin einen deutschen (Tanz)abend veranstalteten, hätte ich mir angesichts der erstaunlichen Beliebtheit des Wiener Walzers fast gewünscht, ein österreicherischer Lektor gewesen zu sein.

Landeskunde

Wir haben hier sozusagen ein wenig praktische ‚Landeskunde' betrieben - etwas, was im muttersprachlichen Deutschunterricht und auch im Unterricht ‚Deutsch als Zweitsprache' zumindest in einer solchen inszenierten Form nicht stattzufinden braucht, weil die umgebende Kultur auch außerhalb der Schule ‚deutsche Kultur' ist. Die deutschen Lektoren, die im Auftrag des Auswärtigen Amts und des Goethe-Instituts im Ausland an der Vermittlung der ‚Deutschen Sprache *und Kultur'* arbeiten, haben dagegen sehr wohl die Aufgabe, neben der sprachlichen Kompetenz auch (inter)kulturelle Kompetenz bzw. Wissen über Deutschland zu vermitteln.

Auch in China gab und gibt es *Goethe-Institute* und wenn irgendein deutscher Dozent sich in China aufhält, so ist es mehr oder weniger selbstverständlich, dass auch die Goethe-Institute davon profitieren möchten und den betreffenden Dozenten zu einem Vortrag einladen; in meinem Fall nach Beijing/Peking, das nur eine gute Stunde Bahnfahrt von Tianjin entfernt ist. Mit einem großen Dienstwagen, mit dem die Chinesen mich bei meiner Ankunft im Flughafen Peking abholten, kann man beim Goethe-Institut allerdings nicht rechnen. Da wir ja alle erwachsen und entsprechend autonom sind, können wir uns auch in China gut selbst darum kümmern, zur vereinbarten Zeit am richtigen Ort zu sein.

Ganz einfach war es allerdings nicht, eine Fahrkarte nach Beijing zu ergattern. Die Studenten, die mir dabei behilflich sein wollten, schafften es jedenfalls ebenso wenig, wie einige Wochen vorher ein Kollege in Wuhan es schaffte, für meinen Sohn ein Ticket für eine Schiffsreise auf dem Yangtse-Fluss zu besorgen. Das Erstaunliche war, dass dies meinem Sohn selbst dann aber ohne Probleme gelang, genauso wie es mir gelang, eine Bahnfahrkarte von Tianjin nach Beijing zu kaufen. Was *mir* allerdings auch nicht gelang, war, über das Wochenende einen Flug von Beijing nach Xian zu bekommen, wo ich einem Kollegen versprochen hatte, ihn zu besuchen, wenn ich einmal in China wäre. – Woran das Gelingen oder Misslingen solcher Unternehmungen im Einzelnen gelegen haben mag, darüber kann man sicherlich spekulieren. Aber zunächst ist das Befremdliche, dass man nicht versteht, wo im einen wie im anderen Fall eigentlich das Problem lag. Liegt es darin, dass es uns am *Verständnis* der *fremden Kultur* fehlt?

Jedenfalls scheinen wir oft erst dann, wenn wir selbst im Ausland mit den kulturellen Eigenheiten eines fremden Landes konfrontiert sind, zu bemerken, wie *fremd* uns nicht nur die jeweilige (Fremd)Sprache, sondern auch die Kultur eines Landes sein kann. Und diese Erfahrung wiederum sensibilisiert uns dafür, dass auch die Lerner des Deutschen als Fremdsprache sich nicht nur mit der fremden deutschen Sprache beschäftigen, sondern sich auch mit der ihnen vielleicht genauso fremd erscheinenden deutschen Kultur auseinandersetzen müssen. Dies wird besonders dann deutlich, wenn die Lerner in einem ganz anderen Kulturraum leben und der ‚Abstand‘ zur deutschen Kultur (manche würden vielleicht sagen: zur Kultur des christlichen Abendlandes) besonders groß ist. Wie weit die Lerner des Deutschen als Fremdsprache auch eine angemessene (inter)kulturelle Kompetenz erworben haben, zeigt sich im Ernstfall erst bei einem ersten Aufenthalt in Deutschland.

Als ich Ende der 80-er Jahre am Mannheimer Institut für Deutsche Sprache (IDS) für die Betreuung der ausländischen Gastwissenschaftler zuständig war, stand eines Tages, als ich gerade nach Hause fahren wollte, eine junge Inderin vor der Tür, von deren Ankunft ich aufgrund eines Missverständnisses nicht informiert worden war. Zum Glück war eine der Gästewohnungen des Instituts gerade für eine Woche frei, so dass ich sie zunächst einmal unterbringen konnte. Irgendwie schien ich mich damit jedoch zu ihrem persönlichen Betreuer (oder ‚Dienstboten‘?) gemacht zu haben. Ein paar Tage später kam sie mit einem Stapel Papier in mein Büro und sagte in einem mir relativ barsch erscheinenden Ton: *„Herr Biere, du sollst mir das kopieren".*

Das *„Du"* hätte ich ja noch akzeptiert, weil ich schon in China bemerkt hatte, wie schwer sich die Studenten mit dem deutschen Anredesystem tun, was auch daran liegen mag, dass sich das englisch-amerikanische *you* oder die skandinavische Sitte des Duzens immer weiter verbreitet. So fragte mich bei einer ersten Stadtbesichtigung in China per Fahrrad, wo ich an jeder Kreuzung anhielt (was in China zumindest in den 90-er Jahren nicht üblich war), Liu Di belustigt: *„Herr Biere, kannst du kein Fahrrad fahren?"* Aber den ,Befehlston' der kleinen Inderin, wollte ich mir dann doch nicht bieten lassen. Ich musste die Dame höflich darauf hinweisen, dass sie in mir keinen Dienstboten wie in Indien vor sich hatte, sondern einen (mehr als gleichgestellten) Wissenschaftler, der seinerseits auch über keinen Dienstboten verfügte (allerdings über eine studentische Hilfskraft), und der seine Kopierarbeiten, wie vieles andere auch, meistens selbst erledigte. Zwar sind auch in einem Forschungsinstitut durchaus Hierarchien vorhanden (es gibt einen Direktor, Abteilungsleiter usw.), aber die Hierarchien sind im wissenschaftlichen Alltag eher ,flach', weil wir als Forscher die Gültigkeit unserer Aussagen nicht mit unserer Position oder Autorität begründen können, sondern allein durch wissenschaftliche Argumentation, in einem, wie es bei Jürgen Habermas in den 60-er Jahren hieß, *„herrschaftsfreien Diskurs".*

Unsere Inderin hatte sicherlich in Indien einen guten fremdsprachlichen Deutschunterricht durchlaufen, aber wie man sich in Deutschland, ich möchte einmal sagen, ,unauffällig' benimmt, das schien sie noch nicht so gut gelernt zu haben. Tatsächlich messen manche Fremdsprachendidaktiker den Fortschritt im Erlernen einer Fremdsprache daran, wie weit man in dem betreffenden Land nicht mehr ,auffällt'. Das ist natürlich für eine Inderin im Sari kaum möglich, aber als ich ein paar Monate später eine Inderin kennen lernte, deren Vater ein Kino in Bombay betrieb und die Christin war,

war ich doch sehr überrascht, wie (sprachlich und kulturell) ‚unauffällig' man sich auch als Inderin in Deutschland bewegen kann. Hat es vielleicht doch etwas mit der jeweiligen religiösen Prägung zu tun, wie fremd uns eine Kultur erscheint? Das ‚Fremde' einer Kultur mag tatsächlich zu einem großen Teil religiöse Hintergründe haben: Als mein jüngster Sohn mit seiner Frau von den Kanaren über Marokko mit dem Schiff im spanischen Tarifa angekommen war, sei es für sie wie eine Erleichterung gewesen, wieder in Europa zu sein, berichtete mir meine Schwiegertochter. Marokko als islamisch geprägtes Land war offensichtlich eine völlig andere Art von Fremdheitserfahrung als ein mehrmonatiger Aufenthalt in San Salvador, wo die beiden kurz zuvor mit Straßenkindern gearbeitet hatten.

Deutsch als Zweitsprache

In allen Beispielen scheinen wir es mit dem Lernen des Deutschen als Fremdsprache zu tun haben. Aber vielleicht war die ‚Unauffälligkeit' jener zweiten Inderin ein Hinweis darauf, dass für sie Deutsch nicht (irgendeine) Fremdsprache, sondern Zweitsprache war. Sie lebte seit vielen Jahren in Mannheim mit einem deutschen Mann zusammen und hatte ihre fast perfekten Deutschkenntnisse auch nicht im Ausland erworben, sondern weitgehend ungesteuert in Deutschland, auch wenn sie irgendwann noch einmal ein paar Deutschkurse in der Volkshochschule absolviert hatte. - Genauso geht es den Kindern aus Migrantenfamilien, die relativ jung mit ihren Familien nach Deutschland kommen und Deutsch nicht als (eine beliebige) *Fremd*sprache bereits in ihrem Herkunftsland erlernt haben, sondern die Deutsch in Deutschland in einem weitgehend deutschsprachigen Umfeld erwerben.

Selbst bei Schuleintritt setzt für die Migantenkinder nicht zwangsläufig ein planmäßiger, gesteuerter weiterer Erwerb der deutschen Sprache ein. Es werden zwar teilweise gezielte sprachliche Fördermaßnahmen angeboten, aber oft nehmen die Migranten-kindern ebenso wie Kinder von Asylbewerbern oder von Aussiedlern aus Polen oder Russland schlicht am gleichen regulären Deutschunterricht teil wie die muttersprachlichen Kinder.

Dabei es ist keine Seltenheit, dass wir auf eine Grundschulklasse treffen, in der 10 verschiedene Nationalitäten mit 12 verschiedenen Muttersprachen vertreten sind (bei drei bis vier muttersprachlich deutschen Kindern!). In solchen Konstellationen wird es Aufgabe der Lehrkräfte sein, die sprachliche und kulturelle Heterogenität in ihren Grundschulklassen als Ausgangspunkt und Chance zur Förderung der Mehrsprachigkeit (aller Kinder) zu nutzen.

In jedem Fall erwerben die Kinder, eingebunden in einen primär deutschsprachigen soziokulturellen Zusammenhang, hier im Deutschunterricht nicht Fremdsprachenkenntnisse, sondern das Deutsche ist für sie *Zweitsprache*, die neben der Muttersprache, die in der Regel im familiären Bereich mit den Eltern und Geschwistern gesprochen wird, die für sie das im weiteren sozialen Umfeld gebräuchliche Kommunikationsmedium darstellt.

Grundfertigkeiten - Teilkompetenzen
Je nach den spezifischen Interessen der Lerner kann man im Unterricht ‚Deutsch als Fremdsprache (DaF)' durchaus unterschiedliche Akzente setzen und bestimmte ‚Teilbereiche' der jeweiligen Fremdsprache in den Vordergrund rücken. Dann streben wir nicht eine voll ausgebildete Kompetenz in der betreffenden Fremdsprache an, sondern möchten in erster Linie bestimmte Teilkompetenzen ausbilden, die wir uns aufgrund eines spezifischen (beruflichen oder privaten) Interesses aneignen möchten.

Vielleicht kommt es im Kontext allgegenwärtiger sprachlicher Heterogenität gar nicht mehr darauf an, dass alle alles können. Vielleicht reicht es in bestimmten Fällen beispielsweise aus, zwar eine bestimmte Fremdsprache sprechen zu können, diese jedoch nicht in allen Modalitäten (*mündlich und schriftlich, rezeptiv und produktiv)* zu beherrschen. Vielleicht könnten die Lernerinteressen sich einmal mehr auf rezeptive Fähigkeiten, ein anderes Mal mehr auf produktive Fähigkeiten richten, einmal mehr in der Mündlichkeit, ein anderes Mal mehr in der Schriftlichkeit liegen.

Zweifellos besteht unsere (muttersprachliche wie fremdsprachliche) *Kompetenz* im Idealfall darin, die jeweilige Sprache in all ihren Verwendungsweisen (Modalitäten) gleichermaßen zu beherrschen, rezeptiv wie produktiv, mündlich wie schriftlich. Aber selbst Muttersprachlern fällt oft das eine leichter, das andere schwerer. Manche tun sich mit dem Sprechen schwer, anderen ist das Schreiben eine Last, wieder anderen das Lesen oder auch das Zuhören. Der eine schreibt professionell, der andere redet professionell, hat seine rhetorischen Fähigkeiten vielleicht von Berufs wegen besonders ausgebildet. Ein Dritter liest gern, vielleicht weniger professionell, aber mit Begeisterung, hat diesen Modus der Sprachverarbeitung also eher aufgrund eines privaten Interesses besonders ausgebildet.

Wenn ich nach Spanien reise, um dort Urlaub zu machen, eigne ich mir ein paar Kontaktformeln und etwas mehr an, im beruflichen Kontext dagegen benötige ich soviel *rezeptive* Spanisch-Kenntnisse, dass ich germanistische Fachliteratur auf Spanisch einigermaßen lesen und verstehen kann (was erstaunlich gut funktioniert, wenn man Lateinisch oder eine romanische Sprache beherrscht). Für eine halbwegs intelligente Kommunikation auf Spanisch reichen solche fachsprachlich rezeptiven Kenntnisse nicht aus, nicht einmal dazu, passiv an einer Kommunikation unter spanischen Muttersprachlern teilzunehmen. Aber sie reichen für bestimmte Arten von (kommunikativen) Zielen. *Produktiv*, mündlich wie schriftlich, gelange ich ebenfalls schnell an die Grenzen meiner Ausdrucksmöglichkeiten. Aber immerhin ermöglichen mir Formulierungsmuster, über die ich verfüge, zumindest einen Teil von dem sagen zu können, was ich sagen will, wenn ich es auch längst nicht so sagen kann, wie ich es möchte: Ich unterliege einer der typischen Beschränkungen lernersprachlicher Kommunikation, der sog. „*Bedeutungsreduktion*", wie auch der Reduktion meiner grammatisch-syntaktischen Möglichkeiten. Meine Ansprüche an formal-sprachliche Korrektheit kann ich bis zu einem bestimmten Niveau im Prozess des Fremdsprachenlernens zurückstellen. Dann aber reicht es mir irgendwann nicht mehr, meine kommunikativen Ziele erreicht zu haben, sondern ich möchte dabei auch möglichst fehlerfrei (nicht nur halbwegs verstehbar) gesprochen haben.

Die verschiedenen Modalitäten der Sprachverarbeitung oder des Sprachgebrauchs können, wie gesagt, ebenso von Muttersprachlern unterschiedlich gut beherrscht werden. Es sind spezifische Lern- oder Sprachgebrauchsumstände, die dafür verantwortlich sind, dass ich mir in der einen oder in der anderen Modalität mehr oder weniger ausgeprägte Fähigkeiten angeeignet habe. Solche Unterschiede in unseren kommunikativen Fähigkeiten können aber beispielsweise in der Bereichs- oder Domänenspezifik der jeweiligen Kommunikation liegen, wie es sich in der unterschiedlichen sprachlichen Beherrschung einer fachspezifischen Thematik zeigt. Gerade hier, in der Verbindung von Sach- und Fachkompetenz, ist die Ausprägung unserer individuellen Sprachkompetenz verständlicherweise auch in der Muttersprache unterschiedlich.

Und ebenso wollen wir in der Fremdsprache oft nicht die Sprache schlechthin lernen, sondern verfolgen mit dem Erlernen dieser oder jener Sprache spezifische Ziele. Dementsprechend versuchen wir, spezifische Teilkompetenzen besonders auszubilden. Es dürfte allerdings einen Bereich *sprachlichen (grammatisch-lexikalischen) Grundwissens* geben, das wir uns in jedem Fall vor oder während jeder interessengeleiteten Differenzierung aneignen müssen, eine Art Fundament: das ‚*Fundamentum'*. Dazu gehören für mich beispielsweise die Grundregeln der Zuordnung von Buchstaben zu Lauten. Wenn ich einen Vortrag ins Spanische übersetzen lasse, dann muss ich zumindest in der Lage sein, diesen so ‚abzulesen', dass es halbwegs spanisch klingt, d.h. dass die spanischsprachigen Zuhörer mich verstehen.

Laut und Buchstabe

Obwohl ich es (theoretisch) besser wusste, machte ich bei einem auf Deutsch gehaltenen Vortrag vor spanischen Germanistik-Studenten den Fehler, dass ich dort, wo auf dem Bildschirm (*siguente* ‚weiter') anzuklicken war, halblaut las *s-i-g-u-e-n-t-e* und nicht einmal bemerkte, dass die Studenten schmunzelten. Denn es spricht sich natürlich [*s-i-g-e-n-t-e*], weil das *u* nur dazu dient zu verhindern, dass das *g [ch]* ausgesprochen wird, wie es vor hellen Vokalen (wie z.B. *e* und *i*) regelmäßig der Fall ist (Änliches leistet im Italienischen das eingeschobene *h*, wie etwa in *Chianti* [*kianti*], nicht: [*schianti*]).

Noch ein anderes Erlebnis zu Ausspracheschwierigkeiten in einer fremden Sprache: Selbst nachdem ich bereits einige Jahre als Gastprofessor in der polnischen Stadt Bydgoszcz (Bromberg) gearbeitet hatte, fand ich es immer noch schwierig, die beiden Zischlaute, die im Polnischen in der Schrift durch *sz* und *cz* dargestellt werden, unmittelbar hintereinander zu auszusprechen: [*sch + tsch*]. Irgendwann trösteten mich die polnischen Studierenden, indem sie mir verrieten, dass sie als Muttersprachler das auch nicht richtig aussprechen könnten. Wenn ich jetzt genau hinhörte, hörte ich tatsächlich nur noch ein [*sch + t(sch*] – und so konnte ich diese schwierige Lautkombination auch aussprechen. Versuchen Sie es einmal, wenn diese Lautkombination am Wortanfang vorkommt: *Szczecin* (Stettin).

Fremdsprachendidaktisch wie muttersprachendidaktisch bewegen wir uns einerseits im Kontext sprachlicher Heterogenität, andererseits aber auch im Kontext unterschiedlicher Lernerinteressen und dementsprechend unterschiedlicher *Teilkompetenzen,* an deren Erwerb wir jeweils besonders interessiert sind und die wir mehr oder weniger gut beherrschen möchten.

Bei allen speziellen praktischen Lernerinteressen wird wohl dennoch zunächst ein gewisses Maß an sprachlichem Grundwissen nötig sein, eben ein (grammatisches) *Fundament,* zu dem dann je spezifisches (grammatisches und lexikalisches) Wissen hinzugefügt werden kann. In besonderen Lernerwörterbucherbüchern, die den Wortschatz nach Sachgruppen anordnen, und die man zur systematischen Erweiterung des Wortschatzes nutzen kann, finden wir in der Regel eine ähnliche Unterscheidung wie die zwischen *fundamentum* und *additum*, nämlich die zwischen *Grundwortschatz* und *Aufbauwortschatz*. Und in ähnlicher Weise kann ich auch grammatische Grundstrukturen (einfache Satzbaupläne) von komplexeren Strukturen unterscheiden, wie ich sie in Fachtexten oder in literarischen Texten vorfinde. Diese werde ich aber nur verstehen, wenn ich bereits die Grundstrukturen kenne.

Theorien zum Zweitspracherwerb

Grundsätzlich muss sich die Fremdsprachendidaktik, und damit auch die Didaktik des Deutschen als Fremd- oder Zweitsprache fragen, wie wir uns theoretisch das Erlernen einer Fremdsprache überhaupt vorstellen können. Analog zu der Frage nach Theorien des Erstspracherwerbs wollen wir uns deshalb kurz mit Theorien des Fremdsprachenerwerbs beschäftigen.

Müssen Theorien des Fremdspracherwerbs (oder wie wir besser sagen sollten: des Fremdsprachen*lernens*), eine grundsätzlich andere Frage klären als Theorien des Erstspracherwerbs? – Ich denke, wir können diese Frage bejahen: Es scheint mir etwas wesentlich anderes zu sein, wenn man eine zweite Sprache *erlernt*, als wenn man seine Muttersprache *erwirbt,* obwohl man gerade das, was wir *Zweitsprache* genannt haben, durchaus auch wie die Muttersprache ‚erwerben' kann, wenn es sich dabei nicht um einen durch irgendeine Form von Sprachunterricht explizit gesteuerten Lernprozess handelt.

Trotz solcher nicht ganz eindeutigen Übergänge zwischen Erstspracherwerb (L1-Erwerb) und Fremd- bzw. Zweitsprachenerwerb (L2-Erwerb) können wir wie beim Erstspracherwerb auch beim Zweitsprachenerwerb zwei theoretisch grundsätzlich verschiedene Erklärungsansätze unterscheiden: einen (traditionellen)

168

behavioristischen Ansatz und einen (modernen) *kognitiv-konstruktivistischen* Ansatz.

Kontrastive Analyse

Im Rahmen einer behavioristischen Lerntheorie wurde in den frühen 50-er Jahren die *kontrastive* Betrachtung des Fremdsprachenlernens bevorzugt. Hier wird auch der Unterschied zum Erstspracherwerb offensichtlich. Der Fremdsprachenlerner beginnt ja nicht wie das Kind sprachlich bei Null, sondern er beherrscht bereits, zumindest wenn wir an erwachsene Lerner denken, mindestens eine erste Sprache, in der Regel seine Muttersprache. In diesem Sinn könnten wir anstatt von ‚Fremdsprachenerwerb' auch generell von ‚Zweitsprachenerwerb' sprechen, denn es ist in jedem Fall eine *zweite* Sprache, die im Fremdsprachenerwerb zusätzlich zur *ersten* Sprache ‚erworben' bzw. ‚erlernt' wird. Wird dann noch eine weitere Sprache erworben, sprechen wir von ‚Drittspracherwerb' oder ‚L3-Erwerb'.

Die *kontrastive Analyse* bietet eine Erklärungsmöglichkeit für die Beobachtung, dass Lerner mit unterschiedlichen Muttersprachen auch unterschiedliche Probleme mit dem Erlernen/Erwerb des Deutschen als Fremdsprache/ Zweitsprache haben. Dies liegt daran, dass sie Eigenschaften ihrer jeweiligen Muttersprache auf die zu erlernende Fremdsprache übertragen. Die Linguisten sprechen hier von ‚*Interferenzen*' und unterscheiden positive (d.h. erwünschte, richtige) und negative (d.h. unerwünschte, fehlerhafte) Interferenzen. Solche Interferenzen können auf allen Ebenen des Sprachsystems auftreten, nicht zuletzt auf phonetisch-phonologischer Ebene, besonders jedoch bei grammatischen, aber auch bei semantischen Phänomenen (‚falsche Freunde').

Positive und negative Interferenzen

Wer Interferenzen macht, schlussfolgert, dass sich ein bestimmtes sprachliches Phänomen in der Zielsprache analog verhält, wie in der jeweiligen Ausgangssprache, der Muttersprache des Lerners (oder auch in einer weiteren Fremdsprache); er überträgt die entsprechenden Regeln von seiner Muttersprache in die Fremdsprache (,Transfer'): Manchmal ist das richtig (positive Interferenz), manchmal aber auch falsch (negative Interferenz). Behavioristisch gesehen, müsste man nun die positiven, richtigen Interferenzen ,verstärken', die negativen, falschen Interferenzen dagegen zu unterbinden versuchen. Dabei wird man unter Umständen allerdings einen gegenteiligen Effekt erzielen, wenn nämlich die Verstärkung zu einer Übergeneralisierung oder Hyperkorrektheit führt. Kognitiv-konstruktivistisch gesehen, würde man in jedem Fall erst einmal die Bildung einer Regel durch den Lerner würdigen. Erweist sich die gebildete Regel als nicht zutreffend, wird der Lerner dies im weiteren Sprachgebrauch selbstständig bemerken und die Regel entsprechend verändern bzw. spezifizieren, ähnlich wie er das im primären Spracherwerb tut.

Beispiel: Artikellose Sprachen

Machen wir uns solche Interferenzen noch einmal an einem Beispiel klar: Lerner mit einer Muttersprache, in der es keinen bestimmten Artikel gibt, werden größere Schwierigkeiten beim Erwerb des deutschen Artikelsystems haben als Lerner, deren Muttersprachen den bestimmten Artikel aufweisen. So gibt es beispielsweise im Türkischen, aber auch im Polnischen, keinen bestimmten Artikel. Wenn man dies als Deutschlehrer weiß, wird man besser verstehen, warum der Erwerb des deutschen Artikelsystems französisch- und selbst englischsprachigen Lernern eventuell leichter fallen könnte. Andererseits haben diese Lerner aber Probleme mit dem Genussystem, das bei den Artikeln im Deutschen nicht mit dem ihrer Muttersprache übereinstimmt: Das Englische kennt nur einen einzigen bestimmten Artikel, *the,* während das Französische nur einen maskulinen (*le*) und einen femininen (*la*) kennt, aber keine Entsprechung zum deutschen Artikel im Neutrum (*das*) hat.

Würden polnischsprachige Deutschlerner nun ihr Artikelsystem, das über keinen bestimmten Artikel verfügt, auf das Deutsche übertragen, würden sie auch im Deutschen (fälschlicherweise) die Substantive ohne Artikel verwenden. Dann hören wir genau die Sätze, mit denen wir gelegentlich den slawischen ‚Akzent' imitieren: *Schüler lesen Buch.* Was genau, fragt der deutsche Muttersprachler, muss hier wer lesen: der Schüler oder die Schüler, irgendein beliebiges Buch, viele Bücher, ein ganz bestimmtes Lehrbuch oder *das* Buch, das der Lehrer gestern zu lesen empfohlen hat? - Wer also das System des bestimmten Artikels (mit Genus, Numerus und Kasus) im Deutschen erlernen will, hat eine ganze Menge zu beachten. Und der unbestimmte Artikel und auch im Deutschen ebenfalls mögliche artikellose Formen kommen noch hinzu. Aber das Polnische ist deshalb nicht ‚einfacher' als das Deutsche. Während das Deutsche vier Kasus (‚Fälle') hat, kennt das Polnische sechs Fälle. Und überdies werden auch die Eigennamen, einschließlich der Städtenamen, ebenso wie die Substantive flektiert. Was also auf der einen Seite den polnischen Deutsch Lernenden Schwierigkeiten bereitet, stellt auf der anderen Seite Schwierigkeiten für deutschsprachige Polnisch Lernende dar.

„*Do Gdanska*"

Als ich am Fahrkartenschalter in Poznan eine Fahrkarte nach Gdansk (Danzig) kaufen wollte, hatte ich vorher im Wörterbuch nachgeschaut: *nach* heißt *do*, also ganz einfach *do Gdansk.* Die Dame am Schalter schaute mich dann aber ein wenig irritiert an und fragte zurück: *do Gdanska?* Anstatt ungeduldig zu insistieren *ja, sage ich doch, do Gdansk,* hatte ich eine Vermutung: Handelte es sich vielleicht um eine implizite Korrektur? Hieß es tatsächlich *do Gdanska?* Ich erinnerte mich an die Flektierbarkeit der Eigennamen im Polnischen und daran, dass ich in der Ankündigung meiner Lehrveranstaltungen nicht *Biere,* sondern *Bierego* oder *Bieregem* vorgefunden hatte. Also wiederholte ich wie ein braver Schüler: *tak* (‚ja'), *do Gdanska.* Nachdem ich auch noch ‚Hin-und-Rückfahrt' auf Polnisch hinbekam, stand dem Wochenendausflug an die Ostsee, die auf Polnisch nicht „*Ost*-See", sondern *Baltyk* (‚baltisches Meer') heißt, nichts mehr im Wege. Auch hier wäre die wörtliche Übersetzung eine negative, d.h. falsche Interferenz gewesen.

Schön sauber

Als ich eine Zeitlang in den Niederlanden, in der Provinz Zuid Limburg in der Nähe von Aachen, gelebt habe, fiel mir immer wieder eine Schrift auf dem Gehweg auf: *schoon houden!*. Was sollte das heißen: *schon halten?* Oder vielleicht *schön?* Aber wie sollten die Fußgänger ihren Bürgersteig ‚schön halten'? Die Lösung des Problems war natürlich eine sprachliche: *schoon* heißt im Niederländischen nicht *schön*, sondern *sauber*. Und das *sch* entspricht nicht unserem *sch* (wie in *schön*), sondern ist ein *s-ch* (*also: s-ch-oon*). Na gut, dachte ich, dann halten wir den Gehweg mal schön sauber. Aber transferieren Sie die Aussprache des *s-ch* im Niederländischen jetzt bitte nicht ins Italienische: *Toni Schiavo* heißt dort weder *Sch-iawo* mit deutschem *sch,* noch *S-chiavo* mit niederländischem *s-ch*, sondern wie wir schon vom *Chianti* wissen: *S-kiawo*. Und lassen Sie sich in einer Wein-Boutique niemals einen teuren *Rioja* als *Rio-ja* andrehen; es sollte in dieser Preislage schon ein *Rio-cha* sein (*ch* hier gesprochen wie im deutschen Wort *Bach*).

Eine ganze Reihe falscher Transfers, negativer Interferenzen also. Anders, wenn Sie eine Hin- und Rückfahrt bestellen möchten, einmal hin und zurück: *tam i z powrotem* (polnisch für: ‚hin und zurück'), *ida y vuelta* (spanisch für: ‚Hinfahrt und Rückfahrt'), *andata e ritorno* (italienisch für: ‚Hinfahrt und Rückkfahrt'). Hier können Sie weitgehend positive Interferenzen machen. Manchmal sind die Nichtübereinstimmungen auch differenzierter. Denkt man (zu Recht), dass man im Italienischen *buon giorno* und *buona sera* analog zum deutschen *Guten Tag* und *Guten Abend* verwenden kann, so muss man doch bedenken, dass der Abend in Italien bereits nach dem Mittagessen beginnt.

Konstruktivistische Auffassungen des Zweitspracherwerbs
Heute werden zumindest theoretisch überwiegend konstruktivistische Vorstellungen vom (Fremdsprachen-)lernen vertreten. Wenn wir uns den Lernprozess als einen konstruktiven, kognitiv-aktiven Prozess des Lerners vorstellen, wäre es für den Prozess des Fremdsprachenlernens eher kontraproduktiv, dem Lerner in einem systematischen Kurs beispielsweise einen Satz grammatischer Regeln einfach vorzugeben und ihm damit eigene kognitive Aktivitäten praktisch abzunehmen.

Demgegenüber könnte authentisches Sprachmaterial, mit dem sich der Lerner kognitiv-aktiv auseinandersetzen kann, Material, aus dem er selbstständig, aber auch im kommunikativen Austausch mit anderen Lernern, Regeln erschließen kann, besser geeignet sein, den (gewissermaßen autonomen) Auf- und Ausbau seiner Sprachkompetenz zu gewährleisten.

Unterrichtsverfahren
Traditionell stellen wir uns den Fremdsprachenunterricht (und wohl auch den Unterricht ‚Deutsch als Fremdsprache') wahrscheinlich zunächst so vor, wie wir schulischen Unterricht aus unserer eigenen Schulzeit kennen, wie eine Deutsch- oder Englischstunde, in der es das eine Mal vielleicht um Grammatik, ein anderes Mal um eine literarische Lektüre ging.

So war auch mein Unterricht an der Fremdsprachenhochschule in Tianjin (China) und genauso in Bydgoszcz (Polen) Unterricht in einer ‚Klasse'. Und normalerweise stand ich als Lehrer *vor* der Klasse wie auf einer Bühne. Die Studierenden verhielten sich, mehr als mir lieb war, ziemlich passiv, redeten nur, wenn sie gefragt wurden, lasen oder schrieben unter dem Tisch wohl auch die eine oder andere lebenswichtige SMS. Sie verhielten sich komplementär zu meiner aktiven Lehrerrolle passiv, so wie wir uns ‚richtige' Schüler und ‚richtigen' Unterricht traditionell vorstellen; sie saßen auf unbequemen Stühlen, manchmal noch in regelrechten Bänken, so dass ich mich manchmal ein wenig zurückversetzt fühlte in eine andere Zeit - nicht in *meine* Schulzeit, sondern in die meiner Eltern.

Das Verfahren eines solchen ‚*Frontalunterrichts*' läuft üblicherweise in einem Dreischritt ab: *Lehrerfrage oder Impuls – Schülerantwort – bewertende Lehreräußerung.* Aus der Sicht der Schüler wie der Lehrer ist es das Hauptziel eines solchen Sprachunterrichts, dass die Schüler möglichst fehlerfreie Äußerungen (in der Fremdsprache) produzieren. Machen sie Fehler, werden diese vom Lehrer umgehend als ‚richtig' bzw. ‚falsch' bewertet und ggf. korrigiert, so dass der Schüler dann die korrekte Form noch einmal wiederholen kann.

Es liegt auf der Hand, dass wir einen solchen dressurähnlichen Unterricht, dessen ‚Erfolge' meistens nur von kurzer Dauer sein dürften, kaum ‚Unterrichts*gespräch*' nennen können. Wenn von ‚*Unterrichten als Dialog*' oder von einem ‚*kommunikativen Unterricht*' die Rede ist, stellen wir uns etwas anderes vor als reine Frage-Antwort-Sequenzen, auch wenn diese bereits ein wenig kommunikativer erscheinen als reine Lehrer*monologe*: ‚*Wenn alles schweigt und einer spricht, das nennt man Unterricht*'.

Dialoge können zwar auch Frage-Antwort-Sequenzen sein, unabdingbar für den Begriff des Dialogs ist jedoch die prinzipielle Möglichkeit, dass die jeweiligen Rollen, Fragender oder Antwortender, von den Partnern frei und wechselweise eingenommen werden können. Wenn ausschließlich der Lehrer Fragen stellt, die die Schüler beantworten *müssen,* könnten wir in unserem Sinn also noch nicht von einem Dialog sprechen.

Fehlende Lernerfolge
Man kann mit einem derartigen gut strukturierten und von Eigenaktivitäten der Schüler nicht ‚gestörten' Unterricht zwar relativ gut im Stoff voran kommen, sein ‚Pensum' erledigen, der (dauerhafte) Lernzuwachs der Schüler wird jedoch eher gering

bleiben, insbesondere wenn es um den Erwerb kommunikativer Fähigkeiten geht.

Ein solcher Unterricht entspricht keiner ‚normalen' Gesprächssituation und es werden auch keine natürlichen Gespräche in der Fremdsprache geführt. So hatte ich in meinem schulischen Fremdsprachenunterricht, Englisch und Französisch, vor allem gelernt, literarische Texte zu lesen und einigermaßen zu verstehen (auch mit Benutzung des Wörterbuchs) und Inhaltsangaben oder Nacherzählungen dazu zu schreiben. Als ich dann aber mit siebzehn das erste Mal mit einem Freund nach Paris fuhr, wo wir eine Brieffreundin besuchten, bei ihrer Familie zum Essen eingeladen wurden und auch ihre Tennis spielenden Freunde kennen lernen durften, verstanden wir fast nichts und es fiel uns wirklich genauso schwer, ein kleines Gespräch auf Französisch zu führen, wie die kleinen Erbsen, die als zweiter Gang serviert wurden, mit der Gabel in den Mund zu befördern. Und meine Brieffreundin und ihre französischen Freunde sprachen untereinander ein Französisch, wie es uns im Französischunterricht kaum zu Ohren gekommen war, so dass wir wieder einmal, nicht nur aufgrund des enormen Sprechtempos, so gut wie nichts verstanden. Bei dem offensichtlich ‚veralteten' und größtenteils literarisch stilisierten Französisch, das wir in der Schule gelernt hatten, wunderte es mich dann kaum, dass ich mich dagegen richtig gut mit Marie-Chantals *grand-mère* unterhalten konnte, während ihre Freunde sie zu einem Tennis-Match ‚entführten'.

Kommunikativer Unterricht

Wir denken heute, dass eine Form des Fremdsprachenunterrichts effektiver ist, bei der Elemente eines mehr oder weniger ungesteuerten Fremdsprachenerwerbs aufgegriffen werden. So kann man beispielsweise versuchen, den Unterricht als eine Abfolge möglichst authentischer Kommunikationssituationen zu organisieren, in denen das, was in der Fremdsprache gesagt oder geschrieben werden muss, eine (möglichst) reale kommunikative Funktion erfüllt.

175

Dann wären Schüler wie Lehrer tatsächlich an ‚echten' Mitteilungen interessiert, die nicht nur unter dem Aspekt der sprachlichen Korrektheit (also ‚extrakommunikativ'), sondern auch unter dem Aspekt der kommunikativen Adäquatheit betrachtet werden könnten.

Als ich bei einem Ferienaufenthalt in Frankreich meinen achtjährigen Sohn zum Brötchen kaufen schicken wollte, schaute er mich fragend an: *Ich kann doch gar kein Französisch.* Als ich ihm Mut machte (*Das kannst du schon! Und ‚Brötchen' heißt ‚petits pains'*), marschierte er mit der Einkaufstasche los. Und wie sollte es anders sein, nach einer guten Viertelstunde kam er mit der korrekten Anzahl an Brötchen (sieben) zurück. *Gut hast du das gemacht!* Aber er hat mir nicht verraten, wie: *Trick siebzehn!*

Also schicken wir unsere Schüler einkaufen, was aber leider in Deutschland auf Französisch wahrscheinlich nicht so gut funktioniert. Aber sie könnten innerhalb des Unterrichts tatsächlich alle realen und kommunikativen Bedürfnisse in der Fremdsprache zu realisieren versuchen, also z.B. Fragen nach den Hausaufgaben stellen, darum bitten austreten zu dürfen, sich für ein krankheitsbedingtes Fehlen entschuldigen, Verabredungen für den Nachmittag treffen und vieles mehr. Natürlich könnten wir als Lehrer auch Originaltexte in der Fremdsprache mitbringen oder zusammen mit den Schülern im Internet recherchieren, nicht die Komödien von Molière oder ein Drama von Jean-Paul Sartre, sondern Angebote für Fotokameras oder Notebooks oder für MP3-Player und Nintendo. Plakate, Ankündigungen, Programmhefte, Kochrezepte, was immer sich an Gebrauchstexten im Alltag findet. Am meisten engagiert waren meine polnischen Studentinnen, als sie mir am Ende meines Aufenthalts ihr spezielles Bigos-Rezept (oder das ihrer Mutter) aufschreiben durften. (‚*Bigos*' ist ein Eintopfgericht aus frischem Kohl und Sauerkraut, mit allem, was Sie an Wurst oder Fleisch auftreiben können, und kann fast so lange schmoren, wie ein echtes französisches ‚*Ratatouille*'.)

Immersion

Ein wirkliches ‚Sprachbad', in das wir ‚eintauchen', wie es die Immersionstheorie vorsieht, ist es freilich noch nicht, wenn wir ein paar Kochrezepte austauschen. Denn im Idealfall müsste die gesamte kommunikative Umgebung die Fremdsprache sprechen und wir dürften keine andere kommunikative Chance haben, als uns eben ausschließlich in der betreffenden Fremdsprache zu verständigen. Dies ist üblicherweise beim ungesteuerten Fremdspracherwerb der Fall, wenn wir uns in ein fremdes Land begeben, vielleicht um dort zu arbeiten und zu leben und sozusagen nebenbei auch noch die betreffende Fremdsprache - die dann immer mehr zur Zweitsprache wird, wenn wir vielleicht ein halbes Leben lang dort bleiben - lernen. Allerdings entspricht eine solche einsprachige Kommunikationssituation heutzutage kaum mehr der Realität, weil alle, die es irgendwie können, auch ihre jeweiligen ansatzweise mehrsprachigen Möglichkeiten einzusetzen versuchen, um kommunikativ erfolgreich zu sein.

Man spricht deutsch

So sind selbst im Langzeiturlaub, z.B. auf Mallorca (jeder sagt inzwischen *Majorka,* wie man es im Polnischen tatsächlich auch schreibt), die Chancen, in die fremde Landessprache ‚einzutauchen', nicht immer optimal. Erinnern Sie sich an den Mallorca-Film von Gerhard Polt, der den Titel trug „*Man spricht deutsch...*" (auf Mallorca natürlich)? Tatsächlich zeichnet sich die Kundenorientierung gerade in den Urlaubsregionen immer mehr dadurch aus, dass man, wie es die Marketing-Theorien lehren, die Sprache des Kunden spricht bzw. zumindest zu sprechen versucht (was wir natürlich entsprechend honorieren).

Als wir einmal in einem türkischen Hotel, in dem das Personal fast perfekt deutsch sprach, zum Frühstück einen zusätzlichen Orangensaft mit fünf Euro extra bezahlen mussten, dachten wir wohl, alles habe sein Preis, auch die Bedienung in der Muttersprache des Gastes. Am Rande eines gegenüber dem Hotel gelegenen Parkplatzes presste ein türkischer Bauer aus dem Hinterland den O-Saft dagegen noch frischer für einen Euro. Auch er sprach ein wenig Deutsch und als wir ihn fragten, ob er schon einmal in Deutschland gewesen sei, antwortete er gewitzt: *Hier ist Deutschland.* Darüber, was er damit wohl meinte, können Sie ruhig ein wenig spekulieren. Ich wollte damit ein Beispiel dafür geben, dass es manchmal gar nicht so leicht ist, in einem Urlaubsland wirklich Erfahrungen mit der jeweiligen Landessprache zu machen. Sie versuchen einzutauchen und treffen auf andere Sprachlerner, die auch einzutauchen versuchen, allerdings umgekehrt in die Muttersprache des Kunden, in diesem Fall ins Deutsche.

Auch in den spanischen Flughäfenbüros der Autovermietungen habe ich am Schalter kaum jemanden getroffen, der nicht perfekt Deutsch sprach und oft dann auch tatsächlich als Kind spanischer Arbeitsmigranten in Deutschland aufgewachsen und zur Schule gegangen war. Hier sind es durchgängig junge, mehrsprachig aufgewachsene Menschen, die jetzt von ihrer Mehrsprachigkeit auch im Beruf profitieren können.

Im Kontrast dazu will ich noch ein anderes Mehrsprachigkeits-Erlebnis erzählen, wo es weder um einen Migrationshintergrund, noch um wirtschaftliche Interessen ging; ein Erlebnis in einem polnischen Zugabteil auf der Fahrt von Poznan nach Gdansk, von Posen nach Danzig: Ich saß mit einem älteren Herrn allein im Zugabteil, hatte, als er nach mir ins Abteil kam, seinen polnischen Gruß auf Polnisch zu erwidern versucht. Eine Weile das übliche Schweigen zwischen Unbekannten, dann sprach mich der Herr auf Polnisch an – und ich verstand natürlich nicht, worum es ging. Für genau solche Fälle des kommunikativen Scheiterns hatte ich aus dem Sprachführer (mit einiger Mühe!) den Satz *Ich verstehe kein Polnisch, sprechen Sie Deutsch?* auf Polnisch gelernt: *Nie rozumiem po polsku, czy pani móvi po niemecku?* Was denken Sie, antwortete der polnische ältere Herr? Er antwortete in perfektem Deutsch: *Dafür sprechen Sie aber ganz gut Polnisch.* Bis der Zug in *Gdansk Glowna* einlief, und mein Begleiter mich aufklärte, dass dies kein Vorort von Danzig war, sondern der Hauptbahnhof, hatten wir ein anregendes Gespräch geführt, nicht auf Polnisch, sondern natürlich auf Deutsch, mitten in Polen.

Und noch ein letztes (Urlaubs-)Erlebnis zu den scheiternden Versuchen im Urlaub in der jeweiligen Landessprache zu kommunizieren: Vor unserem ersten Urlaub in Portugal, an der Algarve, hatte ich versucht, mir ein paar Wörter Portugiesisch anzueignen und mich mit der Eigenart der portugiesischen Nasale vertraut zu machen. Als mir dann aber öfter als die portugiesischen Wörter die spanischen einfielen, korrigierte man mich nicht so, dass man mir die portugiesischen Wörter vorgesprochen hätte, sondern so: *,Das war aber Spanisch. Sie können ruhig Deutsch sprechen'*. Na gut, dachte ich, wenn in den Hotelbewertungen, die ich in den Reiseportalen im Internet finde, immer wieder hervorgehoben wird, dass das Personal ausgezeichnet Deutsch spricht, muss das wohl ein Qualitätsmerkmale des Hotels sein, das, wie gesagt, die Sprache seiner Kunden spricht. Aber gibt es für den Urlauber, der sich auch ein wenig mit der jeweiligen Landesprache anfreunden möchte, wirklich keine Chance in das Sprachbad einzutauchen? - Doch, aber wohl eher in ein polyphones *,Sprachen*bad'*. Andererseits: Wenn Sie die jeweilige Landessprache bereits relativ fließend sprechen, wird man sich mit Ihnen durchaus in der Landesprache verständigen. Es ist immer eine Frage der jeweils adäquaten Sprachenwahl und manchmal kann man auch in zwei Sprachen kommunizieren, indem jeder der Partner seine Muttersprache spricht.

Bilingualer Unterricht

Versucht man ein solches *,Sprachbad'*, in das wir ganz und gar eintauchen sollen, didaktisch-methodisch *,nachzuahmen'* und weitgehend immersionsähnliche Sprachlernsituationen zu schaffen, kann man über den durchgängigen Gebrauch der jeweiligen Fremdsprache im Sprachunterricht hinaus auch den *Sachfach-Unterricht* in der jeweils zu lernenden Fremdsprache, also z.B. in Französisch oder

Englisch, abwickeln. Solche Konzepte sind gezielt umzusetzen versucht worden in verschiedenen Formen des *bilingualen Unterrichts,* bei dem ein Sachfach, wie z.B. Geographie oder Geschichte, durchgängig in der Fremdsprache unterrichtet wird. Dies ist im Grunde nichts Ungewöhnliches, denn in vielen Ländern der Dritten Welt waren Englisch, Französisch oder Spanisch die Unterrichtssprachen, während die jeweiligen Muttersprachen der Schüler andere waren.

Momentan sind die kanadischen Immersionsprogramme relativ erfolgreich, bei denen im zweisprachigen Kanada die Kinder anglophoner Eltern im bilingualen Unterricht weitaus bessere Französischkenntnisse erzielen als im herkömmlichen Fremd-sprachenunterricht. Was sich zunächst auf zwei- oder mehrsprachige Länder auch in Europa (wie z.B. die Schweiz, Belgien, Luxemburg) übertragen ließe, könnte schließlich auch ein Konzept zur Förderung der Mehrsprachigkeit in Europa sein. Auch in Deutschland gibt es bereits eine relativ große Zahl bilingualer Schulen, vor allem im Gymnasialbereich, die entweder auf Englisch oder Französisch als Unterrichtssprache setzen oder aber in den Grenzregionen die ‚Sprache des Nachbarn' aufgreifen, sei es als Unterrichtsprache oder auch nur als Fremdsprachenangebot, wie z.B. das Niederländische im Westen (Aachen), das Polnische im Osten (Frankfurt/Oder) oder das Dänische im Norden.

Ohne längere sprachorientierte *Auslandsaufenthalte* würde allerdings jedes inländische Immersionsprogramm in nicht mehrsprachigen Ländern wohl zu kurz greifen und letztlich künstlich bleiben, so dass gleichzeitig vielfältige Maßnahmen zur Förderung der Mobilität ergriffen werden müssten, wie es jetzt schon im Rahmen verschiedener EU-Programmschwerpunkte (Erasmus/Sokrates/ Lifelong Learning; Comenius und Leonardo) geschieht, Programme, wie sie für Schüler, Studenten und Dozenten sowie Praktikanten aufgelegt und mit EU-Mitteln gefördert werden.

Tandem-Lernen

Als eine Vorform einer Art wechselseitiger Immersion könnte man das Tandem-Lernen betrachten, das Menschen unterschiedlicher Muttersprachen zusammenführt und jedem Partner im Tandem ermöglichen soll, unter möglichst natürlichen Bedingungen, ggf. auch ungesteuert, die Sprache des Anderen zu lernen. - Bildeten sich derartige ‚Tandems' früher in Form von Brieffreundschaften, die oft aus Schul- oder Städtepartnerschaften hervorgingen, so sind heute SMS, e-mail und vielfältige soziale Netzwerke wie Facebook oder Twitter nicht nur ideale Plattformen für ein- und mehrsprachige Blogger, sondern sie könnten auch als Sprachlernplattformen zum interaktiven Sprachenlernen genutzt werden.

Auch wenn es dabei in erster Linie um kommunikativen Austausch geht, könnte man sich durchaus vorstellen, dass Elemente von gesteuerten Sprachlernprozessen aufgegriffen werden, dass man sich z.B. gegenseitig sprachlich korrigiert oder ein sprachliches Phänomen erklärt. Der Übergang vom ungesteuerten Immersionslernen zu einem regelrechten Sprach*unterricht* im Tandem ist dennoch auch kritisch zu sehen, weil, wie schon gesagt, der Muttersprachler nicht automatisch auch ein guter Fremdsprachenlehrer ist. Manche Probleme, die sich für den Lerner des Deutschen als Fremdsprache stellen, nimmt der Muttersprachler schlicht nicht wahr und wird sie auch kaum angemessen erklären können, weil er seine Sprache weitgehend unreflektiert beherrscht; er hat sie nicht mühsam *erlernt*, sondern mehr oder weniger mühelos *erworben*.

Lektüreempfehlungen

Zum Themengebiet ‚*Deutsch als Fremdsprache*'/ ‚*Deutsch als Zweitsprache*' gibt es inzwischen zahlreiche gute Einführungen, auf die ich auch bei der Konzeption dieses Kapitels zurückgreifen konnte.

181

Empfehlenswert ist vor allem:

Huneke, Hans-Werner/ **Steinig**, *Wolfgang: Deutsch als Fremdsprache. Eine Einführung.* Berlin: Erich Schmidt Verlag. 3., überarbeitete und erweiterte Auflage 2002.

Speziell mit Fragen des Deutschen als *Zweitsprache* befasst sich:

Ahrenholz, Bernt: *Deutsch als Zweitsprache: Voraussetzungen und Konzepte für die sprachliche Förderung von Kindern und Jugendlichen mit Migrationshintergrund.* Freiburg: Fillibach Verlag, 2007.

Einen umfassenden Überblick über die verschiedensten Aspekte des Deutschen als Fremdsprache geben zwei Bände der Reihe „*Handbücher zur Sprach- und Kommunikationswissenschaft*" (HSK):

Helbig, Gerhard/ **Götze**, Lutz/ **Krumm**, Hans-Jürgen (Hgg.): *Deutsch als Fremdsprache. Ein internationales Handbuch.* 2 Bde. Berlin/ New York: de Gruyter, 2001.

III Das System der deutschen Standardsprache

Wie kommunikativ auch immer wir eine Fremdsprache lernen, ob in einem Immersionskontext, im Tandem, im Inland oder im Ausland oder einfach mit einem Lehrbuch, wir haben es dabei immer auch mit den *grammatischen Strukturen* der zu lernenden Sprache zu tun. Andererseits haben wir es mit einem umfangreichen *Wortschatz* (für den Lerner die ‚Vokabeln') zu tun: mit einem abgrenzbaren Grundwortschatz und einem prinzipiell unbegrenzten Aufbauwortschatz, der nicht bei zehn und auch nicht bei zwanzig Tausend Wörtern endet. Denn durch die Möglichkeiten der Wortbildung (Neubildungen, Ableitungen, Wortzusammensetzungen) können wir unseren individuellen Wortschatz und damit auch den Wortschatz unserer Sprache beständig erweitern.

Umgekehrt können natürlich nicht nur neue Wörter gebildet werden, sondern manche Wörter können auch ‚veralten', so dass sie irgendwann gar nicht mehr verwendet werden. So wird beispielsweise – außer in der Schweiz – heute kaum noch jemand *Perron* anstatt *Bahnsteig* sagen und dementsprechend ist das Wort im DUDEN-Fremdwörterbuch als ‚veraltet' gekennzeichnet. Und auch die Alternative zwischen *Bürgersteig* und *Trottoir* haben wir heute kaum noch.

Laut – Wort – Satz
Zwei Kapitel, die jede traditionelle Grammatik einer Sprache enthalten wird, sind „Das Wort" und „Der Satz". Unter „Grammatik" kann man also nicht nur den Aufbau des einfachen und des komplexen Satzes (*Syntax*) verstehen, sondern auch die Struktur des Lexikons (*Lexikologie*), die Bildung von Wörtern aus kleineren Bestandteilen, sog. lexikalischen und grammatischen Morphemen und die Wortbildung (*Morphologie*). Nicht zur Grammatik werden üblicherweise die *Semantik* und *Pragmatik* gerechnet, bei denen es um die Bedeutung von Wörtern und Sätzen und um das ‚sprachliche Handeln' in Sprachverwendungssituationen geht. Gelegentlich wer-

den aber auch diese am Sprachgebrauch orientierten linguistischen Ebenen in Grammatiken, insbesondere in sog. didaktischen Grammatiken (Lernergrammatiken), mit berücksichtigt, und auch die Ebene der mündlichen Sprache („Der Laut") wird oft mit einbezogen.

Wissen und Können

In diesem Kapitel wollen wir uns zunächst ausgewählten Fragen der *deutschen Grammatik* im engeren Sinn (Syntax) zuwenden und uns dann im anschließenden Kapitel mit dem *deutschen Wortschatz* beschäftigen. Dass dies im Anschluss an das Kapitel zum Erlernen des Deutschen als Fremdsprache geschieht, hat einen guten Grund: Wir können unsere Muttersprache zwar einigermaßen fehlerfrei sprechen (und in der Regel auch schreiben), dabei denken wir als Muttersprachler jedoch im Grunde kaum über die grammatischen Strukturen bzw. *Regeln* des Deutschen nach, denen wir dabei folgen. Wie der österreichisch-britische Sprachphilosoph Ludwig Wittgenstein (1889-1951) es pointiert ausgedrückt hat, folgen wir einer (sprachlichen) Regel „blind". Anders ist das beim Fremdsprachenlernen: Hier machen wir uns – je nachdem, welche Methode wir bevorzugen – die sprachlichen und insbesondere die grammatischen Regeln der zu lernenden Sprache durchaus *bewusst*, aber auch die der eigenen, wenn es beispielsweise darum geht, Interferenzen zu erkennen und zu vermeiden.

Dass es in der deutschen Sprache einen bestimmten und einen unbestimmten Artikel gibt, dass wir manchmal Substantive aber auch ohne Artikel verwenden, *wissen* wir natürlich genauso, wie wir wissen, dass es im Deutschen vier Fälle (Kasus) gibt. Aber jemandem, der Deutsch (als Fremdsprache) lernt, die Regeln des Artikelgebrauchs zu erklären, wird uns doch schwer fallen. Wir *können* als Muttersprachler die Artikel zwar richtig verwenden, aber wir *wissen* nicht unbedingt, nach welchen Regeln wir dabei handeln, und wir können die Regel erst recht nicht schlüssig formulieren. Das wiederum bemerken wir oft erst, wenn jemand von uns als Muttersprachler nicht nur wissen möchte, wie etwas auf Deutsch heißt, sondern auch noch, warum etwas so und nicht anders formuliert werden muss, nach welcher Regel wir etwas auf Deutsch nur so und nicht anders sagen können.

Oder auch: Ist etwas regelrecht falsch oder hört es sich nur seltsam an? In eine solche Zwickmühle geraten wir schnell, wenn wir meinen, aufgrund unserer muttersprachlichen Fähigkeiten könnten wir den Deutsch Lernenden ohne Probleme Deutsch beibringen. Es ist wie mit den allzu klugen Kinderfragen: Warum die Banane krumm ist, darüber können wir vielleicht noch spekulieren, aber viel schwieriger ist die Frage zu beantworten, warum der Tisch *Tisch* heißt, während er doch in Frankreich *table* heißt? Man möchte dann gern antworten: „Es ist, wie es ist" (sagt in einem Gedicht von Erich Fried ‚die Liebe'), aber dem Lerner des Deutschen als Fremdsprache reicht das nicht. Er möchte über den Einzelfall hinaus etwas *wissen*, er sucht nach einer Regel, die ihm erlaubt, mehr als nur einen grammatisch korrekten Satz zu bilden. Er sucht ein Muster, nach dem man Sätze einer bestimmten Art bilden kann.

Auch meine polnischen Studenten – ich habe im letzten Kapitel schon davon erzählt – konnten mir nicht recht erklären, was es mit den sechs Fällen im Polnischen auf sich hat und ob *do Gdanska* vielleicht ein Lokativ sei. Sie brauchten das als Muttersprachler nicht zu wissen, und einige bekannten, sie hätten von der polnischen Grammatik überhaupt erst etwas verstanden, als sie begonnen hätten, Deutsch, also eine Fremdsprache, zu lernen. Im Zweifelsfall verstehen die Lerner des Deutschen als Fremdsprache möglicherweise mehr von deutscher Grammatik als die Muttersprachler. Ein dafür besonders ausgebildeter Muttersprachler, derjenige nämlich, der ‚Deutsch als Fremdsprache' unterrichtet, der Sprach-Lehrer, muss die Grammatik des Deutschen nicht nur (aufgrund seines ‚Sprachgefühls') richtig anwenden können (im Sprechen wie im Schreiben), sondern er muss sie auch durchschauen, er muss die Regeln kennen, die die Lerner zu erklären ihm von Fall zu Fall abverlangen werden, wenn sie nicht nur wissen wollen, *wie* etwas ist, sondern *warum* etwas so ist. So geht zumindest für diejenigen, die Deutsch als Fremdsprache unterrichten wollen, kein Weg an *expliziten Grammatikkenntnissen* vorbei.

Generative Grammatik

In der Linguistik unterscheidet man seit Mitte des 20.Jahrhunderts zwei grundlegend verschiedene grammatiktheoretische Ansätze: *Valenz- oder Dependenzgrammatiken* (L. Tesnières) auf der einen und die *generative (Transformations)grammatik* (N. Chomsky) auf der anderen Seite.

Die *generative Grammatik* teilt einen Satz schrittweise in die Teile, aus denen er sich zusammensetzt. Dieses schrittweise Teilen des Satzes in seine Elemente macht die Struktur eines Satzes ‚sichtbar‘, indem ein ‚Baum‘ (Graph) entsteht mit sog. ‚Knoten‘, an denen Begriffe für syntaktische Kategorien notiert werden und sog. ‚Kanten‘, die den Knoten in der Regel in zwei weitere Teile aufteilen. Die ‚Kanten‘ kann man dementsprechend lesen als ‚besteht aus‘, also als eine Relation (A besteht aus b und c). Auf diese Weise gelangt die syntaktische Analyse von der Ausgangskategorie ‚Satz‘ über immer weitere Verzweigungen bzw. Unterteilungen schließlich zu den Einzelelementen, die uns beim Hören oder Lesen eines Satzes in einer linearen Abfolge erscheinen, also zu den konkreten Wörtern, aus denen sich der Satz zusammensetzt.

Ein solches Analyseverfahren folgt den beiden strukturalistischen Grundprinzipien bzw. -operationen *Teilen* und *Klassifizieren* (Kategorien bilden). In der generativen Grammatik werden diese Operationen zu einem relativ abstrakten, quasi algorithmischen Verfahren weiterentwickelt, mit dem man – im Idealfall maschinell – beliebige Sätze einer Sprache analysieren (bzw. erzeugen) kann. Obwohl jede *Äußerung* individuell verschieden ist, weil jeder Sprecher etwas anderes ausdrücken möchte, haben viele verschiedene *Sätze* auf einer abstrakteren Ebene doch die gleiche *Struktur,* sie folgen der gleichen Regel. Diese Regeln bzw. die

(Grund-)strukturen oder *Grundmuster* der Sätze einer Sprache zu erfassen, ist Aufgabe der *Syntax* (Satzlehre). Zur Grammatik im weiteren Sinn können darüber hinaus zwar noch weitere linguistische Einheiten, wie der Sprechakt, das Wort und auch der Laut gerechnet werden (s.o), in der neueren Linguistik wird jedoch die Syntax in der Regel als das Herzstück der Grammatik betrachtet. Über die Grundmuster hinaus werden dann natürlich weitere syntaktische Phänomene, wie der Aufbau komplexer Sätze (Gliedsätze), verschiedene Satzarten (Aussagesatz, Fragesatz, usw.), Adverbialisierungen und Attribuierungen, Koordination und Subordination, u.v.m. untersucht.

Wir wollen uns in unserem Grammatikkapitel stärker an der *Valenztheorie* als an der generativen Grammatik orientieren, nicht zuletzt deshalb, weil Valenzgrammatiken, wie ich meine, didaktisch-methodisch besser umsetzbar sind. In der Tat scheint insbesondere der Unterricht des Deutschen als Fremdsprache im mittel- und osteuropäischen Raum überwiegend an valenztheoretischen Modellen orientiert zu sein. Auch die am Mannheimer Institut für Deutsche Sprache (IDS) entstandenen sprachvergleichenden (kontrastiven) Grammatiken sind an einer spezifisch valenz-grammatischen Auffassung (U. Engel) orientiert. Und auch die in der DUDEN-Reihe des ebenfalls in Mannheim ansässigen Bibliographischen Instituts erschienene „*Deutsche Grammatik*" weist eher valenztheoretische als generative Züge auf.

Verbvalenz

Der valenzorientierte Ansatz geht in seiner Analyse nicht von einem Satz (S) aus, der in einem ersten Schritt binär in zwei Teile, in eine *Nominalphrase* (NP) und eine *Verbalphrase* (VP) zerlegt wird, sondern setzt als obersten Knoten das Prädikat (P) an, von dem bestimmte Ergänzungen (Objekte, Raum- und Zeitergänzungen, usw.) abhängen. Dabei nimmt die Valenztheorie nimmt an, dass das Prädikat das einflussreichste Satzglied ist. Tatsächlich hängt die Struktur des Satzes wesentlich von der *Wertigkeit* (*Valenz*) des Verbs bzw. (in seiner Funktion im Satz) des Prädikats ab. Wer die Valenz des Verbs kennt, mit dem er einen Satz bilden möchte, kann einen grammatisch weitgehend korrekten Satz (gerade auch in der Fremdsprache) bilden.

Die Valenz eines Verbs bzw. die Wertigkeit des Prädikats in einem zu bildenden Satzes erschien für die Bedürfnisse des Fremdsprachenlerners so bedeutsam, dass bereits Ende der 60-er Jahre sog. *Valenzwörterbücher* (zunächst in der damaligen DDR von Helbig/ Schenkel, dann auch am Mannheimer Institut für Deutsche Sprache unter der Leitung von Ulrich Engel und Helmut Schumacher) erarbeitet worden sind, die als primäre Zielgruppe die Lerner des Deutschen als Fremdsprache hatten. Valenzwörterbücher illustrieren an Beispielsätzen mit den entsprechenden Verben, wie etwa ein Satz mit dem Verb *schenken* im Unterschied zu einem Satz mit dem Verb *verschenken* korrekt zu bilden ist: Das Verb *schenken* ist dreiwertig. Jemand *schenkt* jemandem etwas. Um einen korrekten Satz mit diesem Verb zu bilden, braucht man also ein Subjekt bzw. eine Nominativergänzung (1), eine Akkusativergänzung (2) und eine Dativergänzung (3), insgesamt also drei Ergänzungen, die die *Valenz* dieses Verbs ausmachen. Das Verb *verschenken* ist dagegen nur zweiwertig: Jemand *verschenkt* etwas. Man braucht nur eine Ergänzung im Nominativ (1) und eine Ergänzung im Akkusativ (2): *David verschenkt seinen Roller*, demgegenüber aber bei der Dreiwertigkeit des Verbs *schenken*: *Die Eltern schenken David einen Roller.* Sätze, die im Widerspruch zur Wertigkeit des jeweils verwendeten Verbs gebildet werden, sind nach den Regeln der deutschen Grammatik abweichend bzw. falsch, so etwa der Satz **Die Eltern schenken David.* Wenn ich offen lassen möchte, was die Eltern ihrem Sohn schenken, kann ich das grammatisch korrekt nur mit einem anderen, nämlich mit einem zweiwertigen Verb tun: *Die Eltern beschenken David.*

Obligatorisch oder fakultativ?

Ganz so einfach ist es aber mit der Wertigkeit eines Prädikats nicht. Im Idealfall sind die jeweils geforderten Ergänzungen *obligatorisch*, d.h. sie können unter keinen Umständen weggelassen werden, ohne dass der Satz falsch würde: *Martin leert das Glas in einem Zug.* Man kann in diesem Satz zwar den Satzteil *in einem Zug* weglassen, ohne dass der Satz ungrammatisch würde, aber die Ergänzung im Akkusativ (*das Glas*) kann man nicht weglassen. Es handelt sich um eine obligatorische Ergänzung, hier um ein Objekt, das im Akkusativ stehen muss. Das Verb *leeren* verlangt also (mindestens) zwei Ergänzungen (*quantitative Wertigkeit*) und diese müssen erstens eine Ergänzung im Nominativ (= Subjekt) und zweitens eine Ergänzung im Akkusativ (*qualitative Wertigkeit*) sein. (Auf die Doppeldeutigkeit dieses Beispielsatzes will ich hier nicht näher eingehen.)

Neben den obligatorischen Ergänzungen gibt es aber auch *fakultative* Ergänzungen; Ergänzungen, die unter bestimmten Umständen auch weggelassen werden können, ohne dass der Satz ungrammatisch wird: *Felix liest (ein Buch).* Beides ist grammatisch, auch wenn sich dabei die Bedeutung des Wortes *lesen* vielleicht ein wenig verändert.

Die grundsätzliche Schwierigkeit besteht bei den fakultativen Wertigkeiten darin, zu entscheiden, ob es sich bei den weglassbaren Elementen überhaupt um solche Elemente des Satzes handelt, die von der Wertigkeit des Verbs abhängen, oder lediglich um *freie Angaben.* Wirklich schwierig ist eine solche Entscheidung bei einigen Ergänzungen, die nicht, wie in unseren Beispielen, in einem der vier Objektkasus stehen. Unproblematisch ist noch ein Satz mit einer obligatorischen Ergänzung, die zwar nicht fallbestimmt, aber zweifellos notwendig ist, wie z.B. in dem Satz *Sprudel besteht aus Wasser.* Wie aber verhält es sich bei *Er geht (in den Garten)*? Ist *in den Garten* eine freie Angabe (Richtungsangabe), weil sie ja weggelassen werden kann, ohne dass der Satz ungrammatisch würde? Oder handelt es sich bei der Angabe des Ziels um eine fakultative Ergänzung, die zwar weggelassen werden kann, aber doch zur Wertigkeit des Verbs *gehen* gehört? Und wie ist es mit *nach Hause gehen*? - Das ist vermutlich ein sog. Funktionsverbgefüge.

Mit solchen speziellen Fragen wollen wir uns hier nicht weiter beschäftigen. Das können wir den Linguisten überlassen, die verschiedene Vorschläge zu einer brauchbaren Unterscheidung von Ergänzungen und Angaben gemacht haben. Trotz einer Reihe schwieriger oder unklarer Fälle, bei denen man nicht sicher ist, was vom Verb abhängig ist und was nicht, ist die Kenntnis der Wertigkeit eines Verbs aber durchaus eine praktikable Hilfestellung bei der Bildung korrekter deutscher Sätze. Bereits die traditionelle Unterscheidung von transitiven und intransitiven Verben war eine vergleichbare Unterscheidung: Verben, die mit einem Akkusativ gebildet werden, gegenüber Verben, die mit Dativ oder mit Akkusativ und Dativ gebildet werden. Oben haben wir am Beispiel von *schenken* (intransitiv) gesehen, wie durch die Vorsilbe *ver-* intransitive Verben zu transitiven umgeformt werden können: *leihen – verleihen*. Probieren Sie es einmal aus.

Die *freien Angaben* sind nicht in erster Linie syntaktisch bestimmt, sondern eher semantisch-pragmatisch. Welche Angaben ein konkreter Satz über die notwendigen Ergänzungen hinaus enthalten muss, ist allein davon anhängig, was der Sprecher sagen möchte oder wie differenziert er etwas ausdrücken möchte. Um zu sehen, mit welchen sprachlichen Mitteln wir unsere Äußerungen semantisch differenzieren oder präzisieren können, wollen wir uns über die Ergänzungen und Angaben hinaus, die unmittelbar vom Prädikat abhängen und das Grundmuster des Satzes bestimmen, noch kurz mit den *Attributen* beschäftigen.

Attribute

Ergänzungen und Angaben sind *Satzglieder,* ‚verschiebbare' Teile eines Satzes, die umgestellt werden können: *Peter aus Mainz – schenkt – dem Freund seines Onkels aus Montpellier – ein spannendes Buch von Karl May.* Beim Umstellen bleiben die Teile, die zu einem Satzglied gehören, immer zusammen. Die Teile eines Satzglieds hängen aber nicht wie die Ergänzungen vom Verb und seiner Wertigkeit ab, sondern unterliegen anderen Abhängigkeitsverhältnissen als die Ergänzungen und Angaben.

In unserem Beispiel sind diese Teile *Attribute.* Attribute ermöglichen es uns, unsere Aussagen zu präzisieren, die Dinge, über die wir etwas aussagen wollen, genauer zu unterscheiden. - Als wir einmal einen Abendspaziergang machen wollten und es schon etwas kühler geworden war, empfahl mir meine Frau, den Fleece-Pullover überzuziehen: *Nimm am besten den Fleece mit!* Das tat ich auch, aber als ich den alten grauen anzog, schaute sie mich kritisch an und sagte: *Doch nicht den, den neuen roten, meinte ich.* Bevor man in solchen Situationen einen unnötigen Streit anzettelt (*Wenn du den roten meinst, dann sag es auch!*), sollte man sich, wenn es denn sein muss, lieber über die kommunikative Funktion von Attributen auszutauschen. Manchmal braucht man sie unbedingt, manchmal auch nicht.

Die schlichten Farbadjektive *rot* und *grau* helfen uns in ihrer Verwendung als Attribute in der Tat, genauer zu bestimmen, was mir meinen: den grauen oder den roten Pullover, den blauen oder den weißen Umschlag. Neben den adjektivischen Attributen gibt es aber noch andere Arten von Attributen, die kommunikativ das gleiche leisten, nur syntaktisch anders aufgebaut sind: *präpositionale Attribute* und *Genitivattribute* und schließlich noch verschiedene Arten von *Attributsätzen,* wie z.B. die Relativsätze. Alle Arten von Attributen sind auch miteinander kombinierbar, wie z.B. in ....*den grauen Pullover mit Reißverschluss, den wir in Berlin gekauft haben.* So können wir unsere Aussagen so präzis wie nötig machen, damit keine Missverständnisse entstehen.

In unserem einleitenden Beispiel wird die Ergänzung im Nominativ, also das Subjekt *Peter,* näher bestimmt durch ein präpositionales

Attribut (*aus Mainz*). Dadurch kann dieser Peter von irgendeinem anderen Peter unterschieden werden, der nicht aus Mainz kommt. Und das Buch, das dieser Peter aus Mainz verschenkt, ist nicht irgendein Buch, sondern ein spannendes Buch, das zudem noch von dem bekannten Autor Karl May stammt. Hier wird ein adjektivisches Attribut (*spannend*) mit einem präpositionalen (*von Karl May*) kombiniert, das Akkusativobjekt also zweifach semantisch spezifiziert. Schließlich müssen wir noch den Beschenkten näher bestimmten. Wenn Peter nicht nur einen Onkel hat, dessen Freund er ein Buch schenken könnte, sondern zwei, dann können wir die beiden unterscheiden, indem wir z.B. angeben, woher der Onkel stammt oder wo er wohnt: *aus Montpellier*. Aber wir haben hier nicht nur ein präpositionales Attribut (mit der Präposition *aus*) verwendet, sondern wir haben den beschenkten Freund bereits mithilfe eines Genitivattributs näher bestimmt: *dem Freund seines Onkels*, um dann noch einmal den Onkel mithilfe eines präpositionalen Attributs näher zu bestimmen.

Hätten wir gesagt: *...seines Onkel, der seit 15 Jahren in Montpellier lebt,* hätten wir einen *Attributsatz* (Relativsatz) verwendet, um näher zu bestimmen, von welchem Onkel hier die Rede ist. Wir haben also bei der Wahl der Art der Attribute durchaus äquivalente Alternativen.

Als ich vor vielen Jahren an einem Sprachbuch für die 6. Klasse mitgearbeitet habe, hatte ich als Abschluss eines Kapitels über die verschiedenen Arten und Funktionen von Attributen folgendem Text vorgeschlagen:

Der Brief

der brief
der lange brief
der lange brief an meine tante
der lange brief an meine liebe tante

der lange brief an meine liebe tante aus mannheim
der lange brief an meine liebe tante aus mannheim, den ich letzte
woche abgeschickt habe:
d e r brief ist nicht angekommen.

ABER:

der brief
der kurze brief
der kurze brief an meine tante
der kurze brief an meine tante aus marburg
der kurze brief an meinen liebe tante aus marburg
der kurze brief an meine liebe tante aus marburg, den ich vor zwei
wochen abgeschickt habe:
d e r brief ist angekommen.

Die Frage, die Sie jetzt beantworten können, lautet: Welche Arten von Attributen kommen in diesem kleinen Text vor und was leisten die Attribute? Eine spezifische Attributart kommt allerdings nicht vor: das *Genitivattribut*, das wir uns jetzt noch einmal genauer anschauen wollen, weil es nämlich leicht mit dem *Genitivobjekt* verwechselt werden kann.

Zweierlei Genitive

Schauen wir uns das *Genitivattribut* noch einmal an einem Beispiel an: *Peter aus Mainz zieht nächstes Jahr in das Haus seiner Eltern.* Hier haben wir unseren Peter wieder als den Peter aus Mainz identifiziert (mit einem präpositionalen Attribut), *nächstes Jahr* ist eine freie (Zeit-)Angabe, die wir machen können, wenn es uns auf den Zeitpunkt ankommt. Ist uns das nicht wichtig, können wir diese Angabe weglassen. Wichtig ist uns aber, in welches Haus er einziehen wird: in das *Haus seiner Eltern.* Hier ist der Genitiv eindeutig als Attribut verwendet, das die präpositionale Ergänzung (*in das Haus*) näher bestimmt: Peter zieht nicht in das Haus seiner

Großmutter oder seiner Tochter, sondern in das Haus seiner Eltern. Aufgrund des Genitivattributes wissen wir jetzt genau, in welches Haus Peter nächstes Jahr ziehen wird. Um zu wissen, wo sich das Haus seiner Eltern befindet, müssten wir natürlich Peters Eltern kennen. Nicht alles muss immer auch sprachlich ausgedrückt werden, denn wir können unser ‚Weltwissen' nutzen, um das Nicht-Gesagte zu erschließen. Kommunikativ muss ich das sagen, was jeweils erforderlich, was *relevant* ist. Entsprechend lautet eine der von Paul Grice formulierten Kommunikationsmaximen: *Be relevant!*

Wenn ich weiß, dass mein Gesprächspartner nicht weiß, wo Peters Eltern leben, muss ich ggf. genauer werden: *Dann werden wir ihn wohl nicht mehr so oft sehen, seine Eltern wohnen in Flensburg.* Hier ist *in Flensburg* kein Attribut, sondern − Sie wissen es schon − eine notwendige Ergänzung zum Verb *wohnen,* allerdings keine kasusbestimmte, sondern eine präpositionale Ergänzung (des Ortes), aber eben keine (freie) Angabe, denn *sie wohnen* wäre kein grammatisch korrekter Satz des Deutschen. Semantisch gesehen, dienen die Ergänzungen (wie auch die Angaben) natürlich auch dazu, unsere Aussage präziser zu machen; wir informieren unseren Gesprächspartner mittels der Ergänzung darüber, dass Peters Eltern in Flensburg wohnen, was wir aber auch attributiv ausdrücken könnten: *Peters Eltern aus Flensburg.* Aber zurück zum Genitiv.

Wenn Bastian Sick sein sprachkritisches Buch betitelt: *Der Dativ ist dem Genitiv sein Tod* möchte er damit wohl auf das immer wieder prognostizierte allmähliche Verschwinden des Genitivs hinweisen, indem er ihn in seiner Formulierung bereits zum Verschwinden gebracht hat, anstatt grammatisch korrekt zu formulieren: *der Tod des Genitivs.* Auch in dieser Formulierung ist der Genitiv *des Genitivs* kein Genitivobjekt, sondern ein *Genitivattribut,* das nicht vom Verb *ist* abhängt, sondern das Nomen *Tod* näher spezifiziert (wessen Tod?).

Wenn von Sprachkritikern bedauert wird, dass der Genitiv immer mehr durch den Dativ oder durch präpositionale Fügungen (*von meinem Vater* anstatt *meines Vaters*) ersetzt zu werden scheint, so muss man genauer fragen, für welchen Genitiv das gilt, für den Objektgenitiv, für das Genitivbattribut oder für beide Arten von Genitiven. Der Objektgenitiv könnte ,verschwinden', wenn die Verben verschwinden, die aufgrund ihrer Wertigkeit den Genitiv fordern oder wenn die betreffenden Verben ihre qualitative Wertigkeit so verändern, dass sie nicht mehr eine Ergänzung im Genitiv, sondern eine Ergänzung im Dativ erfordern. Dies wäre im Kontext entsprechender Sprachwandelprozesse durchaus vorstellbar, die allerdings stets Zeit brauchen; soviel Zeit, dass sie bis heute keineswegs zum Verschwinden des Genitivs geführt haben.

Es gibt wohl nur eine relativ kleine Anzahl von Verben, die aufgrund ihrer Wertigkeit einen Genitiv verlangen: *Wir gedenken der Millionen Opfer der beiden Weltkriege* (der erste Genitiv ist ein Objektgenitiv, der zweite ein Genitivattribut)*; Wir bedienen uns eines neuen technischen Hilfsmittels.* Darüber hinaus verlangen auch einige Adverbien und einige Konjunktionen den Genitiv: *wegen/ aufgrund (des Genitivs), mithilfe, während, anlässlich,* usw. Hier finden wir umgangssprachlich bzw. regionalsprachlich Ersetzungen des Genitivs durch den Dativ oder durch präpositionale Konstruktionen (*das Haus von meinem Großvater* anstatt *das Haus meines Großvaters* oder auch ein wenig feierlich mit voran gestelltem Genitiv: *meines Großvaters Haus*). Gelegentlich treten bei einigen Konjunktionen auch schwankende Genitivformen auf, wie bei *trotz des schlechten Wetters*, während sich süddeutsch, schweizerisch und österreichisch *trotz* mit Dativ findet: *trotz dem schlechten Wetter.* Der DUDEN (Eintrag *trotz*) weist auf folgende spezifische Verwendungsregel hin: „*Allgemein häufiger mit Dativ, wenn Artikel oder Pronomen fehlen und immer, wenn der Genitiv im Plural nicht erkennbar ist…*". Ebenso finden wir den Dativ in: *trotz alledem* und *trotz allem.*

Die Sorge, der Genitiv sei in irgendeiner Weise ‚bedroht', mag zwar medienwirksam gut platziert sein, wirklich seriös kann man sie allerdings nicht teilen. Und wenn es so wäre, dass wir irgendwann nicht mehr über den Genitiv verfügten, warum sollte das schlimm sein? Der deutschen Sprache würde es wohl nicht schaden.

Grammatische Doppeldeutigkeit

Nicht am Beispiel des Genitivs, sondern am Beispiel des präpositionalen Attributs wollen wir uns noch einen besonderen Fall von Mehrdeutigkeit anschauen, der dadurch zustande kommt, dass wir bestimmte Elemente eines Satzes einmal als Attribut und ein anderes Mal als Ergänzung/ Angabe verstehen können. Solche (mehr oder weniger konstruierten) Fälle von Mehrdeutigkeit sind in der praktischen Kommunikation allerdings fast immer durch die Situation oder den Kontext schnell auflösbar, falls sie überhaupt irgendein Missverständnis hervorrufen.

Wenn ich beispielsweise auf einer kleinen Klappleiter unter unserer Lampe im Wohnzimmer stehe und meine Frau bitte, mir ‚*eine Birne*' zu geben, wird sie kaum auf die Idee kommen, dass ich auf der Leiter stehend ein Stück Obst zu mir nehmen möchte, sondern sie wird mir ohne Rückfrage, eine der Glühbirnen reichen, die wir gestern im Elektromarkt gekauft haben. Da es hier ausschließlich um die Bedeutung des Wortes *Birne* geht, wäre dies allerdings ein lexikalisch bedingtes Missverständnis aufgrund eines doppeldeutigen Wortes.

Wenn wir auf den Besuch unseres Onkels aus Montpellier warten, werden wir die nähere Bestimmung *aus Montpellier* in der Regel als Attribut verstehen (*der Onkel aus Montpellier und nicht der Onkel aus Mainz*), es sei denn, wir seien darüber informiert, dass sich unser Onkel aus Montpellier z.B. längere Zeit in Deutschland aufgehalten hat, gerade jetzt aber wieder in Montpellier ist und somit *aus Montpellier* anreist. In einem solchen (sehr konstruierten) Fall könnten wir *aus Montpellier* als präpositionale Ergänzung des Ortes verstehen, die die Wertigkeit des Prädikats *kommt (kommen aus)* ausfüllt. Die Doppeldeutigkeit hängt jedoch auch hier mit der Doppeldeutigkeit des Verbs *kommen (aus)* zusammen, das in einer Lesart eben auch ‚*stammen (aus)*' bedeuten kann. In einem einfachen Hauptsatz wie *mein Onkel kommt aus Montpellier* ist die Doppeldeutigkeit eindeutig auf das Verb zurück zu führen. Die Doppeldeutigkeit entsteht offensichtlich nur in der Nebensatz-konstruktion, wenn wir etwa sagen: *Wir sind uns nicht sicher, ob der Onkel aus Montpellier kommt.* In einer Lesart könnte das bedeuten, er lebt zwar in Montpellier, stammt aber aus Düsseldorf, in einer anderen Lesart hieße es, er wohnt zwar nicht in Montpellier, kommt aber gerade mit dem Flugzeug aus Montpellier, wo er geschäftlich zu tun hatte.

Wenn man es mit solchen konstruierten Beispielen zu weit treibt, mag uns das irgendwann nicht nur langweilen, sondern auch sprachlich verwirren, denn im wirklichen Leben treten solche Mehrdeutigkeiten und daraus resultierende Missverständnisse zum Glück eher selten auf, und wenn, dann lösen sie sich durch eine Nachfrage schnell wieder auf. Im Kontext unserer grammatischen Überlegungen illustrieren die Beispiele nur, dass man mithilfe der syntaktischen Analyse eines Satzes die (syntaktische) Mehrdeutigkeit nicht nur sichtbar machen, sondern tatsächlich auch präzise auf die unterschiedliche Interpretation der grammatischen Struktur des Satzes zurückführen kann: Wir verstehen die präpositionale Phrase einmal als *Attribut*, das das betreffende Nomen näher bestimmt, ein anderes Mal als präpositionale *Ergänzung* (des Ortes oder der Richtung), die von dem betreffenden Verb bzw. Prädikat abhängt. Dieses gibt auch schon die Präposition vor, denn *kommen aus* ist ein anderes Verb als das schlichte *kommen;* es bedeutet etwa das Gleiche wie *stammen aus.*

Über den Satz hinaus: Texte
Wenn auch der Begriff ‚Grammatik' mehr umfasst als eine eng verstandene ‚Syntax', wie wir sie jetzt exemplarisch im Rahmen der

Valenztheorie betrachtet haben, so finden wir in der modernen Syntax doch durchgängig eine Orientierung an der Einheit ‚Satz'. Während sich Phonetik/Phonologie und Morphologie mit kleineren Einheiten der Sprache, mit Phonemen und Morphemen beschäftigen, gilt der Satz als die kleinste syntaktische, manchmal auch als die kleinste kommunikative Einheit (H.J. Heringer). Wir haben weiter oben schon angedeutet, dass es uns problematisch erscheint, den Satz als ‚kommunikative Einheit' zu betrachten, weil erst mit der Verwendung von Sätzen als Sprechakten diese eine kommunikative Funktion bekommen. An dieser Stelle wollen wir die Grammatik aber (noch) nicht in eine Theorie der Sprechakte zu integrieren versuchen, sondern überlegen, ob sich die Grammatik nicht auch mit größeren Einheiten, nämlich mit *Texten* beschäftigen könnte bzw. dies auch tatsächlich tun sollte.

Texte könnte man ähnlich wie Sprechakte tatsächlich als kommunikative Einheiten betrachten. Wenn wir sprechen oder schreiben, erzeugen wir in der Regel keine isolierten Sätze, sondern Texte. (Die Textlinguistik schränkt den Begriff ‚Text' prinzipiell nicht auf schriftliche Texte ein, sondern bezieht den Begriff des Textes anders als in der Gemeinsprache auf jede Folge von schriftlichen wie mündlichen Äußerungen.) Was ein Text eigentlich ist, lässt sich allerdings nicht so einfach bestimmen wie die linguistische Einheit ‚Satz', bei der sich auch schon eine Reihe unterschiedlicher Definitionen findet.

Textlinguistik - grammatisch betrachtet

In der Textlinguistik unterscheidet man in der Regel zwei grundlegende Ansätze: einen *formal-grammatischen* und einen *kommunikationsorientierten* Ansatz (K. Brinker). Formal-grammatisch kann man Texte einfach als eine Folge von Sätzen verstehen, die allerdings bestimmte Bedingungen erfüllen muss. Denn nicht jede beliebige Folge von Sätzen kann als Text gelten. So wäre die Satzfolge *Meine Brille ist beschlagen. Anja bekommt ein Kind. Benzin wird wieder teurer* deshalb kein Text, weil es sich

199

um eine zusammenhanglose Folge von Sätzen handelt. Es gibt weder formale noch inhaltliche Bezüge zwischen den Sätzen, auch wenn man sich mit etwas Phantasie immer Situationen ausdenken könnte, in denen die Sätze einen textuellen Sinn ergeben könnten.

Wir können es ja einmal versuchen, müssen dabei dann aber die formalen und inhaltlichen Bezüge der Sätze explizit ausformulieren. D.h. wir müssen die möglichen *inhaltlichen* Bezüge zwischen den Sätzen mit den zur Verfügung stehenden *formalen* sprachlichen Mitteln auszudrücken, explizit zu machen versuchen: *Wir werden morgen nicht in den Urlaub fahren. Meine Brille ist zwar beschlagen, sie ist deshalb aber nicht unbrauchbar, so dass ich zumindest Schlagzeilen wie ‚Benzin wieder teurer' noch gut lesen kann. Aber wir können sowieso nicht fahren, denn unsere Tochter bekommt bald ihr Kind und dann möchten wir nicht so weit weg sein, sondern sie unterstützen, wenn es plötzlich da ist.* – Das ist vielleicht kein besonders gelungener Text, aber Sie sind vermutlich viel eher geneigt, diese Folge von Sätzen einen Text zu nennen, als die erste relativ unverständliche Satzabfolge. Warum ist das so?

Kohäsion und Kohärenz

Es gibt eine Reihe formal-sprachlicher Mittel oder Verfahren, die dazu dienen, aus einer Folge von Sätzen einen *Text* zu machen, einen textuellen Zusammenhang zwischen den Sätzen herzustellen. Auf der formal-grammatischen Ebene nennt man einen solchen Zusammenhang *Kohäsion*, auf der inhaltlichen Ebene *Kohärenz*. Kohärent wird ein Text beispielsweise dadurch, dass wir bei einem Thema bleiben, es in einer systematischen Weise ‚entfalten', oder dadurch, dass wir konsequent aufeinander aufbauend in einem Streitgespräch unsere Argumente vortragen.

Grammatische Mittel, die Kohäsion zwischen Sätzen herzustellen vermögen, begannen die Linguistik erst dann wirklich zu interessieren, als man feststellte, dass bestimmte syntaktische Phänomene nur satzübergreifend angemessen zu erklären waren. Ein prominentes Beispiel hierfür sind die Pronomen bzw. Pronominalisierungen, die eine zentrale Rolle bei der Bildung von Texten spielen.

Pronomen und Pronominaladverbien (wie z.b. *dort*) sind Mittel zur ökonomischen *Wiederaufnahme* von etwas bereits Erwähntem, das somit dem Leser bereits bekannt ist. Wenn also ein Gegenstand, eine Person oder ein Sachverhalt in den voran gegangenen Sätzen bereits erwähnt worden ist, in der Regel mit einem Nomen, wie *Brille, Benzin, Tochter, Kind* (s.o.), dann werden wir, wenn etwas Neues über diesen Gegenstand gesagt werden soll, nicht ständig das betreffende Nomen anführen, das auf diesen Gegenstand Bezug nimmt. Wir werden es vielmehr durch ein Pronomen ersetzen, das zurückverweist auf das betreffende Nomen, für das es steht. Erst das ursprüngliche Nomen, auf welches das Pronomen zurück verweist, verweist dann auf den Gegenstand in der Welt, über den wir etwas sagen möchten. So verweisen auch die Pronomen, wenn auch indirekt, auf Gegenstände in der Welt, allerdings immer erst über das betreffende Nomen als Bezugswort.

Textbildung

Für die Textbildung sind Pronomen deshalb so wichtig, weil mit ihnen ein Nomen wieder aufgenommen kann, ohne dass es noch einmal explizit genannt werden muss. Das Pro-Nomen steht an seiner Stelle und verweist auf das Nomen zurück. Damit sind aber mindestens zwei, in der Regel mehrere Sätze im Spiel, die zusammen genau deshalb einen Text bilden, weil zwischen ihnen der Bezug der Wiederaufnahme (durch ein Pronomen) besteht, und sie deshalb als zusammenhängend verstanden werden können. Ja, wir müssen in der Regel ein Nomen pronominal wiederaufnehmen, damit der entstehende Text nicht abweichend wird. Würde jemand beispielsweise eine Folge von Sätzen äußern wie *Paul hat einen grippalen Infekt. Wegen des grippalen Infekts kann Paul nicht zur Schule gehen. Paul muss mindestens drei Tage im Bett bleiben. Paul hat Fieber* fänden wir eine solche Folge von Sätzen als Text zumindest ein wenig seltsam, denn normalerweise würden wir die Wiederaufnahmen des Namens *Paul* nicht durch Wiederholungen realisieren (obwohl dies nicht ausgeschlossen ist), sondern durch die Verwendung von Pronomen, also z.B. so: *Paul hat einen grippalen Infekt. Deshalb kann er nicht zur Schule gehen. Er muss mindestens drei Tage im Bett bleiben, weil er Fieber hat.* Das klingt doch schon besser und dies allein aufgrund der für die Textbildung üblichen Pronominalisierung, also aufgrund der Verwendung von Pronomen anstelle der ständigen Wiederholung des Nomens, hier des Namens *Paul.*

Will man auch in der Syntax die kommunikative Funktion von Pronomen behandeln, muss man die Satzgrenze überschreiten, weil Pronomen im Wesentlichen textbildende Funktionen haben, also einen deutlichen Hinweis darauf geben, dass wie es nicht mit einer zusammenhanglosen Folge von Sätzen zu tun haben, sondern mit einem *Text.* Und so begann die Beschäftigung mit textlinguistischen Fragen tatsächlich mit der ,Entdeckung', dass es grammatische Phänomene gibt, die nicht unter Bezug auf nur einen einzelnen Satz beschrieben werden können. So beginnt zunächst die Syntax sich seit Mitte der 60-er Jahre auch satzübergreifenden Phänomen und damit einer größeren Einheit wie dem Text zuzuwenden.

Kommunikativ Orientierung

Die kommunikationsorientierte Textlinguistik fragt demgegenüber primär nach den Funktionen von Texten und unterscheidet verschiedene Textfunktionen und entsprechende Textsorten, die geeignet sind, diese Funktionen zu realisieren. Dabei orientiert sie sich an der Unterscheidung verschiedener Sprechakte und versteht Texte im Grunde als die Realisierung einer Folge von Sprechakten. Für den Gesamttext, innerhalb dessen ja unterschiedliche kommunikative Teilfunktionen bzw. Sprechakte realisiert werden können, muss dann als *Textfunktion* die jeweils dominante bzw. für dominant erachtete Funktion festgestellt werden, was allerdings nicht immer zweifelsfrei möglich ist.

So haben manche Texte beispielsweise gleichzeitig eine Informationsfunktion und eine Appellfunktion: Ein Wetterbericht informiert über das kommende Wetter, aber er appelliert (zumindest implizit) auch an uns, uns ggf. warm anzuziehen. Wenn schon bei der Analyse der relativ überschaubaren Einheit ‚Satz' immer wieder Zweifelsfälle auftauchen, so ist die Analyse größerer Textmengen ungleich schwieriger. In der Textwissenschaft (z.b. bei T. van Dijk) werden dabei *Makrostrukturen* und *Mikrostrukturen* von Texten unterschieden.

Lektüreempfehlungen

Wenn man nicht nur theoretische Diskussionen über verschiedene Grammatik- oder Syntax*theorien* (valenzorientiert oder generativ) nachvollziehen möchte, sondern tatsächlich mehr über bestimmte grammatische Phänomene im Deutschen erfahren möchte, empfehle ich neben der gängigen DUDEN-Grammatik (DUDEN, Bd. 4: *Die Grammatik*. Mannheim: Bibliographisches Institut, 2009):

Eisenberg, Peter: *Grundriss der deutschen Grammatik. Band 1: Das Wort. Band 2: Der Satz*. Stuttgart: J.B. Metzler, 1998/1999.

Heringer, Hans Jürgen: *Lesen, lehren, lernen: Eine rezeptive Grammatik des Deutschen*. Tübingen: Narr, 1989.

Als Einführung in grundlegende Fragen der Textlinguistik ist besonders gut lesbar:

Brinker, Klaus: *Linguistische Textanalyse. Eine Einführung in ihre Grundbegriffe und Methoden*. 5. Auflage Berlin: Erich Schmidt Verlag, 2001.

11 Wortschatz des Deutschen: Wörter und Wortverbindungen

Wenn wir nach dem Wortschatz oder dem ‚Lexikon' fragen, so kann sich diese Frage auf zweierlei beziehen: erstens auf den Wortschatz einer *Sprache*, also auf alle in einer Sprache existierenden Wörter, wie sie in verschiedenen Arten von Wörterbüchern zu dokumentieren versucht werden können; und zweitens auf den individuellen Wortschatz, über den ein einzelner *Sprecher* der betreffenden Sprache (aktiv und/oder passiv) verfügt. Wir wollen uns in diesem Kapitel in Grundzügen mit beiden Betrachtungsweisen des Wortschatzes vertraut machen: mit dem individuellen Aspekt ebenso wie mit dem systematisch-lexikologischen und dann auch mit dem praktisch-lexikographischen Aspekt.

Lexikon und Wörterbuch
Wenn in der Gemeinsprache von einem *Lexikon* die Rede ist, denken Sie höchstwahrscheinlich an eine bestimmte Art von gedrucktem Buch, vielleicht auch an ein besonders umfangreiches Buch in mehreren Bänden. Im Vergleich mit anderen Büchern, die wir aus beruflichem Interesse oder aus privatem Vergnügen *lesen*, sind Lexika keine Bücher zum (fortlaufenden) Lesen, sondern Bücher zum Nachschlagen und zum selektiven Lesen einzelner Einträge zu bestimmten Wörtern (die die Lexikographie *Lemmata*, Einzahl *Lemma*, nennt), Wörter, die auf bestimmte Bereiche der Welt verweisen, zu denen wir dann in dem betreffenden Artikel mehr oder weniger umfangreiche *Sachinformationen* finden.

Das *Wörterbuch* liefert uns dagegen in der Regel keine ausführlichen Sachinformationen (wie ein *Lexikon* oder eine *Enzyklopädie*), sondern bestimmte Arten von *sprachlichen Informationen*: beispielsweise Informationen zum Genus und zu den verschiedenen Kasusformen eines Wortes, aber auch zur Bedeutung und spezifischen Verwendungsweisen oder Stilschichten eines Wortes (z.B. *fachsprachlich*, *umgangssprachlich* oder vielleicht *vulgär)*, eventuell aber auch – in einem *zweisprachigen Wörterbuch*, wie wir es beim Lernen einer Fremdsprache benutzen – Informationen zu Wörtern, die dem deutschen Wort im Englischen, Spanischen, Türkischen oder in einer anderen für uns fremden Sprachen entsprechen.

Wörterbücher verzeichnen einen bestimmten Wortschatz in einem bestimmten Umfang. Kein Wörterbuch kann für sich in Anspruch nehmen, den gesamten Wortschatz einer Sprache zu verzeichnen, jedes Wörterbuch wählt unter bestimmten Auswahlkriterien einen bestimmten Wortschatz aus, den es repräsentieren möchte, es verzeichnet also immer einen in bestimmter Weise eingeschränkten Ausschnitt aus dem Wortschatz einer Sprache, einen Teilwortschatz, wie z.B. den gebräuchlichen Wortschatz der Gemeinsprache, den Grundwortschatz oder den Aufbauwortschatz einer Sprache oder verschiedene Fachwortschätze. Dieser Wortschatz kann unter je verschiedenen Aspekten beschrieben werden: In einem Rechtschreibwörterbuch wie dem DUDEN-Rechtschreibwörterbuch (DUDEN, Bd. 1) geht es primär um den orthographischen Aspekt, also um die korrekte Schreibung eines Wortes (dazu mehr im nächsten Kapitel), in einem Bedeutungswörterbuch oder einem Fremdwörterbuch geht es in erster Linie um Angaben zur Bedeutung oder zu den Verwendungsweisen der verzeichneten Wörter.

Verschiedene Arten von Wörterbüchern

Schauen wir uns einmal im Vergleich den gleichen Eintrag im DUDEN-*Rechtschreibwörterbuch* und im DUDEN-*Fremdwörterbuch* an. Auch der Rechtschreibduden macht zwar Angaben zur Bedeutung, diese dürften aber kürzer ausfallen als im Fremdwörterbuch: Wollen Sie beispielsweise genau wissen, was eigentlich ein *Chianti* ist, finden Sie im Rechtschreibduden natürlich Angaben zur Aussprache [k...], aber auch die (sehr allgemeine) Sachinformation: „(ein ital. Rotwein)". Im Fremdwörterbuch erhalten Sie dagegen schon eine etwas ausführlichere Sachinformation, nämlich die, dass es sich um einen „kräftige(n), herbe(n) italienische(n) Rotwein" handelt, der „nach der italienischen

Landschaft", dem Chianti, benannt ist. Dass Ihnen jetzt neben *dem* (Wein) Chianti auch die Landschaft *das* Chianti bekannt ist, müssen Sie allerdings selbst erschließen, denn *das Chianti* ist in beiden Wörterbüchern nicht verzeichnet; auch nicht im „Deutschen Universalwörterbuch", wo es heißt: „[ital. Chianti, nach der gleichnamigen ital. Landschaft]: *italienischer Rotwein*". Heißt die Landschaft nun aber wirklich „*das* Chianti"? Hierzu finden wir keine Angaben. Auch nicht in einem *Lexikon*, dem zweibändigen Großen Brockhaus: „1. Landschaft in der Toskana, Italien; Weinbau ...". Wir erhalten allerdings wieder etwas mehr an Sachinformation: Wir erfahren, dass *das* Chianti in der Toskana liegt und somit wäre *der* Chianti ein toskanischer Wein. Irgendwo zwischen Wörterbuch und Lexikon werden wir alles Wissenswerte herausbekommen: Heißt es nun aber wirklich *das* Chianti? Suchen wir mit Google im Internet, finden wir in der freien Enzyklopädie *Wikipedia* eine Art Hilfkonstruktion: „*das Chianti-Gebiet*". Und die Online-Reiseportale führen uns ebenfalls in *das* Chianti. Einfacher haben es da artikellose Sprachen oder Sprachen mit nur einem Genus oder mit nur zwei Genera, von denen im letzten Kapitel kurz die Rede war.

Das Alphabet als Ordnungsprinzip

In der Praxis ist die Aufgabe eines *Lexikons* sicherlich nicht so scharf von der Aufgabe eines *Wörterbuchs* unterschieden, wie in der Theorie, aber grundsätzlich geht es im Wörterbuch mehr um das sprachliche Zeichen (eben um ‚Wörter'), während es im Lexikon mehr um Sachinformationen, also um die Welt geht. Aber auch die Sachinformationen sind in einem Lexikon in der Regel nach einem sprachlichen Prinzip angeordnet: nach dem *Alphabet*. Deshalb kann ein Wörterbuch, wie auch ein alphabetisch aufgebautes Lexikon nur von demjenigen kompetent und ökonomisch benutzt werden, der das Alphabetisierungsprinzip verstanden hat, der also weiß, wie er in einem Lexikon wie in einem Wörterbuch suchen muss.

Als die 9-jährige Natascha vor meinem Bücherregal stand und ich sie ermunterte, sich alles anschauen, was sie interessieren könnte, griff sie wohl mehr zufällig zu einem Rechtschreibwörterbuch und blätterte darin. *„Was suchst Du denn, Natascha?"*, fragte ich, um ihr vielleicht bei der Suche helfen zu können. Nataschas Antwort machte mich einen Augenblick sprachlos: *„So ein Tier"*. Wo sollten wir da bloß nachschauen? Ein Wörterbuch ist schließlich kein Biologiebuch. *„Und wie heißt das Tier, das du suchst?"* – *„Das weiß ich nicht"*. Was sollten wir machen? Auf diese Weise war selbst das klügste Wörterbuch, selbst wenn es ein Lexikon gewesen wäre, nicht hilfreich. Wir mussten das Genre wechseln und in irgendeinem Buch über Tiere recherchieren.

Entgegen aller Erwartungen, die wir an den Deutschunterricht haben, kannte Natascha offenbar noch nicht den Unterschied zwischen Wörterbüchern und Lexika, vor allem aber wohl nicht das Anordnungsprinzip der Artikel in Wörterbuch wie Lexikon: das *Alphabetisierungsprinzip*. Dieses ist durchaus komplizierter als es auf den ersten Blick schenkt: „Von A bis Z" – Das ist zwar richtig, reicht aber für eine kompetente Suchstrategie im Wörterbuch noch nicht aus. Innerhalb des jeweiligen Buchstabens muss weiter alphabetisch sortiert werden: aa, ab, ac, usw., und ebenso bei allen weiteren Buchstaben eines Wortes: aaa, aab, aac, …; aba, abb, abc,… usw.

Wissen, wo man suchen muss

Selbst wenn man das alles weiß, kommt noch eine Schwierigkeit hinzu. Wir müssen dann nämlich, um ein Wort schnell auffinden zu können, auch noch wissen, wie es geschrieben wird, weil es ja von der korrekten Schreibung abhängt, wo genau es alphabetisch eingeordnet ist. Das klingt fast paradox, weil wir ein Rechtschreibwörterbuch doch deshalb zu Rate ziehen, weil wir die korrekte Schreibung eines Wortes, bei dem wir unsicher sind, wie es geschrieben wird, gerade ermitteln wollen. Nehmen wir an, wir suchen nach der richtigen Schreibung des bekannten Dämm- und Verpackungsmaterials *stereopur. Dass das gesuchte Wort mit *sch* geschrieben wird, hatten wir ausgeschlossen, suchen also schon unter *st* und weiter *e –r – e – o: stereo.* Dort finden wir eine ganze Reihe Einträge von *Stereoanlage* über *Stereofonie* bis *Stereotypie,* leider aber keinen Hinweis auf den gesuchten Dämmstoff...

Ist das Wort in Rechtschreibwörterbüchern vielleicht gar nicht verzeichnet? – Geben wir nicht zu früh auf; der Dämmstoff schreibt sich natürlich so: *Styropor,* und dementsprechend müssen wir unter *st – y* suchen, was sich nicht wie die Zusammensetzungen mit *Stereo-* auf Seite 969 des Rechtschreibdudens findet, sondern erst auf Seite 982. Wir müssten also im Grunde die richtige Schreibung schon kennen, um sie im Wörterbuch finden zu können. Aber wo hätten wir denn noch nachschauen sollen? - Die Auflösung des Paradoxons besteht darin, dass wir (u.U. viele verschiedene) *Hypothesen* aufstellen müssen über die mögliche Schreibung eines Wortes. Finden wir es an der einen Stelle nicht, müssen wir uns vorstellen, wie es vielleicht anders geschrieben werden könnte und an entsprechenden anderen Stellen suchen, bis sich schließlich eine unserer Hypothesen bestätigt. Das ist für Kinder, die gerade dabei sind, erst einmal die einzelnen Buchstaben und Buchstabenverbindungen des Alphabets zu lernen, sicherlich nicht einfach. Solche Suchstrategien für die Benutzung von Wörterbüchern zu erlernen, muss daher auch Gegenstand eines Rechtschreibunterrichts sein, der mehr zu leisten beansprucht, als das Automatisieren der korrekten Schreibung eines nach und nach aufzubauenden Grundwortschatzes.

Umfang des Wortschatzes

Mit der deutschen Orthographie wollen wir uns noch im nächsten Kapitel noch ein weniger genauer beschäftigen. An dieser Stelle soll es um grundsätzlichere lexikologische und lexikographische Fragen gehen: Wie groß ist eigentlich der Wortschatz des Deutschen und wie groß ist der Wortschatz, über den jeder einzelne Sprecher des Deutschen verfügt oder verfügen sollte und wie kann man ihn lexikographisch erfassen oder ‚kodifizieren' (wie die Lexikologen sagen). – Beide Fragen, die system- wie die sprecherbezogene, sind nicht leicht zu beantworten, zumal wenn man von den Geistes- und Sozialwissenschaftler erwartet, dass sie sich mit der Präzision eines Naturwissenschaftlers oder Mathematikers festlegen. Das wollen und können die Geisteswissenschaftler nicht, weil ihr Gegenstand ‚Sprache' in gewisser Weise unberechenbar, weil veränderbar ist.

Wie wir schon in den sprachhistorischen Kapiteln am Anfang dieses Büchleins gesehen haben, ist Sprache keine statische Größe, sondern ständig im Fluss. Solange es eine entsprechende Kommunikationsgemeinschaft gibt, die eine Sprache benutzt, wandelt sich die Sprache, d.h. sie wird von den Sprechern an die sich wandelnden Kommunikationsbedürfnissen angepasst. Dies gilt ganz besonders für den Wortschatz. Der Wortschatz einer Sprache, wie auch der Wortschatz eines einzelnen Sprechers werden mit jedem Tag größer, weil jeder Sprecher immer wieder neue Wörter bilden kann und weil andere Sprecher diese Wörter lernen und verstehen können.

Aber wir können doch nicht einfach neue Wörter erfinden und dann in den Wörterbuchredaktionen anrufen, damit unsere Wortneuschöpfungen in die entsprechenden Wörterbücher aufgenommen werden. Nein, so funktioniert es wirklich nicht. Wie wir bereits gesehen haben, ist der Sprachwandel ein soziales Phänomen: Niemand kann einfach ein neues Wort erfinden und es irgendwie in Umlauf bringen. Dies würde ihm, wenn überhaupt, nur für einen kleinen Kreis von Sprechern gelingen, nicht für die gesamte Sprachgemeinschaft. Tatsächlich werden aber bei sog. ‚brisanten Wörtern', aber auch bei Fachausdrücken und Terminologien Verfahren sichtbar, wie man die allgemeine Verbreitung der von einer bestimmten sozialen oder politischen Gruppierung jeweils bevorzugten Wörter fördern oder auch tatsächlich neue Wörter für die optimale Verständigung innerhalb einer bestimmten sozialen Gruppe (z.B. für die Fachkommunikation) einzuführen kann. Für die Verwendung bestimmter *Termini* kann z.B. der Terminologieausschuss des Deutschen Instituts für Normung e.V. (DIN) festlegen, was diese Ausdrücke fachsprachlich exakt bedeuten sollen, genauso wie festgelegt worden ist, wie groß ein Blatt Papier der Größe „DIN A5" zu sein hat, nämlich 14,8 x 21,0 cm.

Sprachnormierungen machen aber nur in sehr speziellen Fällen Sinn, wie z.B. in den Fachsprachen, wo wir sie für eine eindeutige Verständigung innerhalb der Fachkommunikation brauchen. Aber keine Wörterbuchredaktion (auch nicht die DUDEN-Redaktion oder das Institut für Deutsche Sprache (IDS) in Mannheim), kann den Sprechern des Deutschen vorschreiben, wie sie reden sollen, welche Wörter sie ab nächstem Jahr verwenden sollen und welche vielleicht nicht mehr. Die Aufgabe solcher ‚Sprachinstitutionen' ist (zumindest in Deutschland) nicht *Normierung*, sondern Beschreibung oder *Kodifizierung* des Deutschen, so wie es zu einer bestimmten Zeit in einem bestimmten geographischen Raum und ggf. auch von bestimmten sozialen Schichten von den Sprechern des Deutschen tatsächlich gesprochen oder geschrieben wird.

Typ und Vorkommen (type – token)
So kann auch niemand festlegen, wie groß der Umfang des deutschen Wortschatzes ist oder wie groß er sein sollte, was dazu gehört und was vielleicht nicht. Die Linguisten könnten allenfalls ‚definieren', was man überhaupt als *ein Wort* zählen soll. Hierzu hat die Linguistik die Unterscheidung von *type* und *token* eingeführt: Wir zählen nicht die Gesamtmenge der Wörter, die in einer großen Menge ausgewählter Texte, in einem sog. *Textkorpus* vorkommen, also nicht sämtliche *Wortformen,* sondern nur die *unterschiedlichen Wörter.*

Den Unterschied sehen wir schon am Beispiel eines einfachen Satzes: *Wenn ich feststellen will, wie viele Wörter in diesem Satz vorkommen, kann ich nicht einfach alle in diesem Satz vorkommenden Wörter zusammenzählen.* Besteht der Satz aus 22 Wörtern? In einem bestimmten Sinn ist dies sicherlich richtig. Insgesamt kommen, wenn wir richtig gezählt haben, in diesem Satz 22 Wörter vor. Machen wir es noch etwas schwieriger: Wenn ich sage: *in diesem Satz kommen zweiundzwanzig Wörter vor*, dann stoße ich auf eine Besonderheit und besondere Schwierigkeit des Deutschen, auf die sog. *diskontinuierlichen Prädikate:* Hat dieser Satz tatsächlich 7 Wörter? Sie könnten sagen, ja, natürlich, und zählen auf: *in* (1) *diesem* (2), *Satz* (3), *kommen* (4), *zweiundzwanzig* (5) *Wörter* (6), *vor* (7). Und auch das ist in einem bestimmten Sinn richtig: *kommen* ist ein Wort und *vor* ist auch ein Wort. Aber haben wir es hier nicht mit einem einzigen Verb *vorkommen* zu tun, so dass der Satz dann nur aus 6 Wörtern bestünde. Auch das ist in einem bestimmten Sinn richtig. Wir zählen als Wort, was auch in einem Wörterbuch als *ein* Wort aufgeführt wird, nicht einzelne Wortbestandteile.

So zählen wir in der Regel auch nicht alle vorkommenden Wörter als ein Wort, sondern nur die verschiedenen Wörter: Das erste sind die *token* (Vorkommen) und das zweite sind die lexikalischen Einheiten, Wörter, wie sie im Wörterbuch stehen, die Typen (*type*). Wenn ein Typ (also das gleiche Wort) mehrere Male in einem Satz oder Text vorkommt, zählen wir es demnach nur einmal. So hat der oben angeführte Beispielsatz zwar 22 Token-Wörter, er besteht aber nur aus 16 verschiedenen Wörtern (*types*). Dabei habe ich noch etwas Besonderes gemacht: Ich habe auch die beiden unterschiedlichen Wörter *vorkommen* und *vorkommenden* als ein Wort gezählt, weil das zweite Wort aus dem ersten abgeleitet ist, auch wenn es eine andere grammatische Form hat. Genauso würde ich das Wort *ein* nur als ein Wort (type) zählen, auch wenn es in verschiedenen grammatischen Formen (z.B. als *ein, einen, einem*) mehrmals vorkäme.

Aber es gibt natürlich, wie fast überall, auch unklare Fälle. Wie soll ich es bei Wortzusammensetzungen machen? Zähle ich *Klausenpass* als ein Wort, dann muss ich *Jauffenpass, Reschenpass* als zwei weitere Wörter zählen. Aber das Teilwort *Pass* ist doch ein Wort (type), das drei Mal vorkommt (token). Noch deutlicher wäre das, wenn wir schrieben: *Klausen-Pass,* was nach den aktuellen

Rechtschreibregeln auch korrekt wäre. Auf der vorangehenden Seite finde ich im Rechtschreibduden *klar denken* und *klardenkend*. Ein Wort oder zwei Wörter? – Kann es denn von der jeweiligen Schreibung (Getrennt- oder Zusammenschreibung) abhängen, ob etwas als ein Wort gezählt werden muss?

Wir müssen das hier nicht entscheiden. Es sollte aber deutlich geworden sein, dass es einerseits nicht einfach ist, die Wörter einer Sprache zu zählen, den Umfang des Wortschatzes zu ermitteln, weil nicht ganz klar ist, was wir überhaupt als Wort zählen sollen, und weil andererseits der Wortschatz keine abgeschlossene Menge von Wörtern ist, sondern ein sich ständig veränderndes und erweiterndes dynamisches System. Was dagegen anders als der Wortschatz über einen längeren Zeitraum relativ konstant zu bleiben scheint, sind die grammatischen Strukturen einer Sprache, obwohl sich auch diese verändern: Wenn die Sprecher, wie vielleicht beim Genitiv, einen bestimmten Kasus immer weniger verwenden, könnte dieser Kasus tatsächlich allmählich ‚verschwinden' und durch andere Kasus ersetzt werden.

‚Stichwörter' in Wörterbüchern

Trotzdem können wir einigermaßen verlässliche Aussagen über den Umfang des deutschen Wortschatzes wie auch über den von einzelnen Sprechern beherrschten Wortschatz machen. Schauen wir dazu doch einmal nach, wie groß der Umfang des in einzelnen Wörterbüchern kodifizierten Wortschatzes jeweils ist.

So verzeichnet etwa der Rechtschreibduden (2006) 130.000 Stichwörter. Das waren Anfang des 20. Jahrhunderts erheblich weniger und es werden auch heute von Jahr zu Jahr bzw. von Auflage zu Auflage mehr. So finden wir beispielsweise in der 6. Auflage des Rechtschreibdudens den Hinweis, dass sich gegenüber den Vorgängerauflagen rund 3.500 „neu verzeichnete Wörter" finden, die „der aktuellen Entwicklung der deutschen Sprache Rechnung (tragen)". Welche Wörter könnten das sein? Als Beispiele werden genannt: *„Brötchentaste, E-Pass, Jobcenter, Plasma-fernseher* oder *Weblog"*. Aber meine Rechtschreibprüfung im Laptop unterstreicht, während ich diese Wörter schreibe, *Plasma-fernseher* und *Weblog* als falsch, d.h. sie sind in der dort gespeicherten Wörterliste nicht enthalten. Gebe ich manuell die Wörter in das Prüfsystem ein, verschwindet die Unterstreichung; jetzt gibt es das Wort auch für meinen Laptop, er hat es ‚gelernt'.

Wir sehen hier, wie Wörterbücher funktionieren: Wir müssen als Wörterbuchverfasser (begründete) Entscheidungen treffen, welche Wörter wir aufnehmen wollen. So finde ich im *Deutschen Universalwörterbuch* (2001) zwar eine schätzungsweise Angabe zum Wortschatz der Alltagssprache mit der Zahl 500.000, gleichzeitig jedoch den Hinweis, dass es bei einem derartigen Umfang kaum möglich ist, mit einem Wörterbuch Vollständigkeit anzustreben (zumindest nicht mit einem einbändigen). Die Wörterbuchverfasser müssen eine Auswahl treffen, dann aber auch begründen, nach welchen Kriterien sie bestimmte Wörter aufnehmen, andere dagegen ausschließen.

Im *Deutschen Universalwörterbuch* werden „Wörter außerhalb des sprachlichen Kernbereichs" (der auch nicht ganz einfach zu bestimmen ist) z.B. Wörter aus Fachsprachen oder aus bestimmten Sprachregionen, auch veraltete Wörter (wie *dünken*) zusätzlich aufgenommen, „soweit es der begrenzte Platz eines einbändigen Wörterbuches zulässt". Dies weist zwar darauf hin, dass hier eine Auswahl getroffen worden ist, eine einleuchtende Begründung ist damit allerdings wohl nicht gegeben. Denn der „begrenzte Platz" sagt nichts darüber, ob ich, wenn ich mehr Platz hätte, lieber den Plasmafernseher oder die Brötchentaste aufnehmen sollte.

Woraus wird ausgewählt?
Unter Berücksichtigung der Häufigkeit des Vorkommens (hier spielt die Unterscheidung von *Typ* und *Vorkommen* eine ganz praktische Rolle) nimmt etwa die Duden-Redaktion (neue) Wörter, die in den

Medien, in ausgewählten Büchern, Zeitschriften und Zeitungen zu finden sind, in die „Duden-Sprachkartei" auf. Seit einigen Jahrzehnten stehen jedoch auch umfangreiche elektronisch gespeicherte und abrufbare Datensammlungen mit den verschiedensten Texten der deutschen Gegenwartssprache, sog. *Textkorpora* (z.B. am IDS) zur Verfügung, die auch online genutzt werden können. Zu den Korpora (in dieser fachsprachlichen Verwendung heißt es *das Korpus,* nicht *der Korpus;* der Plural lautet in beiden Fällen *die Korpora*) am IDS gehört auch ein Korpus der gesprochenen Sprache, so dass auch Ausdrücke und Wendungen, die vielleicht in schriftlichen Texten (noch) nicht vorkommen, dokumentiert sind.

Den Anspruch, eine umfassende Dokumentation des Wortschatzes des Deutschen zu sein, haben die gängigen Wörterbücher des Deutschen nicht. Wie groß die ausgewerteten Textmengen auch immer sein mögen, es muss immer eine für den jeweiligen Zweck des Wörterbuchs oder Lexikons relevante Auswahl getroffen werden. Mit der Orientierung am jeweiligen Zweck kommt auch der Wörterbuchbenutzer ins Spiel und die Frage, wozu er zu einem spezifischen Wörterbuch greift und wie er damit umgeht. So beschäftigt sich auch die Lexikographie seit einiger Zeit sich mit Fragen der Wörterbuchbenutzung und versucht die Orientierung am Wörterbuchbenutzer stärker in den Vordergrund zu rücken. Im Vordergrund steht aber immer die Frage, welchen Umfang der für ein Wörterbuch auszuwählende Wortschatz haben soll (bzw. darf) und welche Wörter er umfassen soll.

Individuelle Wortschätze

Gegenüber dem immensen und im Grunde unbegrenzten Umfangs des Wortschatzes einer *Sprache*, seien es 500.000 Wörter oder auch nur 130.000 wie im Rechtschreibduden, erscheint der Umfang des Wortschatzes eines einzelnen *Sprechers*, den er im Laufe seines Lebens erwirbt, eher gering. - Natürlich ist der jeweils beherrschte Wortschatz bei einzelnen Sprechern des Deutschen unterschiedlich groß. Je nach Ausbildung, sprachlicher Anregung des sozialen und beruflichen Umfeldes, aber auch je nach Sprachbegabung und kommunikativen Bedürfnissen eines Sprechers werden seine Sprach- und Kommunikationsfähigkeit und dementsprechend auch sein Wortschatz unterschiedlich ausgeprägt sein. So kann ein Sprecher auch verschiedene Fachwortschätze oder andere spezielle Wortschatzbereiche, wie z.B. jugendsprachliche Ausdrücke, beherrschen.

Macht der Gesamtwortschatz eines Dichters wie Johann Wolfgang von Goethe, wenn man den in seinen Werken vorkommenden Wortschatz auszählt, rund 90.000 (verschiedene) Wörter aus, so verfügt ein durchschnittlicher Sprecher des Deutschen heute wohl höchstens über 3000 - 5000 Wörter. Und für die meisten kommunikativen Bedürfnisse wird man wahrscheinlich mit weniger als 1000, im alltäglichen Gespräch vielleicht mit einigen hundert (verschiedenen) Wörtern auskommen. Einem Bonmot Kurt Schumachers zufolge reichten Konrad Adenauer 500 Wörter (später wurde der Wortschatz Adenauers mit 800 – 1200 Wörtern beziffert).

Allerdings sind individuelle Wortschätze, wenn wir nicht ein komplettes schriftliches Werk zugrunde legen, das wir wie im Falle Goethes auswerten können, letztlich nicht verlässlich zu beziffern. Was sollen wir bei wem auf welche Weise zählen, zumal viele Menschen kaum noch eine ausreichende Menge an schriftlichen Texten hervorbringen, die wir als Zähl-Korpus zugrunde legen könnten? So sind wir auf exemplarische Studien angewiesen, die den Sprachgebrauch einzelner Sprecher in ausgewählten Situationen dokumentieren und auswerten. Ausgehend von solchen Einzelstudien kann man dann sozusagen ,hochrechnen' und abschätzen, wie groß der Wortschatzumfang eines durchschnittlichen Sprechers sein könnte.

Einen aufwändigen Weg ist ein Kindersprachforscher (Klaus R. Wagner) gegangen, der einen ganzen Tag lang die Sprachproduktion seiner 9-jährigen Tochter auf Band aufgezeichnet, verschriftet und ausgezählt hat. Allein die Dokumentation einer solchen Tagesaufnahme füllt ein ganzes Buch. Die Auszählungen Wagners ergaben für seine 9-jährige Tochter einen Gesamtwortschatz von 28142 Wörter (tokens), die von Teresa an einem Tag produziert wurden; der Bestand an verschiedenen Wörtern (types) betrug 3825 Wörter. Dies ist für ein 9-jähriges Kind ein relativ umfangreicher Wortschatz, zumal man davon ausgehen muss, dass nicht der gesamte Wortschatz, über den das Kind verfügt, an einem einzigen Tag verwendet wurde, das Kind also vermutlich bereits einen Wortschatz von 4-5000 Wörtern hat, der sich in der weiteren Schulzeit noch vergrößern dürfte.

Aktiver und passiver Wortschatz

Wenn wir von dem ‚verwendeten Wortschatz' (ob wir nun types oder token meinen) sprechen, reden wir meistens vom *aktiven* (oder *produktiven*) *Wortschatz,* von dem Wortschatz also, den ein Sprecher aktiv verwendet, der sichtbar oder hörbar in seinen sprachlichen Äußerungen oder Texten tatsächlich vorkommt. (So bezieht sich die Angabe zum Wortschatz Goethes allein auf den aktiven Wortschatz.) Wir kennen demgegenüber aber auch das Phänomen, dass wir durchaus in der Lage sind, eine ganze Reihe von Wörtern zu verstehen, obwohl wir diese selbst in der Regel nicht verwenden, vielleicht auch niemals verwenden würden. Dann handelt es sich um einen *passiven* (oder *rezeptiven) Wortschatz,* den wir durchaus auch zu unserem individuellen Wortschatz rechnen könnten, da wir in einer geeigneten Situation die betreffenden uns bekannten Wörter ja auch tatsächlich verwenden könnten. Nur mehr oder weniger zufällig sind diese Wörter in unseren Äußerungen oder Texten, die von den Linguisten vielleicht zu einem Zähl-Korpus zusammengestellt worden sein könnten, nicht (aktiv) präsent.

Wenn sowohl der aktive wie der passive Wortschatz zu unserem individuellen Wortschatz gehören, wird es noch schwieriger, den tatsächlichen Wortschatz eines Individuums quantitativ zu erfassen.

Denn wie können wir den passiven Wortschatz überhaupt erfassen? – Theoretisch gäbe es die Möglichkeit, mit Sprechern Verstehenstests zu machen mit genau den Wörtern, die sie nicht aktiv verwenden und dann zu ‚testen', welche der in einem konstruierten Text vorkommenden Wörter die Probanden kennen und entsprechend (richtig) verstehen. Verstehenstest sind jedoch relativ problematisch, weil es schwierig ist, ein Kriterium anzugeben, wann jemand ein Wort (richtig) verstanden hat. Denn angeben zu können, was ein Wort bedeutet, ist eine metasprachliche Fähigkeit, eine Aufgabe, die sich dem Linguisten und insbesondere dem Lexikographen stellt. Deshalb wäre es noch kein ‚Beweis', dass jemand ein Wort nicht verstanden hat, wenn er keine Bedeutungsangabe machen kann. Selbst auf die kommunikativ relevante Frage *Wie meinst Du das?* fällt es uns oft schwer, eine wirkliche Antwort zu geben und so antworten wir vielleicht auch einmal ein wenig patzig: *So wie ich es gesagt habe.*

Alles in allem ist und bleibt es schwierig, den Gesamtwortschatz, über den ein Individuum verfügt, verlässlich zu bestimmen. Gleichwohl ist es eine relevante didaktische Entscheidung beim Sprachenlernen, welchen Wortschatz ein Fremdsprachenlerner quantitativ und qualitativ erwerben soll.

Grund- oder Aufbauwortschatz?

Überlegungen zum quantitativen und qualitativen Umfang des Wortschatzes sind also besonders unter dem Aspekt des Sprach(en)lernens von durchaus praktischem Interesse. Sowohl für den muttersprachlichen Deutschunterricht wie für den Unterricht ‚Deutsch als Fremdsprache/ Zweitsprache' müssen didaktische Entscheidungen getroffen, was die Schüler lernen sollen. Und das heißt in Bezug auf den Wortschatz, welchen Wortschatz die Schüler in einem bestimmten zeitlichen Rahmen (z.B. vom ersten bis zum 4. Schuljahr in der Muttersprache) oder bis zu einem bestimmten Niveau im Fremdsprachenlernen) erwerben sollen.

Insbesondere in der Fremdsprachendidaktik finden wir die Unterscheidung von *Grundwortschatz* und *Aufbauwortschatz* und in der Praxis sind spezielle Lernerwörterbücher, die zur Wortschatzerweiterung (in bestimmten Sachbereichen) dienen sollen, größtenteils so aufgebaut, dass zu einem grundlegenden Wortschatz noch eine Liste spezieller Wörter hinzugefügt wird, die man vielleicht nur in besonderen Kommunikationssituationen oder auch nur rezeptiv (z.B. beim Lesen von Texten) benötigt. Folgt man der Definition von A. Pfeffer gehören zum Grundwortschatz diejenigen Wörter, die nötig sind, um 85% der Texte einer Sprache zu verstehen (1285 Wörter). Hier wird bereits der Grundwortschatz unter Bezug auf die Lesefähigkeit, also rezeptiv, definiert

Für das Lesen von fremdsprachigen Speisekarten listen manche Reisesprachführer unzählige Bezeichnungen für Obst, Gemüse und Speisen auf (was eher zum Aufbauwortschatz zu rechnen wäre), damit man auch in Italien, Spanien oder Portugal weiß, was man sprachlich wie bestellen kann. Abgesehen davon, dass die Mojo-Soße dann trotzdem anders (sprich: besser) schmeckt als daheim, brauchen wir uns sprachlich wirklich nicht allzu viel Sorgen zu machen. Vielleicht kann sich der Kellner nicht spontan entscheiden, ob er Ihnen die deutsche oder die englische Speisekarte bringen soll oder ob Sie eine landessprachliche bevorzugen. Dann wissen sie nämlich manchmal besser, was wirklich auf den Tisch kommt, weil es gerade für landestypische Gerichte oft gar keine angemessene Übersetzung gibt, so dass das Gericht umständlich und gelegentlich irreführend beschrieben wird. Kürzlich in Italien haben wir in Kooperation mit unseren Tischnachbarn richtig geraten, dass der ‚*Norwegische König*' ein Lachs war, aber darauf, dass ‚*Kitzfleisch*' Lamm war, sind wir nicht gekommen. Versuchen Sie einmal, *Mojo*-Soße ins Deutsche zu übersetzen. Ich finde es weder in meinem kleinen Wörterbuch, noch im Anfänger-Büchlein ‚Schnell zum Erfolg in Spanisch'. Einen Hinweis liefert vielleicht das Verb *mojar,* bei dem als eine deutsche Entsprechung ‚*eintunken*' angegeben wird; aber ein Rezept für Mojo-Soße ist das nicht: *Tunke?* Also einfach probieren: *con salsa mojo*. Bei der langen Liste der Tapas oder Pinchos dürfte es ähnlich sein. Hier erweist sich mein Spanisch-Anfängerkurs mit kleinen landeskundlichen Einschüben mit folgendem Text als hilfreicher:

*„Kennen Sie die **tapas** ... Das sind kleine pikante Häppchen, die man zu einem Glas Bier **(cana)** oder Wein **(chata)** bestellen kann. Meist werden in den Bars kleine Fischchen **(boquerones)**, Oliven **(aceitunas)** oder Schinken **(jamón)** angeboten, es gibt aber auch kleine Fleischbällchen **(albóndigas)** oder gebratene Kartoffeln mit einer scharfen Soße **(patatas bravas)** und auch die allgegenwärtige **tortilla** fehlt nie. "* (Langenscheidt Anfängerkurs Spanisch)

Ich vermute einmal, dass die scharfe Soße zu den *papas arrugadas* (,Runzelkartoffeln') auf den Kanaren eine (rote) *Mojo*-Soße sein dürfte. Aber unser sprachliches Problem war, dass man die Bezeichnung für bestimmte Gerichte nicht wirklich ,übersetzen' kann, sondern dass man eher beschreibt, worum es sich handelt. Wenn man *albóndigas* als ,*kleine Fleischbällchen*' beschreibt, ist das zwar richtig, und ich verstehe schon, dass ich jetzt (größenmäßig) keine deutschen Frikadellen erwarten darf, aber wo ist der Unterschied zu den aus den IKEA-Restaurants bekannten *Kötbullar?* Und ich weiß natürlich auch, dass eine (spanische) *tortilla* kein Elsässer *Flammkuchen* ist. Und dann fällt mir spontan nicht einmal ein, was *Flammkuchen* auf Französisch heißt: *tarte flambée*. Aber wenigstens ist eine Pizza eine Pizza, das versteht sich von selbst.

All das macht es nicht einfacher, denn obwohl *Mojo*-Soße (sprich: *mocho*) kein deutsches Wort ist und eigentlich auch kein Lehnwort aus dem Spanischen, gehört es zu meinem Wortschatz, wie *boquerones* übrigens auch, die in Wirklichkeit dann doch etwas Spezielleres sind als ,*kleine Fischchen*'. Vielleicht finden wir hier tatsächlich erste Anzeichen für eine sich zunächst auf Wortschatzebene allmählich entwickelnde Mehrsprachigkeit. Wenn der spanische Kellner arglos fragt, ob ich gern *kleine Fischchen* möchte, würde ich am liebsten antworten: *Si, boquerones en vinagre, por favor*, ohne mich (sprachlich) anbiedern zu wollen.

Zum Grundwortschatz *des Deutschen* (= der deutschen Sprache) werden die vielfältigen Tapas-Namen wohl nicht so schnell zu rechnen sein, wie sie vielleicht zum Grundwortschatz eines deutschen Spanien-Urlaubers gehören werden, wenn er einen wirklich kleinen, 190 Seiten umfassenden Reisesprachführer von 1994, den zwei Linguisten verfasst haben, zu Rate zieht, der auf 20 Seiten (!) alles aufzählt, was die spanische Küche zu bieten hat: Das ist wohl eher Aufbauwortschatz für angehende Köche oder Kellner.

Häufigkeitswörterbücher
Was schon bei der didaktisch sinnvollen Unterscheidung von Grund- und Aufbauwortschatz ein grundsätzliches Problem darstellt, ist auch für die Linguistik ein grundsätzliches Problem: Was soll eigentlich zum Grundwortschatz gehören und wie kann man so etwas wie den Grundwortschatz einer Sprache empirisch ermitteln?

Eine mögliche Antwort ist die, dass man herausfinden müsste, welche Wörter des Deutschen besonders gebräuchlich sind, welche Wörter also in einer repräsentativen Auswahl von Texten besonders häufig vorkommen. Genau diese Frage versuchen *Häufigkeitswörterbücher* zu beantworten. Das bis heute umfangreichste Wörterbuch dieser Art wurde bereits Ende des 19. Jahrhunderts (1897) von F.W. Kaeding verfasst, das „*Häufigkeitswörterbuch der deutschen Sprache*", das auf einem relativ breit gestreuten Textkorpus basiert. Wenn man die Vorkommenshäufigkeit eines Wortes ermitteln will, muss man natürlich jedes ‚Vorkommen' eines Wortes, also *tokens,* zählen und diese einem Typ (*type)* zuordnen. Aufgrund der Häufigkeit des Vorkommens eines Worttyps erhält dann jedes Wort einen Rangplatz.

Das grundsätzliche Problem ist dabei die *Repräsentativität* der Texte, die in das jeweilige Zähl-Korpus aufgenommen werden. Bei Kaeding ist es immerhin schon eine Gesamtzählmenge von 11 Millionen Wörtern (Wortformen), so dass mengenmäßig die Repräsentativität einigermaßen abgesichert erscheint. Selbst das maschinenlesbare Korpus des Instituts für Deutsche Sprache (IDS) in Mannheim verfügte 1988 erst über 20 Millionen Wortformen, inzwischen sind es wesentlich mehr. Für die Repräsentativität eines Textkorpus ist jedoch nicht allein die Menge der Wörter entscheidend, sondern auch die Auswahl und Zusammenstellung verschiedener Textsorten. An der Textauswahl Kaedings wurde gut ein halbes Jahrhundert später von G. F. Meier (*Deutsche Sprachstatistik I/II*, Hildesheim 1964) die „Bevorzugung gewisser Stoffe" kritisiert, was allerdings bei einer entsprechend großen Anzahl von Wörtern eher unproblematisch ist; es ist sozusagen statistisch nicht relevant. Wollte man sich heute auf Kaedings Wortliste beziehen, so stellte sich ein anderes Problem, dass nämlich die von Kaeding zugrunde gelegten Texte allesamt Texte des ausgehenden 19. Jahrhunderts sind; Texte, die nach G. F. Meier „die öffentliche Sprache eines bürgerlich-monarchischen Deutschland etwa in den ‚Gründerjahren' nach 1871" widerspiegeln.

Die Frage nach der Repräsentativität eines Korpus stellt sich also stets in zweierlei Hinsicht: Zum einen ist nach der Auswahl der Stoffe und Textsorten zu fragen, zum anderen ist die Repräsentativität immer nur relativ zur Entstehungszeit der zugrunde gelegten Texte zu beurteilen. Da die Sprache sich stetig wandelt, kann man natürlich nicht Texte des 18. oder 19. Jahrhunderts heranziehen und diese für repräsentativ halten für die Sprache des 20. und 21. Jahrhunderts.

Inhaltswörter und Funktionswörter

Trotzdem scheint sich das Phänomen des Sprachwandels bei den oberen Häufigkeitsstufen kaum bemerkbar zu machen. Auf den ersten drei Stufen, d.h. unter den häufigsten 1000 Wörtern Deutsch finden sich nämlich schon bei Kaeding genau die Wörter, die „für eine ausreichende syntaktische Bildung der Sprache im Deutschen unerläßlich sind" (G. F. Meier, 1964). Dementsprechend finden sich auf den vorderen Rangplätzen damals wie heute relativ konstant die sog. *Funktionswörter*, Wörter also, die die syntaktischen Verhältnisse in einem Satz regeln, wie z.B. Präpositionen. Für die Bestimmung eines Grundwortschatzes scheinen demgegenüber die sog. *Inhaltswörter* bedeutsamer zu sein, die sich in ihrer Bedeutung auf Gegenstände in der Welt beziehen.

Gesprochene Sprache

Gerade bei den Inhaltswörtern ist die Vorkommenshäufigkeit dann jedoch wieder in großem Maße abhängig von den in den ausgewählten Texten dargestellten Inhalten. Dies wird besonders deutlich bei Häufigkeitswörterbüchern zur gesprochenen Sprache, die aufgrund ihrer eher regionalen Orientierung (wie z.B. das Häufigkeitswörterbuch von A. Ruoff (1981), das in Zusammenarbeit mit der „Tübinger Arbeitsstelle ‚Sprache in Südwestdeutschland" entstanden ist), sowie aufgrund der jeweiligen Interviewfragen charakteristische thematische Verzerrungen aufweisen. So verzeichnet Ruoff beispielsweise einen relativ hohen Rangplatz für das Wort *Flegel* im Sinne von ‚Dreschflegel' mit 86 Belegen, was er selbst darauf zurückführt, dass „bei den Aufnahmen oft nach dem früheren Verfahren des Garbendreschens gefragt worden" war.

Wie wir sehen, ist eine verlässliche Ermittlung der Vorkommenshäufigkeit bestimmter Wörter in der deutschen Sprache bzw. in deutschen Texten relativ aufwändig und letztlich nicht unproblematisch, da in den Zähltexten einerseits zu wenig Inhaltswörter vorkommen, diese andererseits wieder zu spezifisch auf bestimmte Themenbereiche bezogen und damit nicht wirklich gemeinsprachlich sind, also eher zum Aufbauwortschatz gehören dürften.

Für die Entwicklung von Grundsprachkonzeptionen (*basic english, francais fondamentale, Grunddeutsch*) kann man sich zwar grundsätzlich auf Häufigkeitsangaben berufen, man wird jedoch darüber hinaus auch einen für je spezifische Lebensbereiche relevanten Wortschatz einbeziehen müssen.

Grundsprachkonzeptionen: Grunddeutsch

In Anlehnung an das sog. „Basic English", das als internationale Verständigungssprache zumindest für rudimentäre kommunikative Zwecke ausreichend sein sollte, finden sich seit den 70-er Jahren des 20. Jahrhunderts auch Überlegungen zu möglichen Grundsprachkonzeptionen für das Deutsche. Es war dabei von Anfang an klar, dass man sich aufgrund der genannten Schwächen von Häufigkeitswörterbüchern nicht allein auf den dort auf den vorderen Plätzen rangierenden Wortschatz beschränken konnte. So wurde auch der Wortschatz einbezogen, der für die Behandlung bestimmter Stoffgebiete als gebräuchlich und für den durchschnittlichen Sprecher als verfügbar angesehen wurde.

Dies entspricht in etwa den Überlegungen zu einem Aufbauwortschatz, der in der Regel nach Sachgebieten angeordnet wird. Der für diese Sachgebiete gebräuchliche Wortschatz ist zwar ein unter Umständen ein sehr spezieller Wortschatz, den man gemeinsprachlich eher selten benötigt. Wenn man sich aber in einem solchen spezifischen Bereich auch sprachlich bewegen möchte, dann muss man in der Tat auch über den entsprechenden Wortschatz verfügen, damit die Kommunikation nicht misslingt. Darüber hinaus finden sich Teile von Fachwortschätzen inzwischen immer häufiger auch in der Gemeinsprache.

In Italien wird es mir nicht besonders schwer fallen, Super-Benzin (*super*) korrekt zu tanken, und das gelingt mir auch in Spanien (*super)* und natürlich auch in Deutschland (*Super*), denn die aus dem Lateinischen entlehnte Steigerungsform macht *super* zu einem *Internationalismus*, selbst wenn die Aussprache von Sprache zu Sprache variieren mag und wir etwa im Französischen das *u* als ein [Ü] sprechen. Bei Diesel wird es allerdings ein wenig schwieriger, obwohl sich auch die Bezeichnung *Diesel* in Europa immer größerer

Beliebtheit erfreut. So stand auf dem Tankdeckel eines Peugeot 207, den ich im letzten Urlaub in Spanien gemietet hatte, *„Diesel"* und nicht *gasoil,* wie es auf Spanisch eigentlich hätte heißen müssen. An einer spanischen Tankstelle wird es jedoch auf jeden Fall hilfreich sein, die Unterscheidung von *gasoil* (Diesel) und *gasolina* (Benzin) zu beachten. Tanken Sie im Zweifelsfall *‚Super',* aber auf keinen Fall, wenn Sie einen Diesel fahren!

An der Tankstelle (und nur hier!) benötigen Sie den speziellen (Fach)wortschatz, mit dem in der jeweiligen Sprache Benzin und Diesel unterschieden wird. Wenn Sie nur mit öffentlichen Verkehrsmitteln oder mit dem Fahrrad unterwegs sind, kann Ihnen das egal sein. Unsere Frage war jedoch eine sprachliche: Sollten die Wörter *Diesel* und *Benzin/ Super* zum Grunddeutsch gehören oder nicht? Wie würden Sie sich entscheiden und warum?

Produktiv oder rezeptiv?
Einen Nachteil haben wohl alle Grundsprachkonzeptionen. Der angebotene und zu lernende Grundwortschatz eröffnet zwar rudimentäre Kommunikations- und Verstehensmöglichkeiten, er eröffnet jedoch nicht die Möglichkeit, beliebige Texte in der betreffenden Sprache zu verstehen. Denn diese sind nicht unter didaktischen Gesichtspunkten für irgendeinen Fremdsprachenlerner und auch nicht für muttersprachliche Kinder eines dritten oder vierten Schuljahres konzipiert, sondern schöpfen aus den vollen sprachlichen Möglichkeiten der betreffenden Sprache. Und das ist auch gut so, auch wenn es der Allgemeinverständlichkeit von Texten nicht immer zuträglich ist. Zum Grunddeutsch bzw. zum Grundwortschatz gehören die Wörter, die man benötigt, um etwa 85% deutscher Texte lesen und verstehen zu können (A. Pfeffer)

Obwohl man in der Fremdsprachendidaktik allgemein das Gegenteil annimmt, fällt uns manchmal die produktive Seite in der Fremdsprache, das Sprechen, leichter als die rezeptive Seite, das Hören und Verstehen oder das Lesen. Muttersprachlich ist dagegen unser passiver Wortschatz, das also, was wir verstehen können, zweifellos größer als unser aktiv verwendeter Wortschatz. Das kann in der Fremdsprache zwar genauso sein, aber wir stoßen gerade auch rezeptiv schnell an die Grenzen unserer Fremdsprachenbeherrschung, wenn plötzlich mit Originaltexten aus der Fremdsprache anstatt mit didaktisch aufbereiteten Lerntexten gearbeitet wird oder wenn wir uns in eine reale Kommunikationssituation mit (nicht didaktisch motivierten) Sprechern einer anderen Muttersprache begeben.

Entlehnungen („Fremdwörter")

Während wir bislang immer wieder Beispiele aus anderen Sprachen angeführt haben, um etwas zu illustrieren, was uns in unserer Muttersprache kaum mehr auffällt, weil es für uns als Muttersprachler kein Problem darstellt, brauchen wir doch nur in unsere Muttersprache zu schauen, um auch dort ‚Fremdes' zu entdecken, Wörter, die aus anderen Sprachen ins Deutsche übernommen, wie die Linguisten sagen, ‚entlehnt' worden sind: *Lehnwörter* oder *Fremdwörter*.

Der immense Nutzen von Entlehnungen aus fremden Sprache tritt in der Wahrnehmung der Muttersprachler oft in den Hintergrund gegenüber der eher kritischen Einschätzung einer zunehmenden Verwendung von Fremdwörter. Ob er bestimmte Wörter, z.B. Fremdwörter, in seinen Äußerungen und Texten verwenden will oder nicht, kann der Sprecher selbst entscheiden. Dazu braucht er nicht den Rat von Sprachkritikern, die sich weniger um das Wohl der Sprecher sorgen, sondern zu befürchten scheinen, die deutsche Sprache könne Schaden nehmen, wenn zunehmend Wörter aus fremden Sprachen, insbesondere aus dem Angloamerikanischen, sog. Anglizismen, ins Deutsche ‚eindringen'.

Dass sich Sprachen nicht ‚abschotten', sondern sich wechselseitig beeinflussen, ist allerdings kein Phänomen, das erst im 20. Jahrhundert aufgetreten wäre, sondern alle lebenden (man könnte auch sagen ‚lebendigen') Sprachen, verdanken ihre heutige Form, insbesondere ihren Wortschatz, zu einem großen Teil dem historischen Einfluss anderer Sprachen. So gehen etwa alle romanischen Sprachen auf das Lateinische zurück und haben damit eine gemeinsame Basis, die die romanischen Sprachen auch für den Laien leicht wahrnehmbar als offensichtlich ‚verwandt' erscheinen lässt. Trotzdem sind die romanischen Sprachen durch verschiedene sprachhistorische Entwicklungen unterschiedlich geworden, je nachdem unter welchen Einflüssen (auch anderer Sprachen) sie sich weiter entwickelt haben. Dabei erscheinen uns beispielsweise das Spanische und das Italienische ähnlicher als etwa das Spanische und das unter dem Einfluss slawischer Sprachen relativ fremd erscheinende Rumänische.

Aber warum sind manche Wörter ähnlich, manche ganz verschieden, warum heißt es im Spanischen *gasolina* und im Italienischen *benzina,* im Polnischen übrigens auch *benzyna*; in allen Sprachen finden wir *Super,* aber wo kommt das Wort *Diesel* her, das sich europaweit zu verbreiten scheint (polnisch *diesel* oder *silnik diesla*; spanisch *gasoil* oder *diesel;* italienisch *gasolio*)? Einmal scheinen die romanischen Sprachen etwas aus dem Angloamerikanischen übernommen zu haben (nicht englisch *petrol,* sondern amerikanisch *gas(oline)),* ein anderes Mal aus dem Deutschen *Benzin,* ein Wort, das im Etymologischen Wörterbuch (Herkunftswörterbuch) von Friedrich Kluge als Neubildung des 19. Jahrhunderts verzeichnet wird und sich von *Benzoe,* der Bezeichnung für das Harz des Benzoebaumes herleitet. ‚Benzoe' aber hat eine seltsame Geschichte: Es ist „über verschiedene romanische Zwischenstufen, wohl aus arab. *luban gawi"* entstanden, was wörtlich 'javanischer Weihrauch' heißen soll; ein deutsches Wort, kein deutsches Wort?). - *Diesel* hat eine andere Entstehungsgeschichte. Sie wissen es: Der Erfinder des Dieselmotors war Rudolf Diesel, so wie der Ottomotor von dem deutschen Ingenieur Nikolaus Otto entwickelt wurde. Hier steht der Eigenname Pate für die Bezeichnung.

Das Spanische bildet das amerikanische Wort nach, aus amerik. *gasoline* wird *gasolina*, was Benzin ja tatsächlich ist: ein Gas-Leichtölgemisch. Und wenn wir im Deutschen das Wort *Gasolin* einführen wollten? Dann handelte es sich wohl ebenfalls um eine Entlehnung aus dem Amerikanischen *gas* (für ‚Treibstoff') und aus dem Lateinischen ‚*oleum*' (für ‚Öl'). So mischt sich nicht nur Öl mit Luft, sondern auch die Sprachen mischen sich und tragen damit einem immer wieder neu entstehenden Bezeichnungsbedarf Rechnung.

Französische und andere sprachliche Quellen

Waren im 18. Jahrhundert Entlehnungen aus dem Französischen in Mode gekommen (*Perron, Trottoir*), so sind es in der Nachkriegszeit seit 1945 (und wohl bis heute andauernd) insbesondere englisch-amerikanische Ausdrücke, die ins Deutsche übernommen werden, oft über den Umweg über verschiedene Sub-Sprachen wie der Sprache der Werbung, der Jugendsprache oder der Sprache der Musik- oder Computerbranche.

Die Sprachkritik blieb in ihrem Bemühen, die englisch-amerikanischen Ausdrücke zu brandmarken und die Verwendung von ‚deutschen' Bezeichnungen zu empfehlen, letztlich erfolglos. Erfolgreich wurde dagegen das französische *Trottoir* durch den deutschen *Bürgersteig*, der *Perron* durch den deutschen *Bahnsteig* ersetzt, während der *Perron* seinen Weg weiter nach Osten nahm: Was heißt *Bahnsteig* auf Polnisch: *peron*. Und hier ist es als aus dem Französischen ins Polnische entlehntes Wort auch in der Wortbildung produktiv: So heißt etwa *Bahnsteigkarte peronówka*. Seltsam dann allerdings, dass *Bahnsteig* im Französischen gar nicht mehr *perron* heißt, sondern *quai de gare*. *Perron* ist aus dem normalen Wörterbuch völlig verschwunden. Es heißt oder hieß wohl ‚Freitreppe' und geht auf das altfranzösische Wort *perron* zurück, das ‚großer Stein' bedeutete und aus dem Italienischen *petra* (‚großer Stein') entlehnt wurde, dieses wiederum aus dem griechischen *pétra/ pétros*. Und so landen wir sprachlich ganz schnell bei den ‚alten

Griechen' oder bei den biblischen Namen. Sie vermuten schon richtig, was der Name *Petrus* bedeuten könnte. Und wo überall in Europa finden sie den Ortsnamen (und in Deutschland den Vornamen) *Petra*. Kürzlich stieß ich auf Mallorca auf diesen Ortsnamen, wo man nach *Petra* kurz vor Manacor nach Norden abbiegt, wenn man auf der Autostrada von Palma Richtung Cala Ratjada fährt. Aber ganz so steinig sind die Wege und Straßen heute wohl nicht mehr.

So sind sich die Europäer historisch sprachlich näher als man denkt, und sie rücken sich in der Gegenwart immer näher. Neben den romanischen Sprachen im Süden und den germanischen Sprachen im Norden ist das Englische seit langem eine regelrechte ‚Mischsprache'. Eine ganze Reihe von Doppelbezeichnungen, die ggf. feine Bedeutungsdifferenzierungen erhalten, weist darauf hin. So kennen wir als Standardbeispiel für *Fleisch* zwei englische Entsprechungen *meat* und *flesh*, wobei *flesh* dann spezifisch für ‚*lebendiges* Fleisch' verwendet wird.

In den Fachsprachen dominiert bei der Bildung fachsprachlicher Ausdrücke einerseits das Lateinische mit Entlehnungen oder Neubildungen, wie wir sie etwa aus dem medizinischen Fachwortschatz kennen (wo jedoch neben dem Latein auch das Altgriechische eine Rolle spielt). Andererseits rückt im Kontext der Internationalisierung der Wissenschaften zunehmend das Englisch-Amerikanische in den Vordergrund, das nicht nur bei der Bildung von Fachausdrücken verwendet wird, sondern auch in der Kommunikation der Wissenschaftler immer mehr zur allgemeinen Verkehrssprache (*lingua franca*) wird.

Reicht aber der Einfluss des Englischen so weit, dass wir tatsächlich sagen können, das Deutsche sei auf dem Weg, sich zu einer deutsch-englischen Mischsprache, *Denglisch* oder *Engleutsch,* zu entwickeln? Wohl kaum. Und wenn es wirklich so wäre, sollten oder könnten wir diese Entwicklung dann aufzuhalten versuchen?

Anglo-Amerikanismen

Tatsächlich werden auch in der Alltagssprache immer mehr Anglizismen oder Amerikanismen verwendet, die ebenso wie die Wortbildung (Ableitungen, Zusammensetzungen) Mittel darstellen, den Wortschatz des Deutschen zu erweitern. Dies geschieht in den seltensten Fällen durch Initiative individueller Sprecher des Deutschen, die, aus welchen Gründen auch immer, plötzlich lieber Englisch als Deutsch reden möchten. Die Entlehnung von Wörtern aus anderen Sprachen muss man sich eher so vorstellen, dass in kleineren oder größeren Kommunikationsgemeinschaften bestimmte Arten von kommunikativen Bedürfnissen entstehen, denen die Sprecher am besten gerecht zu werden können glauben, wenn sie Ausdrücke aus der englischen Sprache übernehmen.

Einmal könnte tatsächlich eine echte ‚Bezeichnungsnot' bestehen für Gegebenheiten, oft auch für Produkte, für die es (noch) keine deutschen Bezeichnungen gibt. Was ist eigentlich *fast food*? Ein *Schnellimbiss*, *Fertigkost* oder das MacDonald-Angebot an *Burgern*? Sollten wir den *Ham-burger* denn wirklich eindeutschen und *Schinken-Brötchen* nennen, was wohl genauso etwas anderes ist als ein *Hamburger,* wie meine spanischen *boquerones* etwas anderes sind als ‚kleine Fischchen'? Sogar die amerikanische Aussprache des *Hamburger* macht Sinn, denn ein Hamburger (= ein aus Hamburg stammender Mensch) ist etwas anderes als ein [Hämbörger], der bekanntermaßen von MacDonalds stammt. Anstatt ein(en) *BigMac* könnte ich ja vielleicht „den Großen da" bestellen, wenn das ein geeignetes Unterscheidungsmerkmal ist. – Wie groß ist eigentlich der ‚*Halwe Hahn*', den ich in Köln bestellen könnte? Größer als ein ‚Käsebrötchen'? Gerade bei Produktnamen, ob sie regional oder fremdsprachig sind, sollten wir wohl lieber lernen, was sie bezeichnen als uns mit unpassenden Übersetzungsversuchen zu verkünsteln. Bleiben wir also lieber genauso beim ‚*Halwen Hahn*' und den schwäbischen ‚*Spätzle*' wie bei der ‚*Pizza*' und beim ‚*BigMac*'.

Gelegentlich ist es mit den Anglizismen linguistisch durchaus ein wenig kompliziert. Das schöne englische *Handy*, das wir auch noch gut englisch mit [ä] aussprechen, heißt auf Englisch nicht *Handy*, sondern *mobile phone (*also *'Mobiltelefon'')*. Und wie verhält es sich mit den neuen *Smart Phones*? Was ist daran denn *smart*? Und was ist dann an den *Smarties* smart? Ist *smart* nicht schon längst ein deutsches Wort? Es scheint so, denn wir deklinieren es wie ein deutsches Adjektiv: *'er ist wirklich ein smarter Typ'*, *'der smarte junge Mann'*; ganz schön *taff* (oder *tough*?) und *cool* obendrein (oder *kuhl*?).

Pluralbildung bei Entlehnungen

Wenn Ihnen danach ist, ein wenig auszuspannen, dann haben Sie kein Problem, das *relaxen* zu nennen, also die deutsche Infinitivendung *–en* an das englische Verb *to relax* anzuhängen (oder sagen Sie auch bereits *chillen*?) Die entlehnten Wörter werden, soweit möglich, grammatisch in der Regel wie deutsche behandelt. Seltsamerweise ordnen sie sich aber oft nicht den Regeln der deutschen Pluralbildung unter: *Ein Star!* Ob damit ein Vogel oder ein Schlagerstar gemeint ist, können Sie erst im Plural erkennen: *zwei Stare* sitzen im Winter in unserem Vogelhäuschen, aber *zwei Stars* stehen heute das erste Mal gemeinsam auf der Bühne. Der Fremdwort-Plural ist offensichtlich das *–s*, wie wir es aus der englischen Pluralbildung kennen. Deshalb gilt diese Regel wohl auch nicht generell, denn der Plural von Entlehnungen oder Neubildungen (*Neologismen*) aus dem Lateinischen wird nämlich im Allgemeinen so gebildet wie es im Lateinischen üblich ist: *das Antibiotikum – die Antibiotika.* Und wenn man gelegentlich hört, der Arzt habe jemandem „*ein Antibiotika*" verordnet, fragt man sich, wer heute noch soviel Latein versteht, dass er die lateinische Pluralbildung korrekt verwenden und verstehen kann (und wie sieht es bei *Sulfonamid/ Sulfonamide* aus?) – Da machen wir es uns mit der *Pizza* einfacher. Wir bilden den Plural nicht wie im Italienischen, wo die Mehrzahl *due pizze* heißen würde, sondern wie bei englischen

Fremdwörtern mit –*s*: *zwei Pizzas* oder besser noch: *zwei Pizzen*. Möglicherweise ist die Pluralbildung mit –*s* auch ein Hinweis darauf, dass es sich um ein vielleicht noch nicht voll integriertes ,Fremdwort' handelt, bzw. dass es im anderen Fall gar nicht mehr als solches wahrgenommen und an die Regeln der deutschen Pluralbildung (und ggf. auch der deutschen Rechtschreibung) angeglichen wird. In der Tat finden wir analog zu dem *en*-Plural bei *Pizzen* eine ganze Reihe von deutschen Wörtern, die genau diese Pluralbildung aufweisen: *Hase – Hasen, Katze – Katzen*.

Schon für die deutschen Wörter ist die Pluralbildung relativ kompliziert, weil es mehrere einzelne und auch kombinierte Pluralmorpheme gibt (z.B. Umlaut + -*er* wie in *Häuser*), deren Gebrauch relativ schwer zu systematisieren ist. Dies setzt sich teilweise bei den Fremdwörtern fort, wenn wir einerseits schwankende Pluralformen finden (*Pizzas/ Pizzen*) oder die herkunftssprachliche Pluralbildung dann doch erhalten bleibt (lat. *Antibiotikum/ Antibiotika*).

Spezifische ,Domänen' für Entlehnungen

Als ich einmal bei der morgendlichen Wetterkarte im ZDF auf die Verwendung von Anglizismen oder andere ,Fremdwörter' achtete, fand ich kein einziges (von *Temperatur* einmal abgesehen). In einer anschließenden Reportage über die immer noch große Zahl fehlender ,Kitas' (= Kindertagesstätte; zu Abkürzungen siehe weiter unten) war dann allerdings von einem *worst-case-scenario* die Rede (ausgesprochen wurde es tatsächlich als: [sen-ä-rio]), was mich wieder skeptisch machte, welchen Anteil die Medien, Zeitungen, Film, Funk und Fernsehen, an der Übernahme und Verbreitung von Anglizismen haben. Offensichtlich ist es weniger von der Art des Mediums, als vielmehr vom jeweiligen Sendeformat, von der Textsorte oder der ,Domäne' abhängig, wie stark (und auch wie begründet) der Gebrauch von Anglizismen jeweils ist.

Generell sind es bestimmte ‚Domänen', wie sie Ulrich Ammon schon 1990 in einem Beitrag in der kleinen Zeitschrift ‚Sprachreport' (Institut für Deutsche Sprache, Mannheim) angesprochen hat, in denen das Englische zunehmend dominant wird (auch wenn dieser *Trend* die deutsche Sprache gewiss nicht in ihrer Existenz bedroht): die populäre *Musikszene*, über deren Einfluss auf die 'Jugendsprache' wir bereits in Kapitel 7 gesprochen hatten, die *Wissenschaft* und die *Wirtschaft*. Eine solche zunehmende Dominanz des Englischen zeigt sich nicht nur im regelrechten Sprachenwechsel von Deutsch zu Englisch, sondern eben auch in der Übernahme einzelner englischsprachiger Ausdrücke ins Deutsche.

‚Wirtschaft' meint dabei nicht nur die Wirtschaftswissenschaften oder die Unternehmenskommunikation, sondern reicht bis zum Marketing oder bis zur Werbekommunikation (so vermutlich auch im ‚Musikgeschäft'). Gerade hier wird aber auch deutlich, dass nicht alles, was die Kreativität der Werbefachleute an Anglizismen hervorbringt, in den allgemeinen Sprachgebrauch übergeht und damit Teil der deutschen Sprache wird. Es bleibt oft bei sog. Ad-hoc-Bildungen (was *ad hoc* in diesem Zusammenhang bedeutet, kann ich im DUDEN, Band 5 „*Das Fremdwörterbuch*" nachlesen: *‚zu diesem Zweck'* oder *‚aus dem Augenblick heraus gebildet'*), aber das *City-Shirt* oder *Dress-Hemd* kann ich dort nicht finden. Dabei handelt es sich um eine Ad-hoc-Bildung eines Mannheimer Bekleidungshauses in den 90-er Jahren, die dementsprechend selbst in einem 12-bändigen Deutschen Fremdwörterbuch, das am Mannheimer Institut für Deutsche Sprache erarbeitet worden ist, nicht verzeichnet ist. Was ein *Cityshirt* sein soll, ergibt sich aus der Betrachtung der so ausgezeichneten Hemden, das Wort selbst bleibt uns aber in dem Sinn ‚fremd', dass wir es in der Regel nicht aktiv verwenden werden: Wenn der Mannheimer ein Hemd kaufen will, wird er nicht nach einem City-Shirt fragen, sondern schlicht nach einem (*Ober-)Hemd* und die Verkäuferin wird im Sommer allenfalls zurückfragen, ob mit langem oder mit kurzem Arm.

Das künstlich geschaffene, nicht wirklich entlehnte Wort verbleibt in seiner ‚Domäne' und wird für den durchschnittlichen Sprecher des Deutschen allenfalls Teil seines passiven Wortschatzes werden. Aber auch diesen Befund kann man nicht generalisieren. Prüfen Sie selbst, wie Sie z.B. mit den Zusammensetzungen *Citybike, Citycall, Cityruf* oder mit dem einfachen Wort *City* umgehen (alle im DUDEN-Fremdwörterbuch verzeichnet). Verstehen Sie es nur oder benutzen Sie es (zumindest gelegentlich) auch aktiv? Gehen Sie in Köln lieber in die City oder in die Altstadt?

Reflektierte Sprachenwahl

Könnte man alles Fremdsprachige, das sich historisch wie aktuell in unserer Sprache findet, nicht ‚ins Deutsche' übersetzen? – Man müsste wohl antworten, dass in dem Moment, in dem ein Wort, das aus einer anderen Sprache stammt, im Deutschen regelmäßig verwendet wird, dieses Wort Teil der deutschen Sprache geworden ist. Was soll man da noch übersetzen? Wenn das betreffende Wort für manche Sprecher des Deutschen (noch) schwer verständlich ist, muss man sich vielleicht überlegen, wo (in welcher ‚Domäne') man es problemlos verwenden kann und wann man es vielleicht erklären muss.

Radio und *Telefon* braucht man niemandem mehr mit den deutschen Ausdrücken *Rundfunk* oder *Fernsprecher* zu ‚erklären', denn diese deutschen Wörter erklären ja auch nicht, wie die drahtlose Kommunikation wirklich funktioniert, sie sind wahrscheinlich eher ungebräuchlicher als die betreffenden ‚Fremdwörter' (übrigens wären in diesem historischen Sinn *Mauer* und *Fenster* auch Fremdwörter: Es sind Entlehnungen aus lat. *murus* und *fenestra*). Niemand wird etwas dagegen haben, dass wir all diese Wörter völlig ungezwungen verwenden, und so sollten wir es auch mit denjenigen Wörtern machen, die zu einem jüngeren Zeitpunkt die deutsche Sprache in dem Sinne bereichert haben, dass sie unsere kommunikativen Möglichkeiten erweitert haben.

Andererseits zwingt uns niemand, ein Wort wie *City-Shirt* zu benutzen, wenn wir mit unserem schlichten *Oberhemd* ganz gut zurecht kommen. Aber wir sollten auch nicht jemandem davon abraten, *Fair-Trade-Produkte* zu kaufen, nur weil wir für den fairen Welthandel kein ,deutsches' Wort haben.

Also kann ich Ihnen nur empfehlen, die *After-Wörk-Partys* (nicht *parties*!) getrost zu feiern, so wie die Mädchen in früheren Jahrzehnten ihren *Petticoat* und die Jungen ihre *Bluejeans* getragen haben, die damals noch *Nietenhosen* hießen, so wie sie *Twist, Bossa Nova* oder *Limbo* getanzt haben, so wie sie heute *rappen* oder uns einen *Breakdance* vorführen, den wir als Laien wohl für Akrobatik halten müssen, wenn ich daran denke, wie wir eine italienische Version vor einigen Jahren zwischen dem Kolosseum und der Piazza Venecia in Rom bestaunt und beklatscht haben. Wo ein Glas Bier acht Euro kostet, sollte eine derartige Vorstellung einem vielleicht auch einen Euro wert sein.

Döner oder Kebab?
Warum haben wir nicht von den Einflüssen des Türkischen auf das Deutsche gesprochen? – Wohl deshalb nicht, weil diese Einflüsse trotz eines hohen türkischen Migrantenanteils eher gering sind, wenn wir uns außerhalb des ,Kiez' und jugendsprachlicher Lebenswelten bewegen.

Abgesehen davon, dass der „*Döner*" in Wirklichkeit eine deutsche ,Erfindung' ist, ist das Türkische in Deutschland keine sog. *Prestige-Sprache*, wie es das Englisch-Amerikanische in der Nachkriegszeit war. Es ist von der Sprachfamilie her auch keine dem Deutschen verwandte, keine indogermanische Sprache, sondern eine Turk-Sprache. Aus welchen Gründen auch immer, finden wir im Deutschen so gut wie keine Entlehnungen aus dem Türkischen; außer dass wir einige Bezeichnungen für türkische Speisen kennen, wie vielleicht *börek* oder *ekmek* (Brot), hat sich in Deutschland kaum jemand bemüht, Türkisch zu lernen. Es hat sich allerdings auch kaum jemand bemüht, Polnisch oder Portugiesisch zu lernen, und auch aus dem Polnischen, wie aus dem Portugiesischen gibt es aktuell kaum Entlehnungen.

Zumindest was das Polnische betrifft, war dies Anfang des 20. Jahrhunderts anders. Mit den ersten polnischen Gastabeitern im Ruhrgebiet, die Familiennamen wie *Alischewski* und *Schimanski* mitbrachten, bürgerten sich zumindest regionalsprachlich Ausdrücke ein, die offensichtlich aus dem Polnischen entlehnt wurden. *Pienoncy* heißt im Polnischen ‚Kleingeld' und, wenn Sie im Ruhrgebiet leben, wissen Sie sehr gut, dass Ende des Monats die *Pinunsen* knapp werden können. Noch schöner ist es mit unserer guten deutschen Gurke, die sich sprachlich ebenfalls als eine Entlehnung aus dem Polnischen *ogórek* (ó wird [u] gesprochen) entpuppt (bereits seit dem 16. Jahrhundert in verschiedenen Formen belegt, so z.B. niederdeutsch *augurke*). Seltsam nur, dass die (polnische) Gurke nicht über den Rhein gekommen ist, denn westlich des Rheins finden wir, selbst weit im Norden im Niederländischen die *concomers,* wie im Französischen die *concombres.* Keine Gurke weit und breit. Hier hat das indische *cucumis* Pate gestanden und nicht das Polnische.

Blicken wir nicht nur auf die gegenwärtige Situation sprachlichen Austausches, so entdecken wir schnell, dass im Grunde jede Sprache durch vielfältige Entlehnungen aus vielen anderen Sprachen bereichert worden ist. Das Wort *Gurke* ist ein relativ altes Entlehnungsbeispiel, so dass heute kaum jemand daran zweifeln würde, dass *Gurke* ein (altes) deutsches Wort ist. Als neuere Beispiele ließen sich reihenweise exotische Früchte aufzählen, deren Namen wir kaum ins Deutsche ‚übersetzen' werden: *Papaya, Mango, Kumquats,* usw. Aber es gibt natürlich auch Beispiele für Doppelbezeichnungen, wie *Rucola/ Rauke,* wo sich aber eher die italienische Bezeichnung durchzusetzen scheint. Wieder falsch: Auch *Rauke* ist eine alte Entlehnung, die ins 16. Jahrhundert verweist, wo *Rauke* bereits aus dem italienischen **ruca (*belegt ist nur *rucola* und *ruchetta*) entlehnt worden ist. Solche

‚Wortgeschichten', lassen sich im *„Etymologischen Wörterbuch"* finden, wie beispielsweise in dem von Friedrich Kluge (bearbeitet von Elmar Seebold) oder in einem kleineren in der Duden-Reihe, wo es *„Herkunftswörterbuch"* heißt.

Internationalismen

Manche Linguisten haben den Begriff ‚*Fremdwort*' kritisiert und auf einen anderen Begriff gesetzt, auf den Begriff des *Internationalismus*. Dieser weist in einer nicht mehr negativ konnotierten Weise darauf hin, dass es vielfältige sprachliche Verflechtungen und Bezüge, sprachlichen Austausch, gerade auch innerhalb der europäischen Sprachen, gibt.

Fritz Hermanns fasste Anfang der 90-er Jahre (Sprachreport 1/91) den Nutzen von Internationalismen in drei Punkten zusammen: *„Internationalismen erleichtern die Kommunikation zwischen Menschen verschiedener Muttersprachen; Internationalismen erleichtern uns das Lernen anderer Sprachen; Internationalismen zeigen uns, wie eng die europäischen Sprachen und Kulturen verwandt sind, historisch und aktuell, und wie eng wir also auch in unserem Denken verwandt sind."*

Und was sind Internationalismen? Geben wir ein Beispiel: „Die Wörter dt. *Zivilisation*, engl. *civilization*, russ. *ziwilisaziaj* bilden zusammengenommen einen Internationalismus" (B. Schaeder). Ein Wort kommt also, jeweils lautlich und morphologisch an die Struktur der jeweiligen Sprache angepasst, in mehreren (mindestens in drei) Sprachen vor und weil sich die Wörter trotz dieser Anpassung immer noch recht ähnlich sind, können wir den Internationalismus, wie wir ihn aus unserer eigenen Sprache kennen, auch in anderen Sprachen leicht erkennen und verstehen.

Aber nicht immer sind es Internationalismen, wenn uns ein Wort in einer anderen Sprache plötzlich vertraut vorkommt, manchmal sind es auch ‚*falsche Freunde*'. So ist das deutsche Wort *Dom* sicherlich aus lat. *domus* (,*Haus'*) entlehnt, dann aber auf die heute übliche Bedeutung ,verengt' worden, vielleicht im Sinne von ,Haus des Herrn'. Dann wundere ich mich bei dem in Polen vorherrschenden Katholizismus gar nicht mehr, dass ich hier immer wieder auf das Wort *dom* stoße. Aber so viele Dome gibt es doch gar nicht. Nein, wirklich nicht, denn hier heißt *dom* einfach ,*Haus'* und so ist der *"Dom des Kopernikus'"* in Torún (Thorn) nichts anderes als sein (ehemaliges) Haus und heute ein Museum – und *Museum* dürfte wohl auch ein Internationalismus sein.

,Phraseologismen' und Idiomatik

Mit noch einem anderen *–ismus* wollen wir uns kurz beschäftigen, nicht zuletzt deshalb, weil er für Lerner des Deutschen als Fremdsprache einen der problematischsten Bereiche des deutschen Wortschatzes darstellt, mit den sog. Phraseologismen oder festen Wendungen. Vielleicht erinnern Sie sich noch an die *idioms* aus dem Englisch-Unterricht, was wir als *idiomatische Wendungen* bezeichnen könnten. Zur Erforschung der Phraseologismen hat tatsächlich in besonderem Maße die Auslandsgermanistik beigetragen. Die Idiomatik, so heißt es im Vorwort einer Einführung in die *"Phraseologie"* von Christine Palm, sei *"die hohe Schule der Sprachfertigkeit"* und diese ,hohe Schule' ist verständlicherweise für Lerner des Deutschen als Fremdsprache eine besondere Hürde.

Sie ahnen schon, was an diesen Wendungen oder festen Fügungen so schwierig sein könnte. Wörter, mit denen wir uns in diesem Kapitel ja beschäftigen, lassen sich zu den verschiedensten Sätzen verbinden, ganz wie es den Ausdrucksbedürfnissen der Sprecher entspricht, immer wieder neu und jedes Mal anders. Wörter können jedoch auch Teile fester Wortgruppen sein, die insgesamt eine Bedeutung haben, deren Bedeutung sich jedoch nicht aus den Einzelbedeutungen der Wörter, die diese Wortgruppe bilden, ableiten oder erschließen lässt. Solche Wortgruppen oder feststehende Wendungen sind die *Phraseologismen*.

237

Sie sind deshalb ein großes Problem für den Fremdsprachenlerner, weil es ihm schwer fällt, im jeweiligen Text zu erkennen, ob er die Wörter einzeln übersetzen kann, oder ob es sich um eine feste Wortverbindung handelt, die er als solche wie eine Vokabel lernen muss. Eine zweite Schwierigkeit kommt hinzu, selbst wenn man den Phraseologismus als feste Wendung richtig erkannt hat: Wie soll man diese in eine andere Sprache übersetzen, die zwar genauso über Phraseologismen verfügt, aber (leider) über andere, die sich nicht einfach auf die Phraseologismen des Deutschen abbilden lassen?

Schauen wir uns ein paar Beispiele an: Was ist *ein rotes Tuch*? Hat das wirklich etwas mit Stierkampf, mit dem roten Tuch der Toreros zu tun? Vielleicht in seiner Entstehung, aber tatsächlich bedeutet es lediglich eine (beliebige) Irritation, die mich leicht *zur Weißglut bringen* kann, etwas, worauf ich *allergisch reagiere* (gleich noch ein paar feste Wendungen). Warum sind Ausreden manchmal ‚faul‘ (*faule Ausreden*) und wer ist *der lachende Dritte?*

Wir können solche Fragen, wenn sie auf die Bedeutung der Einzellexeme zielen, nicht beantworten, weil die Einzelwörter in der festen Wendung ihre Einzelbedeutung verloren haben. Es mag zwar neben den faulen Ausreden auch gute Ausreden geben, aber in der festen Verbindung selbst kann ich nicht einfach *faul* durch *fleißig* ersetzen oder *Ausreden* durch *Aussagen*. Ebensowenig kann ich beim *roten Tuch* die Farbe wechseln oder *Tuch* durch *Laken* ersetzen, wie es etwa bei *Betttuch* und *Bettlaken* möglich wäre. Wir können allerdings schon ein bisschen spielen mit unseren Phraseologismen und anstatt **ein Auge zuzudrücken,** vielleicht auch einmal *beide Augen zudrücken.*

Sprichwörter
Im weiteren Sinn werden zu den Phraseologismen auch Sprichwörter (und Antisprichwörter) sowie die ‚Geflügelten Worte‘ gerechnet. Während die meisten Sprichwörter als feste Satzkonstruktionen mit lehrhaftem Inhalt in der Blütezeit des Sprichwortes, im 15. – 16.

Jahrhundert entstanden sind, finden wir heute relativ selten neu gebildete Sprichwörter, und viele der alten Sprichwörter sind für uns heute oft nicht mehr ‚durchschaubar'. Warum sollte man beispielsweise keine *Eulen nach Athen tragen*? Weil es dort seinerzeit offenbar schon genug Eulen gab. Und seltsamerweise bedeutete dieses Sprichwort einmal das Gleiche wie *jemandem Läuse in den Pelz setzen,* die im Mittelalter nämlich in jedem Pelz im Überfluss vorhanden waren. Dass man auch mit Sprichwörtern sprachspielerisch umgehen kann, zeigen die sog. Antisprichwörter: *Wer A sagt, muss auch B-zahlen.*

Die *Geflügelten Worte* (auch eine feste Wortverbindung) sind demgegenüber eine Art Zitat, dessen Urheber historisch nachweisbar sind. Oft handelt es sich um Zitate aus der Literatur, die einen fast sprichwörtlichen Charakter erhalten, wie z.B. *Die Axt im Hause erspart den Zimmermann,* was aber tatsächlich ein Geflügeltes Wort ist, ebenso wie *durch diese hohle Gasse muss er kommen:* Beides stammt aus ‚Wilhelm Tell'. Selbst Titel von Büchern oder Filmen (*Im Westen nichts Neues)* und auch Schlagwörter oder markante Aussprüche können zu Geflügelten Worten werden (*Ich bin ein Berliner* oder auch fremdsprachig: *I have a dream*). Oder auch: *Wer zu spät kommt, den bestraft das Leben* (Gorbatschow zu Honecker). So kam es dann wohl auch.

Abkürzungen und Kurzwörter
Während die festen Wortverbindungen Kombinationen von Einzelwörtern sind, gibt es auch den umgekehrten Weg zu einer Reduktion eines einzelnen (vielleicht etwas längeren) Wortes zu einer Abkürzung. Manche Sprachkritiker haben uns hier schon seit längerem eine neue *Aküspra* prophezeit.

Sind *Abkürzungen* Wörter oder können sie zu Wörtern werden? Vielleicht sollte man mit ein wenig Vorsicht sagen, dass sie wie Wörter verwendet werden, aber eigentlich doch auf die ‚vollen' Wörter verweisen, die aber zu lang, zu schwierig oder zu umständlich erscheinen, als dass man sie immer wieder in voller aussprechen möchte, was gerade wenn wir sie häufig verwenden müssen, letzten Endes unökonomisch wäre. So wird dann aus der *Arbeitsgemeinschaft der Rundfunkanstalten der Länder Deutschlands* kurz und bündig die *ARD* und aus dem *Zweiten Deutschen Fernsehen* das *ZDF*. Die Anfangsbuchstaben, die dann einzeln gelesen werden (Z – D – F), sind weitaus ökonomischer zu sprechen als der volle Begriff, der hier auch noch aus mehreren Wörtern besteht.

Eine andere Abkürzungsmöglichkeit wäre die Kürzung zu einem lesbaren *Kurzwort*. So trifft sich die alternative Kulturszene in Koblenz in der ,*Kulturfabrik*' (ein ausgebautes ehemaliges Fabrikgebäude), die aber für die Koblenzer längst zur *Kufa* geworden ist, ebenso wie kein Student eine Förderung nach dem *Bundesausbildungsförderungsgesetz* erhält, sondern schlicht *BaFöG* (oder *Bafög*). Werden durch die Großbuchstaben innerhalb der Abkürzung noch die Großbuchstaben der substantivischen Bestandteile des abgekürzten Worts ,nachempfunden', so wird die Abkürzung tendenziell zu einem Wort, je mehr sie zur Kleinschreibung tendiert, denn innerhalb von Wörtern gibt es nach den Regeln der deutschen Rechtschreibung keine Großbuchstaben. Tatsächlich finden sich aber auch Schreibungen wie *InterCity,* was zwar ,falsch' ist, wo die Schreibung aber doch sehr schön die beiden Bestandteile des zusammen gesetzten Wortes sowie die Bedeutung der Abkürzung *IC* verdeutlicht.

Auch unsere Bundesländer - und gerade die aus zwei Ländern gebildeten – sind zwar nicht zu groß, aber sprachlich doch ein wenig zu lang. Dann wird aus Nordrhein-Westfalen *NRW* (was man auch in dieser abgekürzten Form spricht), aber das abgekürzte Rheinland-Pfalz (*RP*) spricht wohl kaum jemand in der Abkürzungsform, die zudem mehrdeutig ist und z.B. auch ,Regierungspräsidium' bedeutet.

Lektüreempfehlungen

Zu allen wortbezogenen Fragen kann man zunächst wiederum die bekannten Grammatiken des Deutschen heranziehen, wie z.b.:

Eisenberg, Peter: *Grundriss der deutschen Grammatik. Bd. 1: Das Wort.* Stuttgart: J.B. Metzler, 1998.

Zur Versachlichung der Fremdwortdiskussion leistet einen wesentlichen Beitrag:

Eisenberg, Peter: *Das Fremdwort im Deutschen.* Berlin/ New York: de Gruyter, 2011.

Zu den Prinzipien, nach denen Wörterbücher konzipiert und verfasst werden, äußerst differenziert:

Haß-Zumkehr, Ulrike: *Deutsche Wörterbücher.* Berlin/ New York: de Gruyter, 2001 (bes. auch Kap. 17: "Wie viele Wörter hat das Deutsche?").

Zu dem zuletzt angesprochenen Bereich der ‚Phraseologie' verständlich und informativ einführend:

Palm, Christine: *Phraseologie. Eine Einführung.* 2. Auflage. Tübingen: Narr, 1997.

Wenn man eher Wörterbücher konsultieren möchte, die einzelne ‚*Redewendungen*' erläutern (so z.b. DUDEN, Bd. 11), ist immer noch empfehlenswert:

Schemann, H.: *Deutsche Idiomatik. Die deutschen Redensarten im Kontext.* Stuttgart: J.B. Metzler, 1993.

Und schließlich zu den Sprichwörtern:

Röhrich, Lutz: *Das große Lexikon der sprichwörtlichen Redensarten. 3 Bde.* Freiburg: Herder, 2003.

12 Deutsche Rechtschreibung

Angesichts der vielfältigen Probleme des *Schriftspracherwerbs* und der Schwierigkeiten, die heute auch im Schreiben ungeübte Erwachsene haben, (umfangreichere) schriftliche Texte zu verfassen bzw. sprachlich angemessen zu gestalten, erscheint die Beherrschung der Orthographie des Deutschen fast wie eine Belanglosigkeit. Schließlich gibt es dort feste Regeln, an die man sich nur zu halten braucht, um einen orthographisch fehlerfreien Text zu produzieren. So könnte man sich die Welt des Schreibens ein wenig naiv vorstellen.

Individuelle Rechtschreibprobleme
Tatsächlich haben jedoch zahlreiche Erwachsene sowie Schüler und Schülerinnen aller Klassenstufen z.T. erhebliche Rechtschreibschwächen. Im Einzelfall sind diese Schwächen so groß, dass man eine *Lese-Rechtschreibschwäche (LRS)* diagnostiziert und ggf. spezifische Fördermaßnahmen einleitet oder eine spezifische ‚Behandlung' empfiehlt, wenn man von einer regelrechten *Legasthenie* ausgeht.

Der Begriff ‚*Rechtschreibschwäche*' bezieht sich nicht auf eine unspezifische Abweichung vom allgemeinen Leistungsdurchschnitt bei den Rechtschreibleistungen einer bestimmten Alters- oder Lerngruppe, sondern auf Schwächen in spezifischen Teilfertigkeiten, die für das Rechtschreiblernen Voraussetzung sind: auditive Wahrnehmung (z.B. Hören von Lautunterschieden), visuelle und rhythmische Wahrnehmung (z.B. Silbenerkennung), Sprechmotorik und Wortschatz (Verfügbarkeit von ‚Wortbildern'). Der Begriff ‚*Legasthenie*' geht auf P. Ranschburg zurück, der diesen Begriff schon 1928 für eine „*nachhaltige Rückständigkeit höheren Grades in der geistigen Entwicklung des Kindes*" verwendete. Seit den 50-er Jahren versteht man unter ‚Legasthenie' dagegen eine spezielle Schwäche im Erlernen des Lesens, die aufgrund insgesamt relativ guter Intelligenzleistungen besonders auffällig ist.

Insgesamt sind die Rechtschreibleistungen unserer Schüler dagegen gegenüber früheren Zeiten nicht unbedingt schlechter geworden, denn der heute zu bewältigende Wortschatz ist um ein Vielfaches größer als etwa im 19. Jahrhundert. Wenn die im Zusammenhang mit der Frage nach dem Wortschatzumfang erwähnte 9-jährige Teresa bereits über einen Wortschatz von über 3000 Wörtern verfügte, und man annimmt, dass sie den Großteil dieser Wörter auch fehlerfrei schreiben kann, so ist dies schon eine ganze Menge.

Natürlich wird sich in umfangreicheren Texten stets eine Reihe von Rechtschreibfehlern finden lassen. Diese werden in der Regel zunehmen, wenn wir unter dem Druck stehen, fehlerfrei schreiben zu *müssen*. Spickt man ein Diktat zudem noch mit einer Fülle von Rechtschreibschwierigkeiten, so wird letzten Endes niemand in der Lage sein, hundertprozentig fehlerfrei zu schreiben. Daher kann man durchaus sagen, jemand beherrsche die deutsche Rechtschreibung, wenn er vielleicht 90% aller verwendeten Wörter richtig schreibt (d.h. wenn er bei jeweils 100 Wörtern nicht mehr als 10 Fehler macht).

Das hört sich sehr tolerant an, weil wir eigentlich an die Fehlerfreiheit glauben und letztlich auch keinen Text mit offensichtlichen Rechtschreibfehlern akzeptieren. Zum Glück fallen uns jedoch nicht alle Fehler auf. Achten Sie einmal auf Rechtschreib- bzw. Setzfehler in Ihrer Tageszeitung. Sie werden überrascht sein, wie viele Fehler Sie finden.

Wir wollen in diesem Kapitel allerdings weniger rechtschreib-*didaktisch* argumentieren, die Rechtschreibung also nicht unter dem Aspekt betrachten, wie man welches Rechtschreibphänomen mit welcher Methode am besten bewältigen kann, sondern uns vielmehr mit dem ‚System' der deutschen Orthographie beschäftigen. Aber auch unter systematischen Aspekten wird man auf Bereiche der Rechtschreibung stoßen, in denen die Regelungen nicht besonders klar und teilweise sogar widersprüchlich erscheinen.

Amtliche Regelung

In den Jahren 1986-1995 wurde eine Neuregelung der deutschen Rechtschreibung in Angriff genommen. Nach teilweise heftigen Diskussionen in der Öffentlichkeit trat diese als „Amtliche Regelung der deutschen Rechtschreibung" mit einem Regel- und einem Wörterverzeichnis nach einer Übergangszeit am 1. August 2006 endgültig in Kraft. Eine ausdrückliche Zielsetzung der Neuregelung war es, im Sinne einer behutsamen Vereinfachung der Rechtschreibung Inkonsequenzen und Ausnahmen zu beseitigen, den Geltungsbereich der Grundregeln auszuweiten und damit die Systematik zu erhöhen. Die deutsche Rechtschreibung sollte demnach leichter erlernbar und insgesamt einfacher werden, ohne dass jedoch mit der Tradition der deutschen Schriftsprache gebrochen werden sollte.

Ob dieses Ziel der Vereinfachung tatsächlich erreicht worden ist, ob die deutsche Rechtschreibung tatsächlich leichter erlernbar geworden ist, ist durchaus fraglich. Die ursprüngliche Idee einiger „Reformer", im Zuge einer solchen Neuregelung auch eine „gemäßigte Kleinschreibung" einzuführen, hätte für viele wohl einen Bruch mit der Tradition bedeutet; sie erwies sich auch politisch als nicht durchsetzbar, so dass wir auch nach der Neuregelung als ein Spezifikum der deutschen Rechtschreibung über die Groß-Klein-Schreibung (mit all ihren Problemen und, wie mir scheint, neuen Inkonsequenzen) verfügen.

Für mich immer wieder überraschend ist es allerdings, dass (erwachsene) Lerner des Deutschen als Fremdsprache relativ wenige Probleme mit dem Erlernen der deutschen Rechtschreibung zu haben scheinen. Eine mögliche Erklärung dafür wäre, dass sie Laut und Schrift, anders als die muttersprachlichen Kinder, gleichzeitig und bewusster erlernen, die Zuordnung von Schriftzeichen zu Lauten also kein nachträglicher Akt ist (zumindest dann nicht, wenn man fremdsprachendidaktisch nicht primär auf den Erwerb von Gesprächsfähigkeit abzielt).

Eine „amtliche" Regelung der Rechtschreibung ist immer auch eine Art ,Sprachregelung', die allerdings nur für einen kleinen Teilbereich der Sprache betrifft, der für die Sprache insgesamt als sekundär gelten kann. Ansonsten kann grundsätzlich keine Regelung den Sprechern einer Sprache vorschreiben, wie sie sprechen und schreiben sollen. Für den engen Bereich der Rechtschreibung ist dies allerdings durchaus sinnvoll, auch wenn die *Normierungsgeschichte* der deutschen Rechtschreibung tatsächlich erst Ende des 19. Jahrhunderts wirklich begonnen hat.

Selbst solche eher oberflächlichen Normierungen kann der Staat lediglich für diejenigen Institutionen ,durchsetzen', die mehr oder weniger staatlich kontrolliert werden, also für Schulen und Behörden. Auch Druckereien und Verlage und wohl auch die meisten Privatpersonen nehmen die ,amtlichen' Regeln allerdings durchaus ernst, obwohl jeder ,im Prinzip' so schreiben könnte, wie er möchte. Dennoch wird dies kaum jemand tun, zumal wohl nicht nur der Wunsch nach Einheitlichkeit groß ist, sondern ebenso die Sorge, man könne etwas ,falsch' machen und jemand könne daraus falsche Schlüsse ziehen.

So haben sich tatsächlich zahlreiche ältere Menschen durchaus Sorgen gemacht, sie könnten sich die neuen Regeln nicht mehr aneignen und müssten nun fehlerhaft schreiben, d.h. nach den alten (nicht mehr gültigen) Regeln. Zum Trost sei hier deutlich gesagt: Sie können natürlich auch so schreiben, wie Sie es gewohnt sind. Ihr Wohngeldantrag wird auch dann bearbeitet, wenn Ihnen nicht ganz klar ist, wann das *dass,* das Sie früher mit *ß* geschrieben haben, mit *-ss* geschrieben wird. Die Konjunktion *dass* wird heute mit Doppel-*s* geschrieben, nicht jedoch der Artikel und das Relativpronomen: Hier schreiben wir wie bisher *das.*

Wenn Sie jedoch all diese Regeln nicht kennen oder wenn sie sich nicht daran halten möchten, könnten Ihnen daraus im *Privatleben* eigentlich keine Nachteile entstehen, außer dass jemand Sie fälschlicherweise für dumm hielte, wo Sie doch nur von ihrer sprachlichen Freiheit Gebrauch zu machen versuchen. Demgegenüber könnte es sich allerdings ziemlich nachteilig auswirken, wenn Sie sich in jüngerem Alter mit einem fehlerhaften Bewerbungsschreiben um eine Stelle bewerben. Dann könnte es passieren, dass Sie die Stelle tatsächlich aufgrund Ihrer Rechtschreibfehler nicht bekommen, und dies auch dann, wenn Sie in dem angestrebten Job vielleicht kaum schreiben müssen. Ihr zukünftiger Arbeitgeber könnte nämlich der (falschen) Meinung sein, wer Rechtschreibfehler mache, sei wohl auch sonst nicht besonders intelligent oder zuverlässig. Aber wir lassen unsere Bewerbungsschreiben natürlich von einem Rechtschreibexperten korrigieren, bevor wir sie abschicken.

Konrad Duden

Der Vorname *Konrad* weist darauf hin, dass der DUDEN nicht nur eine Institution für die deutsche Rechtschreibung ist bzw. bis zur ihrer jüngsten Neuregelung war, sondern dass es sich um den Familiennamen eines Mannes handelt, der die Normierung der deutschen Rechtschreibung maßgeblich voran getrieben hat und der führende Kopf der zweiten Orthographischen Konferenz war, die Anfang des 20. Jahrhunderts (1901) in Berlin stattfand. Das auf der 2. Orthographischen Konferenz beschlossene Regelwerk wurde 1902 in Deutschland schließlich in Form einer Rechtverordnung amtlich. Die Schweiz und Österreich schlossen sich dieser Normierung an.

Die Familie ,Duden' gibt es heute noch und zur Verleihung des Konrad-Duden Preises, der alle zwei Jahre im Anschluss an die Jahrestagung des Instituts für Deutsche Sprache vom Oberbürgermeister der Stadt Mannheim an einen herausragenden in- oder ausländischen Germanisten verliehen wird, sind stets auch Mitglieder der Duden-Familie eingeladen, deren jeweils ältester Sohn – so sagte man mir – den Vornamen *Konrad* erhält. So hatte einer meiner Söhne auf einem Heidelberger Gymnasium tatsächlich das Privileg, nicht nur im Deutschunterricht eine Zeit lang neben Konrad Duden persönlich zu sitzen.

Heute ist die DUDEN-Redaktion eine Redaktion im Bibliographischen Institut in Mannheim, das zusammen mit der F.A. Brockhaus AG einen gemeinsamen Verlag bildet. „Der Duden" ist inzwischen auch längst nicht mehr auf *„Die deutsche Rechtschreibung"* beschränkt, diese stellt lediglich den ersten Band einer zwölfbändigen Duden-Reihe dar, die etwa auch ein *„Stilwörterbuch"*, ein *„Herkunftswörterbuch"*, ein *„Fremdwörterbuch"* und ein *„Synonymwörterbuch"* umfasst.

Kontinuierliche Fortschreibung

Seit der erwähnten 2. Orthographischen Konferenz Anfang des 20. Jahrhunderts sind aufgrund eines sich verändernden Schreibgebrauchs der Schreiber des Deutschen von der DUDEN-Redaktion immer wieder kleinere Änderungen in den Rechtschreibregeln durchgeführt worden. Wenn beispielsweise eine Tendenz erkennbar war, die Bestandteile einer relativ festen Fügung zunehmend klein und schließlich auch zusammen zu schreiben, wurde diese Tendenz in den Regeln der deutschen Rechtschreibung durch die DUDEN-Redaktion gewissermaßen nachvollzogen und kodifiziert.

So schrieben wir vor der Neuregelung der deutschen Rechtschreibung die Fügung *sich im klaren sein* in Kleinschreibung (siehe z.B. ‚*Deutsche Rechtschreibung*' von Lutz Mackensen unter dem Stichwort *klar*). Im Sinne der Neuregelung finden wir jedoch bereits in der 21. Auflage der DUDEN-Rechtschreibung bis schließlich zur 24. Auflage 2006: *ich bin mir längst darüber im Klaren,* also Großschreibung. Warum? Weil die Neuregelung die Großschreibungsregel für Substantive prinzipiell auf alle Substantivierungen überträgt und in der genannten Fügung eine Substantivierung des Adjektivs *klar* vorliegt. Damit wird jedoch ein moderner Schreibgebrauch, der sich bereits etabliert hatte, auf einen historisch früheren Zeitpunkt der Großschreibung zurückgesetzt, so dass die Neuregelung zumindest in diesem Punkt eher konservativ als innovativ erscheint.

Man wird in den Schulen heute allerdings feststellen, dass den Schülern (und immer mehr auch den Germanistik-Studierenden) kaum mehr bewusst ist, dass es sich bei der derzeit gültigen „amtlichen Regelung des deutschen Rechtschreibung" um eine „Neuregelung" handelt, genauer, um die erste umfassende (amtliche) Neuregelung seit der 2. Orthographischen Konferenz, die, wie gesagt, unter maßgeblichem Einfluss von Konrad Duden vor mehr als hundert Jahren in Berlin stattgefunden hatte.

Für alle deutschsprachigen Länder

Wie sich schon damals die Schweiz und Österreich der ersten amtlichen Regelung anschlossen, so wurde auch bei der aktuellen ‚Neuregelung' von Anfang an Wert darauf gelegt, eine *gemeinsame Regelung* für alle deutschsprachigen Länder (Deutschland, Österreich, Schweiz) durchzuführen, und auch die europäischen Länder mit deutschsprachigen Minderheiten, wie Luxemburg, Belgien, Dänemark, Italien/Südtirol, Liechtenstein, Rumänien und Ungarn in die Beratungen einzubeziehen.

Im Jahre 1985 hatte man dabei freilich auch an die damalige DDR gedacht, denn es wäre sicherlich politisch unerwünscht gewesen, wenn eine Neuregelung im Ergebnis dazu geführt hätte, dass es danach zwei unterschiedliche deutsche Rechtschreibungen gegeben hätte, eine deutsche Rechtschreibung-WEST und eine deutsche Rechtschreibung-OST. Ein paar Jahre später musste man sich mit der deutschen Vereinigung darüber wohl keine Sorgen mehr machen.

Trotz aller Einheitlichkeit ist es seltsamerweise bei einer Besonderheit auf Seiten der Schweiz geblieben. Wie auf allen nicht-deutschen Schreibmaschinen-Tasturen in der Regel das *ß* fehlt, kannte auch die schweizerdeutsche Rechtschreibung kein *ß*. Ob der

Wein also *in Massen* (= *in Maßen*) oder *in Massen* (= *in Massen*) genossen werden sollte, konnte zwar der Schweizer sicherlich genauso wie der Österreicher oder der Deutsche unterscheiden, nicht aber in der Schweizer Variante der deutschen Rechtschreibung. Man hätte meinen können, gerade den Schweizern sei doch die Regelung, die bereits erwähnte Konjunktion *dass* nun mit -*ss* zu schreiben, entgegengekommen. Dabei übersieht man aber, wie in der öffentlichen Diskussion tatsächlich geschehen, dass die Neuregelung ja keineswegs den Buchstaben *ß* abgeschafft hat, obwohl das *ß* gewissermaßen nur halb existiert: Es gibt nämlich keinen entsprechenden Großbuchstaben, so dass wir hier tatsächlich auf *SS* (*der Großbuchstabe*, DIE GROSSBUCHSTABEN) ausweichen müssen. Nun: Die Schweiz ist beim *ss*, groß wie klein, geblieben, wollte die Tastaturen wohl nicht austauschen und darf oder muss nun weiterhin ‚unsere' *Straße* mit Doppel-*s*, also *Strasse*, schreiben. So wie man die französischsprachigen Schweizer daran erkennen konnte, dass sie auf „70" nicht wie die Franzosen mit „*soixante-dix*" (60+10) zählen, sondern mit „*septante*" (wie die Wallonen in Belgien übrigens auch), kann man die Deutsch *schreibenden* Schweizer nunmehr weiterhin daran erkennen, dass sie kein *ß* verwenden.

Noch länger als die Arbeit des zwischenstaatlichen Wissenschaftler-Gremiums, die Mitte der achtziger Jahre begonnen hatte und im November 1994 mit den „3. Wiener Gesprächen zur Neuregelung der deutschen Rechtschreibung" abgeschlossen wurde, dauerte der politische Prozess der Umsetzung des Neuregelungsvorschlags, der erst 1998 mit der endgültigen Verabschiedung einer neuen amtlichen Regelung zum Abschluss kam.

Vom Laut zum Buchstaben
Das Grundproblem der Rechtschreibung besteht in jeder Sprache, die Laute mit einer Buchstabenschrift wiederzugeben versucht, darin, den Lauten der gesprochenen Sprache Schriftzeichen der geschriebenen Sprache möglichst eindeutig zuzuordnen. Im Ergebnis soll also die primär gesprochene Sprache im sekundären System der

Schrift abgebildet, repräsentiert und damit auch in einer dauerhaften Form ‚aufbewahrt' werden können.

Dies kann in verschiedenen Sprachen natürlich auf unterschiedliche Weise geschehen, so dass die Rechtschreibung letztlich immer für jede einzelne Sprache betrachtet werden muss. Dementsprechend können auf der Ebene der Lautung gleich oder ähnlich klingende Wörter in verschiedenen Sprachen recht unterschiedlich geschrieben werden, weil die Schriftsysteme andere Zuordnungen von Lauten und Buchstaben vorsehen. Mit dem Erlernen einer Fremdsprache in Mündlichkeit und Schriftlichkeit müssen wir demnach auch das jeweilige Schriftsystem dieser Sprache und die spezifischen Zuordnungen von Lauten zu Schriftzeichen (Buchstaben) lernen. Manchmal handelt es sich sogar um ein komplett anderes Alphabet, wie etwa beim Griechischen, manchmal werden Laute einfach durch andere Buchstabenkombinationen in der uns bekannten lateinischen Schrift wiedergegeben. So wird etwa das deutsche *sch* im Polnischen durch *sz* wiedergegeben und unser *tz/ts* durch ein einfaches *c*. Jetzt können Sie unser deutsches Wort *Schnitzel* schon auf Polnisch schreiben (es wird genauso gesprochen): *sznicel*. Und wollte man *Deutschland* nach den polnischen Zuordnungsregeln für Laute und Buchstaben schreiben, müsste man es wohl so schreiben: *Dojczland* (So der Titel eines kleinen Büchleins von Andrzej Stasiuk, das 2008 auf Deutsch erschien; aber auf Polnisch heißt *Deutschland* natürlich richtig *Niemcy*). Ganz fremd ist es uns allerdings nicht, dass [*eu/äu*] auch *oi/oj* geschrieben werden kann, denn auch im Deutschen kennen wir unterschiedliche Schreibungen für den Diphtong (Doppellaut) *[oi]*: *Heute treten drei Bräute vor den Traualtar, toi, toi, toi!* Und zumindest in Fremdwortschreibungen kommt auch noch ein *oy* (wie in *Liftboy*) vor.

Missverhältnis Laute - Buchstaben
Ein grundsätzliches Problem für die Rechtschreibung besteht darin, dass es ein Missverhältnis zwischen *Phonemen* (bedeutungsunterscheidenden Lauten) und *Graphemen* (Schriftzeichen/

Buchstaben) gibt: Für die Verschriftung der rund 40 Phoneme des Deutschen stehen nur 30 Buchstaben zur Verfügung. Außerdem geben einige Buchstaben mehrere Phoneme wieder. So gibt z.b. der Buchstabe *c* die Phoneme /ts/ und /k/ wieder, *v* kann für /f/ oder /w/ stehen (*Vater – Volumen*). Der Grund für ein solches Missverhältnis liegt u.a. darin, dass das aus dem Lateinischen übernommene Alphabet für die schriftliche Wiedergabe des Deutschen nicht ausreicht. Andererseits erscheinen einige Buchstaben regelrecht überflüssig, weil sie ebenso gut durch andere Buchstaben-(kombinationen) wiedergegeben werden könnten: Anstelle von *qu* könnte man *kw* schreiben (*Quark – *Kwark*), anstelle von *x* könnte man *ks* schreiben, wie man es ja auch in *Knicks* tut. Und könnte man nicht umgekehrt den O*ch*sen mit *x* schreiben, wie es die Engländer tun (*ox)*?

Schließlich werden in der neuhochdeutschen Schrift keine Lang- und Kurzvokale mehr unterschieden, so dass wir für 15 Vokalphoneme nur 8 Vokalgrapheme besitzen. Im Mittelhochdeutschen wurde noch ein Circonflex für die Langvokale verwendet (*rot*), alle anderen Vokale waren dementsprechend Kurzvokale. Wir müssen heute die Unterscheidung von Länge und Kürze anders darstellen, z.B. die Kürze eines Vokals durch die Verdopplung des nachfolgenden Konsonanten (*bitten*) oder die Länge eines Vokals durch besondere Längezeichen, wie das *e* in *bieten* (während *ie* im Mittelhochdeutschen noch ein Diphtong war) oder das *h* in *Hahn.* Andererseits wird bei den Langvokalen in über 60% der Fälle die Länge überhaupt nicht markiert, wie z.B. in *Fuß*, während die Kürze des Vokals *u* in *Fluss* durch die Verdopplung des nachfolgenden *s* markiert wird.

Manchmal sind wir unsicher, wie man etwas schreibt, manchmal aber auch, wie man ein geschriebenes Wort (besonders in anderen Sprachen) ausspricht. Wir finden Laute oder Lautkombinationen (und entsprechende Verschriftungen), die es im Deutschen nicht gibt, wie etwa das spanische [(*l)j*], das in der Schreibung größtenteils durch *ll* wiedergegeben wird (*Sevilla, Mallorca, Manzanilla*), wobei die spanischen Muttersprachler uns gelegentlich unterschiedliche Auskünfte geben, ob es nun [*sevilja*] oder [*sevija*] heißt, während sie bei ‚Mallorca' ganz sicher sind, dass es wohl niemals [*maljorca*] heißen kann. Wieder anders ist es bei [*nj*], das in drei verschiedenen romanischen Sprachen zwar gleich gesprochen, jedoch anders geschrieben wird: Schreiben wir im Französischen *Allemagne,* heißt es im Spanischen *Alemania* und im Portugiesischen *Alemanha,* also drei unterschiedliche graphematische Wiedergaben des gleichen Lautes [*nj*].

Werden wir in unserer eigenen Muttersprache nicht manchmal genauso unsicher, wie man ein Wort ausspricht? Wie betonen Sie beispielsweise das Wort *Tunnel*? Sagt man im korrekten Standarddeutschen wirklich [*St*-ein] und nicht [*Schtein*]? Die Antwort des Linguisten: Man spricht das *st* [*scht*], die Aussprache mit [*st*] ist eine individuell-norddeutsche Aussprachevariante, die zwar weder besser noch schlechter ist, aber eben nicht die Standardaussprache. Wenn Sie sich in die eine oder andere Aussprache ‚verliebt' haben, dann sprechen Sie den ‚spitzen Stein' vielleicht gern als *sp - itzen St – ein.* Aber ich denke, Sie werden selbst mit spitzem Bleistift kaum *Sch – tein* schreiben, auch wenn Sie hier tatsächlich ein [*sch*] hören. Ebenso wenig schreiben Sie *isch* für ‚ich', nur weil sie es im Süden Deutschlands so hören können.

Einheitliche Schreibung

In der Schreibung werden (regionale) Aussprachevarianten grundsätzlich nicht berücksichtigt, der lautliche Bezugspunkt ist immer die Standardaussprache, manchmal auch ‚Bühnenhochsprache' genannt. In der Schrift gilt das Prinzip der *Einheitlichkeit,* wie wir es schon in der Zeit Karls des Großen und in den Bestrebungen der Drucker in der frühen Neuzeit vorgefunden haben. Die ‚Schriftwerdung' von Sprache ist offensichtlich ein wesentlicher Faktor für die Herausbildung von einheitlichen Normen, nicht nur auf der Ebene der Rechtschreibung, sondern auch für die

Herausbildung einer (normativen) Grammatik, die letztlich auf der Idee einer *schriftsprachlichen Norm* basiert. Die materielle Schrift scheint überhaupt erst eine reflexive Einstellung gegenüber einem nun nicht mehr ‚flüchtigen', sondern fixierbaren *Objekt* Sprache möglich zu machen.

Trotz der historisch immer wieder nachweisbaren Tendenz zur Vereinheitlichung lässt gerade die Neuregelung der deutschen Rechtschreibung (in einer im Grunde liberalen Einstellung) eine ganze Reihe von alternativen Schreibmöglichkeiten zu, bei denen abzuwarten bleibt, welche der derzeit akzeptierten Alternativschreibungen von den Schreibern des Deutschen mittel- oder langfristig bevorzugt werden und sich schließlich ‚durchsetzen'. So können nach der jetzigen Regelung beispielsweise bestimmte Wortzusammensetzungen alternativ auch mit Bindestrich geschrieben werden: „Midlifecrisis, *auch* Midlife-Crisis" (Duden – Die deutsche Rechtschreibung, 1996) und gerade auch bei den Fremdwörtern gibt es eine ganze Reihe von Alternativschreibungen (*Penthaus – Penthouse, Kordhose - Cordhose*).

Bevor wir uns aber einzelnen Rechtschreib*regeln* zuwenden, wollen wir uns noch auf einer etwas abstrakteren Ebene mit den beiden grundlegenden *Prinzipien* beschäftigen, von denen sich die deutsche Rechtschreibung leiten lässt.

Prinzipien der deutschen Rechtschreibung

Die beiden Grundprinzipien der deutschen Rechtschreibung sind das *Lautprinzip* und das *Stammprinzip.* Die Linguisten sprechen hier auch von einem *phonologischen Prinzip,* das die Laut-Buchstaben-Beziehungen regelt und von einem *morphologischen* (oder auch semantischen) *Prinzip,* das die Wort-Bedeutungs-Beziehungen regelt.

Beim Lautprinzip geht man davon aus, das ‚im Prinzip' *Laute* bzw. Lautklassen (Phoneme) durch *Buchstaben*klassen repräsentiert oder in der Schrift ‚abgebildet' werden. So entspricht etwa dem (als Laut gesprochenen) Phonem /m/ in der Schrift der Buchstabe m/M, dem Phonem /ks/ entsprechen dagegen verschiedene Kombinationen von Graphemen, nämlich ks, x, chs; dem langen /i:/ würden i, ie, ih und ieh entsprechen (gib, lieb, ihr, sieh) usw. Beim /i/ gibt es dagegen keine Kennzeichnung der Länge durch Verdopplung des Vokals (*ii), wie sie beim langen /o/ (Boot, Moor, Moos), wenn auch selten, vorkommt. Es gibt das Doppel-e (See), aber wiederum kein Doppel-u (Mus, aber nicht *Muus). Selbst auf der Ebene der Prinzipien sieht es also keineswegs nach einer strengen Systematik bei der Zuordnung von Lauten und Buchstaben aus.

Ebensowenig konsequent wird beim Stammprinzip verfahren. Beim Stammprinzip geht es darum, dass ein Wort für den Leser aufgrund einer einheitlichen Schreibung in seinen unterschiedlichen grammatischen Formen erkennbar bleibt. So kann er beim Lesen beispielsweise gleich erkennen kann, dass Hände der Plural von Hand ist, weil ä der Umlaut zu a ist. Wenn wir das zu schreiben versuchten, was wir hören, könnten wir genauso gut *Hende schreiben.

Dass das Stammprinzip sich oft gegenüber dem Lautprinzip durchsetzt, können wir am gleichen Beispielwort sehen. Warum schreiben wir nicht mehr wie im Mittelhochdeutschen hant? Dort wurde noch konsequent nach dem Lautprinzip verfahren: In Hände hören wir ein stimmhaftes [d], in [hant] hören wir dagegen tatsächlich ein stimmloses [t]. Warum sollten wir dann nicht auch ein t schreiben? Wir schreiben Hand heute deshalb mit d, damit der Leser leichter erkennen kann, dass es sich bei beiden Wortformen um das gleiche Wort (einmal im Singular, einmal im Plural) handelt. Hier setzt sich das Stammprinzip gegenüber dem Lautprinzip durch.

Umlautschreibung
Die Neuregelung der deutschen Rechtschreibung hat versucht, das Stammprinzip weiter zu stärken und konsequenter einzuhalten, so

z.B. bei der Umlautschreibung. Aber auch dort kann es zu Doppelformen kommen, wenn nicht eindeutig zu entscheiden ist, von welchem Wort das Wort mit Umlaut abgeleitet sein soll: So tritt die alte Form *aufwendig* jetzt in Konkurrenz zu einer zweiten Form *aufwändig*, weil man sie einerseits von dem Verb *aufwenden*, andererseits von dem Nomen *Aufwand* ableiten könnte. Ebenso bei *Schenke,* die man unter Bezug auf *Ausschank* nun auch als *Schänke* findet. Dass man dort etwas geschenkt bekommt, haben wir allerdings ohnehin nicht geglaubt. Wie hieß es und wie heißt es, wenn man sich die Nase putzt: *schneuzen* oder *schnäuzen*? Wenn man akzeptiert, dass das Wort von *Schnauze* abgeleitet ist, heißt es nun tatsächlich *schnäuzen.* Aber auf der nächsten Seite finden wir im DUDEN von 2006: „schneuzen *(alte Schreibung für* schnäuzen)". Sollte man da nicht denken: Wenn schon Stammprinzip, dann richtig? Aber können wir wirklich sicher sein, dass *schnäuzen* von *Schnauze* abgeleitet ist?

Man kann den beiden Prinzipien, gerade weil sich einmal das eine, ein anderes Mal das andere durchsetzt, auch unterschiedlichen ‚Orientierungen' zuordnen. Unterschiedliche Wortformen als einem Wort zugehörig zu erkennen, hilft uns beim *Lesen,* so dass das Stammprinzip offensichtlich vom Leser her gedacht ist. So schreiben zu können (bzw. zu dürfen), wie wir etwas hören, hilft uns beim *Schreiben,* so dass das Lautprinzip eher für den Schreiber hilfreich sein dürfte.

Schreibung von Fremdwörtern

Auf die Schreibung von Fremdwörtern lassen sich diese beiden Prinzipien nur begrenzt anwenden, weil deren Schreibung oft noch von der Herkunftssprache bestimmt wird. Allerdings versucht die Neuregelung der deutschen Rechtschreibung relativ behutsam, zumindest bei geläufigen Fremdwörtern auch eine ‚eingedeutschte' (integrierte) Schreibung zuzulassen. Solche Angleichungen haben zwar immer schon stattgefunden, sie werden nun aber in Fällen, wo sich eine solche Angleichung anbahnt, ausdrücklich als zweite zulässige Schreibung ausgewiesen. Damit entstehen gerade bei den Fremdwörtern ebenfalls alternative Schreibmöglichkeiten.

Auf eine generelle Ausdehnung der bei zahlreichen Wörtern bereits etablierten Schreibung mit *f* anstatt mit *ph* wurde jedoch bewusst verzichtet. So können wir zwar *Mikrofon, Fotografie* und *Grafik* schreiben, nicht aber *Filosofie* (was uns sicherlich auch sehr seltsam vorkäme). - Mit der Angleichung von aus anderen Sprachen übernommenen Wörtern an die orthographischen Regeln der jeweiligen aufnehmenden Sprache tun sich andere Sprachen weniger schwer. So wird die altehrwürdige *Philosoph*ie in der Orthographie des Spanischen zur *filosofía* oder die *Philippinen* werden zu den *Filipinas.* Die These wird zu einer *tesis* und die beliebte ‚Heilgymnastik', wie das Wörterbuch übersetzt, schreibt sich schlicht *fisioterapia.* Da braucht sich schließlich niemand mehr zu fragen, ob man unseren Buchstaben *y* lieber als [*ü*] oder lieber als [*i*] sprechen soll.

Es gibt auch im Spanischen nur wenige Wörter, die mit *y* beginnen, und das *y* am Wortanfang wird, wie im Deutschen überwiegend auch, stets als [*j*] gesprochen. Das ist konsequent (*yogur* für deutsch *Jogurt* oder *Joghurt)*, weil das spanische *j*, wie wir schon am Beispiel *Rioja* gesehen haben, einen anderen Laut als unser *j* repräsentiert und das natürlich auch am Wortanfang, wo wir bei einem entlehnten Wort wie *Junta* auch im Deutschen die spanische Aussprache [*ch*] bevorzugen. Kennen Sie *yemas*? Sie bekommen sie beim spanischen Konditor, speziell in Ávila nördlich von Madrid – ein köstliches Gebäck aus Eigelb, fast eine Praline, die sehr frisch genossen werden muss, weil dafür rohes Eigelb verwendet wird. Der lautliche Unterschied ist klar: [*rio-cha*], aber [*jemas*]. So wie wir es hören, werden wir beide Wörter, auch wenn sie eingedeutscht würden, im Deutschen wohl niemals schreiben, genauso wenig wie wir *Cola* mit *K* schreiben würden (was allerdings bei *Kordhose/ Cordhose* durchaus üblich ist). Wenn es sich um Produktnamen handelt, liegen diese ähnlich wie Eigennamen außerhalb der

Rechtschreibregeln. Ob Sie *Schmidt* oder *Schmitt* heißen, geht die Rechtschreibung nichts an.

Im Deutschen bleibt die Fremdwortschreibung gewissermaßen auf halbem Wege stehen: Niemand hat ein Problem, *fantastisch* mit *f* zu schreiben, mit *Fantasie* tut sich der eine oder andere schon etwas schwerer und wenn ich im DUDEN von 2006 nach *Strofe* suche (wie im Neuregelungsvorschlag ursprünglich vorgesehen), finde ich ausschließlich *Strophe*. Es ist leider nach wie vor eine *Katastrophe*. Ich habe kein *Reuma*, sondern nach wie vor *Rheuma*, kein *Astma*, sondern *Asthma*. Der *Receiver* behält seine englische und der *Rechaud* seine französische Schreibung (und Aussprache) und der *Thron* wird sein *h* wohl auch auf immer und ewig behalten, denn schon bei der 2. Orthographischen Konferenz, die uns das *h* in *Thür* gestrichen hat, wusste Kaiser Wilhelm II. zu verhindern, dass auch das *h* in *Thron* fast gestrichen worden wäre: „Am Thron wird nicht gerüttelt" (soll er gesagt haben). Und wenn ich mich heute in den Meeren sprachlich umschaue, finde ich wohl äußerst selten einen *Tunfisch*, sondern, wenn überhaupt, dann immer noch *Thunfisch*, obwohl die Schreibung ohne *h* genauso zulässig wäre. Nur die Spanier haben wieder einmal kein Problem mit ihrem *atún*. Ein kleines „Langenscheidt Universal-Wörterbuch Spanisch" gibt die zweifache deutsche Schreibung ökonomisch so an: „T(h)unfisch". Lassen Sie also einfach mal das *h* weg, ohne dass Ihnen das gleich spanisch vorkommen müsste.

ooo, fff, ttt?

Man mag es am liebsten nicht sehen: Dreimal der gleiche Buchstabe hintereinander. Aber auch das gab es schon vor der Neuregelung, allerdings mit einer seltsamen Zusatzregel: Wir schrieben *Balletttruppe*, aber *Ballettänzer* (dreimal *t* war nur dann erlaubt, wenn ein weiterer Konsonant folgte). Da dürfen wir jetzt konsequenter sein und immer, wenn dreimal der gleiche Buchstabe aufeinander folgt, ihn ohne Ausnahme auch dreimal schreiben: *Kaffeeersatz* (oder wen es stört: *Kaffee-Ersatz*), *Zooorchester*,

Schifffahrt und *Balletttänzer* (wo wir auch wieder auf *Ballett-Tänzer* ausweichen können).

Ein wenig konsequenter ist es also wohl doch in der deutschen Rechtschreibung geworden, aber immer wieder werden auch Alternativschreibungen zugelassen, wo sich erst in der künftigen Entwicklung des Schreibgebrauchs der Deutschen zeigen muss, welche Schreibungen ‚angenommen' werden. So werden keine oft willkürlich erscheinenden Normierungen vorgenommen, sondern auch die Rechtschreibung bleibt letzten Endes eine Angelegenheit, die sich am jeweiligen (sich ggf. auch verändernden) Schreibgebrauch der Sprecher bzw. Schreiber einer Sprache, in unserem Fall des Deutschen orientieren muss.

ss – ß?

Ebenfalls sehr konsequent und, wie ich meine, wirklich begrüßenswert ist die Schreibung des stimmlosen *s* (im Auslaut und vor Konsonant). Es gibt keinen vernünftigen Grund dafür, dass das *ss* aus dem Inlaut (*Flüsse*) durch ein *ß* ersetzt wird, wenn dieses *ss* an das Wortende rutscht. Also schreiben wir heute ohne eine solche Ausnahmeregel nicht nur *Flüsse*, sondern konsequenterweise auch *Fluss*.

Nun werden die einen vielleicht zu bedenken geben, man könne doch nicht einfach das *ß* abschaffen. Das hatte auch niemand im Sinn, denn dass man etwa die Konjunktion *dass* nicht mehr mit *ß* schreibt (**daß*), bedeutet ja nicht, dass es kein *ß* mehr geben soll. Das ist, wir haben bereits davon gesprochen, nur in der Schweiz so, wo es das *ß* nie gegeben hat und auch heute nicht gibt.

Die anderen werden vielleicht einwenden, dass wir aber doch nach wie vor *Fuß* mit *ß* schreiben und damit eine unterschiedliche Schreibung gegenüber *Fluss* entstanden ist. Das ist richtig, aber es gibt jetzt eine einheitliche Regel, wann *ß* zu schreiben ist und wann *ss*, und zwar durchgängig, also im Wortinnern, wie am Wortende.

Nach langem Vokal und Diphthong wird *ß* geschrieben (also *Fuß, Straße, beißen)*, nach kurzem Vokal *ss* (also *Fluss, Fass, küssen, müssen* und *muss)*.

Das macht die *s*-Schreibung ein wenig konsequenter und damit einfacher, aber wirklich ‚leicht' wird sie damit trotzdem nicht, denn es gibt ja immer noch das stimmlose *s*, das nicht *ss/ß*, sondern als einfaches *s* (*Gans*, aber auch: *ganz)* geschrieben wird.

Zeichensetzung

Die Zeichensetzung war im amtlichen Regelwerk von 1901/1902 nicht geregelt worden. Erst nach und nach hat sich hier die DUDEN-Regelung herausgebildet, wie sie sich jetzt ein wenig vereinfacht im neuen amtlichen Regelwerk von 1996 findet. Vermutlich denken Sie, wenn von Zeichensetzung die Rede ist, gleich an das Komma, bei dem man nie wirklich sicher ist, wie ein Satz optisch durch Kommata zu gliedern ist. Schwierig wird es dadurch, dass die Gliederung des Satzes durch Kommata letztlich von bestimmten syntaktischen Verhältnissen abhängig ist; z.B. davon, ob etwas ein Hauptsatz oder ein Nebensatz ist, ein einfacher oder ein erweiterter Infinitiv usw. Deshalb sind im Grunde eine ganze Reihe grammatischer Kenntnisse erforderlich, um die Kommata (man ‚darf' übrigens anstatt der griechischen Pluralbildung längst auch *Kommas* sagen und schreiben) richtig zu setzen.

Wenn es generell um die *Satzzeichen* geht, werden wir vielleicht überrascht sein, was es außer Komma und Punkt noch alles gibt: Ausrufezeichen und Fragezeichen; Semikolon, Doppelpunkt, Gedankenstrich, Klammern; Anführungszeichen; Zeichen zur Markierung von Auslassungen, wie das Apostroph, den Ergänzungsstrich und die Auslassungspunkte (…). - Aber noch eine Bemerkung zur grammatischen Begründung der Kommaregeln und der Tendenz, den Schreibern auch hier größere Freiheit zu lassen. Haben Ihnen jüngere Bekannte vielleicht auch schon einmal beizubringen versucht, dass man im Brief nach der Anrede kein

Ausrufezeichen mehr setzt, sondern ein Komma (und dann entsprechend auch mit einem kleinen Buchstaben das erste Wort des eigentlichen Brieftextes beginnt)? Wenn Sie aber trotzdem schreiben wollen: *Sehr geehrter Herr Biere! Was haben Sie sich nur gedacht?* dann ist das genauso richtig, wie die Schreibung mit Komma: *Sehr geehrter Herr Biere, was haben Sie ...?* Beide Zeichensetzungen, Ausrufezeichen wie Komma, sind also korrekt. Und dann lese ich in der amtlichen Regelung noch Folgendes: *„In der Schweiz auch ohne Zeichen am Ende: ...".* Vielleicht gibt es noch mehr schweizerische Eigenarten als wir denken...

Insgesamt ist tatsächlich bemerkenswert, dass die Betonung der (kommunikativen) Funktion der Satzzeichen sie ein wenig aus dem grammatischen Korsett löst und dem Schreiber ‚stilistische Freiheiten' einräumt. So heißt es im Regelwerk: *„Die Satzzeichen sind Grenz- und Gliederungszeichen. Sie dienen insbesondere dazu, einen geschriebenen Text übersichtlich zu gestalten und ihn dadurch für den Leser überschaubar zu machen. Zudem kann der Schreibende mit den Satzzeichen besondere Aussageabsichten oder Einstellungen zum Ausdruck bringen oder stilistische Wirkungen anstreben."*

Apostroph

Wir wollen das Kapitel zur deutschen Rechtschreibung mit einem winzigen Zeichen abschließen, das für etwas steht, was ausgelassen worden ist: Nicht mit den berühmten drei Pünktchen (…) oder dem *usw., usf.,* sondern mit dem *Apostroph* (den wir weiterhin mit *ph* und (noch) nicht mit *f* schreiben).

„Ans oder an's? Aufs oder auf's?" lese ich als Untertitel in einem kleinen Beitrag eines Kollegen aus Wien: „DER APOSTROPH – DES APOSTROPH'S?" – In Schreibungen, in denen wir die Auslassung nicht mehr durch Apostroph markieren, erscheint uns das betreffende Wort als eigene Fügung, die nicht mehr in Bezug auf etwas Vollständiges verstanden wird: *‚Bis ans Ende der Welt'* zu gehen, erscheint uns nicht mehr als *‚das Ende der Welt',* sondern als

feste eigenständige Verbindung, in der es nichts mehr als Auslassung zu markieren gilt. Es handelt sich um weitgehend obligatorische Verschmelzungen.

Als Auslassung wird auch nicht mehr das fehlende *e* im Dativ verstanden (*im Haus – im Hause*): „*Was schon einmal verloren wurde, kann nicht nochmals ausgelassen werden*", schreibt R. Schrodt aus Wien im SPRACHREPORT 3/12. Der Apostroph ist ein Auslassungszeichen: In *D'dorf* für *Düsseldorf* sind gleich mehrere Buchstaben ausgelassen. Charakteristisch ist jedoch eher die Auslassung eines einzelnen Buchstabens: *Lassen wir's gut sein!* – *Lassen wir es gut sein!* Hier ist uns der Apostroph vertraut, er vertritt sozusagen das ausgelassene *e:* Aus *wir es* wird *wir's*.

Genitiv-s

Sollte man es als eine ‚Unsitte' ansehen, dass der Apostroph gelegentlich auch dort auftaucht, wo er gar nicht hingehört? – War ich zunächst einfach überrascht, am Strand vor unserem Hotel auf Fuerteventura auf *Heidi's Strandbar* (und *Erdinger Weißbier)* zu stoßen, war meine zweite Reaktion wieder professionell: Müsste ich den ‚Fehler' hier nicht akzeptieren? Ja, sicher, ich bin im Urlaub und jemand hat sich hier um die deutschen Urlauber bemüht und ihnen das Gefühl zu geben versucht, man müsse auf den Kanaren ebenso wenig wie auf Mallorca des Spanischen mächtig sein. Auch „*hier ist Deutschland*", wie uns der schon zitierte türkische Bauer wissen ließ, der den frisch gepressten Orangensaft für einen Euro anbot.

Aber im Ernst: Den sog. *sächsischen Genitiv* wie im Englischen gibt es im Deutschen nicht. Kasus- oder Pluralmarkierungen werden im Deutschen in keinem Kasus durch einen Apostroph angezeigt. Und daraus folgt, dass es auch schlicht „*Heidis Strandbar*" heißen müsste. Die zahlreichen Apostroph-Genitive, denen Sie überall begegnen, mögen vielleicht irgendeinen werbepsychologischen Sinn haben, aber in der deutschen Rechtschreibung gibt es bis heute kein Genitiv-

s, das mit Apostroph geschrieben würde, denn was sollte zwischen *Heidi* und *s* ausgelassen worden sein?

Vielleicht handelt es sich hier um eine Art Entlehnungsphänomen, nämlich um die Entlehnung einer grammatischen Regel aus dem Englischen zur Bildung des Genitivs. Das wäre allerdings einigermaßen erstaunlich, denn bei der Pluralbildung zu aus dem Englischen entlehnten Wörtern wenden wir die Pluralregeln des Deutschen an und schreiben den Plural von *Baby* natürlich *Babys* und nicht nach der Regel für das Englische *babies*. Auch die charakteristische englische Aussprache [*beibi*] ist im Deutschen bereits verloren gegangen: Wir begnügen uns mit einem langen *e:* [*be:bi*].

Vor kurzem entdeckte ich vor einem deutschen ,*Phoneshop*' sogar einen (englischen?) Apostroph-Plural: „*Info's zu allen Tarifen*". Ob hier das ´*s* des sächsischen Genitivs Pate gestanden und zu einer falschen Analogiebildung geführt hat?

Lektüreempfehlungen

Bei Unsicherheiten hinsichtlich der korrekten Schreibung einzelner Wörter wird man in der Regel eines der gängigen Rechtschreibwörterbücher konsultieren (z.B. den DUDEN-Band 1: *Die deutsche Rechtschreibung* oder *Deutsches Wörterbuch* von Gerhard Wahrig. Die Grundlage für alle Wörterbücher stellt jetzt die amtliche Regelung dar:

Deutsche Rechtschreibung. Regeln und Wörterverzeichnis. Tübingen: Narr, 1996. Später (z.B. 2006) in zwei Teilen: „*Teil I: Regeln*" und „*Teil II: Wörterverzeichnis*"

Der Text der „*Amtlichen Regelung der deutschen Rechtschreibung*", also der „*Teil I: Regeln*" ist auch abgedruckt im Anhang des DUDEN-Rechtschreibwörterbuchs (z.B. 24. Aufl., 2006).

Eine gut lesbare Einführung, insbesondere unter rechtschreibdidaktischen Aspekten, stellt das Büchlein von Gerhard Augst und Mechthild Dehn dar:

Augst, Gerhard/ **Dehn**, Mechthild: *Rechtschreibung und Rechtschreibunterricht. Können, Lehren, Lernen.* Dritte Auflage. Stuttgart/ Düsseldorf/ Leipzig: Klett Verlag 2007.

Eine eher theoretisch fundierte, allerdings nicht ganz leicht lesbare Darstellung der deutschen Rechtschreibung hat Utz Maas vorgelegt:

Maas, Utz: Grundzüge der deutschen Orthographie. Tübingen: Niemeyer, 1992.

Fragen zu Rechtschreibung, Zeichensetzung und Grammatik beantwortet telefonisch die Duden-Sprachberatung: Tel. 09001 870098 (1,86 € pro Minute aus dem Festnetz).

IV Mehrsprachigkeit in Europa

13 Deutsch in Europa und in der Welt

In den abschließenden Kapiteln wenden wir uns noch einmal aktuellen Aspekten der Mehrsprachigkeit zu. Als Hinführung zu dem unsere gesamte Darstellung durchziehenden Gedanken der Mehrsprachigkeit, sei es in einem einzelnen Individuum, sei es in einem mehrsprachigen Staatenverbund wie Europa, in dessen Institutionen und Gremien, sei es in der internationalen Fach-, Wirtschafts- und Wissenschaftskommunikation wie in der interpersonellen Kommunikation, wollen wir in diesem Kapitel zunächst noch einmal versuchen, unsere eigene Sprache, das Deutsche, außerhalb von Deutschland, in Europa und in der Welt aufzufinden: nicht als ‚Fremdsprache', sondern als ‚Muttersprache' von ‚*deutschsprachigen Minderheiten*'.

Wo wird in welchen kommunikativen Zusammenhängen (noch?) Deutsch als Muttersprache gesprochen und geschrieben? Wo finden sich deutschsprachige Minderheiten, die untereinander Deutsch sprechen, während sie im Umfeld einer anderen Mehrheitssprache leben? Wie gestaltet sich das Verhältnis von Minderheiten- und Mehrheitssprache im kommunikativen Austausch? Welche Formen von Mehrsprachigkeit und welche Arten von Sprachenmischungen, welche funktional differenzierten Varietäten finden wir? Wann wird also welche Sprache bzw. Varietät zu welchen kommunikativen Zwecken verwendet (Sprachenwahl) und welchen Status hat dabei das Deutsche? Solche relativ vielschichtigen Fragen will ich den folgenden Überlegungen zumindest zugrunde legen, ohne dass ich hier auf jede dieser Fragen eine detaillierte Antwort zu geben vermag. In den Mittelpunkt stelle ich die Frage nach der sprachlich-kommunikativen Situation deutschsprachiger Minderheiten in einer Reihe verschiedener Länder, im Kontext also ganz verschiedener Mehrheitssprachen.

Deutsch und andere Sprachen

Mit Fragen des Deutschen als Fremdsprache bzw. als Zweitsprache, die innerhalb Deutschlands in einem Migrationskontext erworben wird, haben wir uns bereits beschäftigt. Die Unterscheidung von ‚innerer' und ‚äußerer' Mehrsprachigkeit hat deutlich gemacht, dass dann, wenn man auch die Verwendung regionaler Varietäten neben der Standardsprache mit einbezieht, die meisten von uns tatsächlich in irgendeiner Form mehrsprachig sind bzw. im Laufe ihres Lebens durch das Erlernen der einen oder anderen Fremdsprache mehrsprachig geworden sind. Und dort wo unsere eigene Sprach(en)kompetenz nicht ausreicht, können wir die Hilfe eines Dolmetschers in der mündlichen Kommunikation oder eines Übersetzers im Fall von schriftlichen Texten in Anspruch nehmen.

Dabei sind wir stets davon ausgegangen, dass unsere Muttersprache zumindest innerhalb Deutschlands, darüber hinaus inzwischen allerdings auch in zahlreichen Urlaubsländern, zwar weitgehend allen kommunikativen Herausforderungen gerecht zu werden vermag, dass es jedoch immer auch Kommunikationssituationen gibt, in denen wir unsere kommunikativen Ziele nicht angemessen erreichen, ohne dass wir uns einer Fremdsprache bedienen, wie rudimentär auch immer. So erwarten wir beispielsweise von amerikanischen oder japanischen Touristen in Deutschland, dass sie sich vielleicht auch ein wenig bemühen, ein paar Worte Deutsch zu sprechen. Ich gebe zu, dass dies viel verlangt ist, wenn man bedenkt, dass die Japaner manchmal in zwei oder drei Wochen eine ganze Europareise hinter sich bringen. Wie viele Sprachen müssten sie da lernen?

Selbstverständlich hat jeder Mensch ein *Recht auf seine eigene Sprache*, aber ein kommunikativ sensibler Mensch wird niemals auf das ausschließliche Verwenden seiner eigenen Sprache pochen, sondern sie nur dort verwenden, wo es ihm kognitiv oder kommunikativ sinnvoll erscheint.

Und so können und sollen auch die *deutschsprachigen Minderheiten* (in welchem Land der Welt auch immer) sicherlich ihre Muttersprache und damit ihre sprachlich-kulturelle Identität ‚pflegen', sie werden aber immer auch realitätsbewusst genug sein, um sich auch den Herausforderungen der Mehrsprachigkeit zu stellen, um in der Spannung zwischen ihrer Minderheitensprache ‚Deutsch' und der sie jeweils umgebenden Mehrheitssprache kommunikativ erfolgreich zu sein.

100 Millionen Deutschsprachige in Europa
Nach aktuellen Angaben der Bundesregierung ist Deutsch mit etwa 100 Millionen Sprechern in Europa die *meistgesprochene Sprache.* Um diese relativ hohe Zahl zu begründen, wird auch auf *„anerkannte deutschsprachige Minderheiten"*, *„wie zum Beispiel in Belgien, Dänemark, Italien, Polen, Rumänien und Ungarn"* hingewiesen. Hinzu kommen weitere ganz oder teilweise deutschsprachige Länder wie Österreich und die Schweiz, wo man jedoch nicht von deutschsprachigen Minderheiten spricht, weil sich das Deutsche hier als durchgängige Landessprache findet. Diese ist allerdings auf ein eigenes normbildendes Zentrum in dem jeweiligen Land bezogen ist; also nicht auf Berlin, sondern auf Wien oder in der deutschsprachigen Schweiz auf Zürich (Deutsch als plurizentrische Sprache). Im Schwyzerdeutsch sind die Verhältnisse allerdings ein wenig komplizierter (z.B. hinsichtlich Mündlichkeit und Schriftlichkeit), in Belgien können wir dagegen tatsächlich von einer deutschsprachigen Minderheit sprechen, die in einer bestimmten Region ansässig ist, nämlich in Ostbelgien in der Gegend um Eupen. Aber gerade hier, und noch deutlicher vielleicht in Luxemburg, ist das Deutsche stets ein Element in einem Kontext individueller wie staatlicher Mehrsprachigkeit.

Unsichere Zahlen
Mit Zahlen zu jonglieren, ist nie ganz unproblematisch, weil der Kontext, in dem die Zahlen gewonnen worden sind, nicht immer einheitlich ist und sich die Gegebenheiten natürlich auch ständig

verändern. So leuchtet unmittelbar ein, dass sich die Zahl der deutschen Muttersprachler in der *Sowjetunion*, die 1979 noch mit über einer Million angeben wird, verringert haben dürfte und sich weiter verringern wird, wenn immer mehr sog. Russlanddeutsche (auch: ,Wolgadeutsche') nach Deutschland übersiedeln. Das Gleiche dürfte für *Polen* gelten, wo 1983 ebenfalls noch über eine Million Deutschsprachiger bzw. *„deutsche Staatsangehöriger"* bzw. sog. *„Autochtonen"* (dieser Begriff wurde von polnischer Seite verwendet) gezählt wurden. Die Zahlen sind auch deshalb unzuverlässig, weil es sich größtenteils um Angaben der Sprecher selbst handelt, die es in dem jeweiligen politischen Kontext für mehr oder weniger opportun halten, sich zu ihrer Deutschsprachigkeit zu bekennen. Wie sich in dem einen oder anderen Land die deutschen Sprachkenntnisse differenzierter darstellen, beispielsweise im Vergleich zwischen den Generationen, bestellt ist, bleibt größtenteils unberücksichtigt.

Die quantitativen Unterschiede zwischen den von der Bundesregierung angeführten Ländern sind groß: Während es in *Dänemark* nur etwa 20.000 Nordschleswiger gibt, deren Muttersprache Deutsch ist, waren es in der ehemaligen *Tschechoslowakei* immerhin etwa 60.000. In *Belgien* finden wir über 100.000 Deutschsprachige, in *Ungarn* und *Rumänien* sind es jeweils gut 200.000 und in *Italien* fast 300.000.

Je nachdem, wie man ,*Deutschsprachigkeit*' definiert, finden wir 1982 auch in *Frankreich* (im Elsass und in Lothringen) noch über eine Million Einwohner, die des Deutschen zumindest passiv mächtig sind, es aber teilweise, beispielsweise in deutsch-französischen Ehen, auch noch fließend sprechen. Wir werden dann jedoch in der Regel nicht das Standarddeutsche antreffen, sondern die jeweilige regionale Varietät, also Elsässisch bzw. Lothringisch. Bei der international bekannten lothringischen Sängerin Patricia Kaas konnte man die regionale Varietät im Interview deutlich heraushören; wenn sie die Lieder von Edith Piaf singt, zeigt sich jedoch, dass Französisch ebenso ihre Muttersprache ist wie Lothringisch, dass sie also perfekt zweisprachig ist.

Deutschsprachige in aller Welt

Wo könnten wir außerhalb Europas deutschsprachige Minderheiten finden? Sicherlich in den großen Einwanderungsländern Australien, Kanada und in den USA oder auch in Lateinamerika. Relativ pauschale Angaben hierzu macht ein Forschungsüberblick zum Thema ,*Deutschsprachigen Minderheiten*', der Ende der 80-er Jahre am Institut für Deutsche Sprache in Mannheim im Auftrag des Auswärtigen Amts erarbeitet worden ist.

In *Australien* ist die Gemeinschaft der Deutschsprachigen relativ klein. 1986 wurden nur knapp 110.000 Personen mit „*Deutsch als Haussprache*" gezählt. In Perth in Südwestaustralien versammelten sich 2008 gerade einmal 30-40 deutschsprachige Mitglieder der ,*Goethe Society*' (die hier bezeichnenderweise nicht ,*Goethe-Gesellschaft*' heißt) zu einem kleinen Vortrag, den ich dort anlässlich eines Lehraufenthalts an der University of Western Australia hielt. Wenn es sich bei den Zuhörern nicht gerade um Deutschlehrerinnen handelte, war Deutsch tatsächlich nur ihre ,*Haussprache*'. Im beruflichen Alltag spielte Deutsch kaum eine Rolle. Ähnlich wird es in *Kanada* sein, wo wir 1989 noch fast eine halbe Million Personen mit Deutsch als Muttersprache finden. Und auch in den *USA* wurden 1980 sogar noch 1,6 Millionen Personen mit ,*Deutsch als Haussprache*' gezählt.

In Lateinamerika hat wohl *Brasilien* den größten Anteil an Sprechern des Deutschen, nämlich etwa eine Million (die Schätzungen reichen von 500.000 bis 1,5 Millionen), in *Argentinien* sind es etwa 300.000, in *Paraguay* noch 125.000, in *Mexiko* finden wir 50.000 bis 60.000 Personen mit Deutsch als Muttersprache, in *Chile* 20.000 bis 30.000 und selbst in *Kolumbien* sind es noch gut 10.000, ebenso in *Bolivien* und immerhin noch rund 8.000 in *Uruguay*, 4.500 in *Peru* und etwa 3.000 in *Ecuador*.

In Afrika steht *Südafrika* an der Spitze mit rund 40.000 Personen, die Deutsch als Haus- oder Umgangssprache sprechen, gefolgt von *Namibia* mit ca. 20.000 Deutschsprachigen. Und auch in *Israel* leben natürlich deutschsprachige Juden aus Deutschland und Österreich (rund 100.000).

Beispiel Rumänien: ,Siebenbürger Sachsen'
Aber zurück nach Europa: In *Rumänien* wurden Ende der 80-er Jahre noch etwa 200.000 Personen mit Deutsch als Muttersprache gezählt. Gerade in Bezug auf Rumänien sind in den letzten Jahrzehnten zahlreiche Projekte in Angriff genommen worden, die von der Bundesregierung (Beauftragte für Kultur und Medien) unterstützt werden. So wird beispielsweise die Fortführung eines siebenbürgischen *Schriftstellerlexikons* ebenso gefördert wie ein siebenbürgisch-sächsisches *Wörterbuch* oder die Archivierung und Digitalisierung wichtiger sprachlicher Quellen wie beispielsweise siebenbürgischer *Gesangbücher* in deutscher Sprache.

Siebenbürgen ist neben dem *Banat* eine der traditionellen *,Vielvölkerregionen'* Rumäniens. Die älteste deutschsprachige Bevölkerungsgruppe in Südosteuropa waren die *,Siebenbürger Sachsen'*. Sie stammten jedoch nicht aus dem heutigen Sachsen, sondern vermutlich aus Mittelfranken und dem westlichen Rheinland, aus Westfalen, Hessen, Bayern und Thüringen. *,Sachsen'* wurden in Rumänien die rund 300.000 Deutschsprachigen genannt (im heutigen Kroatien werden Deutsche dagegen offenbar als *,Schwaben'* bezeichnet), denen in ihrem Siedlungsgebiet *,Königsboden'* nördlich der heutigen rumänischen Stadt Sibiu (Hermannstadt) und im Burzenland (um Kronstadt) durch König Andreas II. im „*Goldenen Freibrief*" von 1224 territoriale, politische und kirchliche Unabhängigkeit garantiert wurde. Die dadurch ermöglichte Selbstverwaltung wurde erst mit der Angliederung Siebenbürgens an die ungarische Hälfte der österreichisch-ungarischen Doppelmonarchie im Jahre 1876 aufgehoben. Allerdings siedelten sich bereits im 18. Jahrhundert in Siebenbürgen auch ‚Kolonisten' aus Oberösterreich, Kärnten und der Steiermark an. 1918, zwei Jahre vor dem Anschluss an das Königreich Rumänien sollen allein in Siebenbürgen rund 230.000, vorwiegend evangelische ‚Sachsen' (= Deutschsprachige) gelebt haben.

‚Banater Schwaben' und ethnische Vielfalt

Die von Ungarn im frühen 18. Jahrhundert unterstützte Ansiedlung Deutschsprachiger im Banat, einem Gebiet im Südosten Ungarns um die heutige rumänische Stadt *Timisoara* (Temeschwar), erfolgte in drei ‚Wellen', den sog. *‚Schwabenzügen'* Anfang, Mitte und gegen Ende des 18. Jahrhunderts. Neben den deutschen Kolonisten (die ebenso wenig ‚Schwaben' waren, wie die Siebenbürger Sachsen ‚Sachsen'; s.o. die Bemerkung zu Kroatien) brachte die seinerzeit von Ungarn betriebene ‚Kolonisierung' des Banat Regionen hervor, die von einer außergewöhnlichen ethnischen Vielfalt geprägt waren. Die Siedlergruppen, die dazu wesentlich beitrugen, kamen aus Italien und Spanien, aus Albanien und Bulgarien, aus den Niederlanden und aus Frankreich, aus Tschechien und aus der Ukraine. Warum schließlich der deutschsprachige Teil der Siedler im Banat überwog, ist schwer zu sagen. Manche Forscher führen dies auf unterschiedliche Altersstrukturen sowie auf ein höheres Lebensalter zurück, das die deutschsprachigen Siedler erreichten. Sie stammten ähnlich wie die Siebenbürger Sachsen größtenteils aus dem westlichen Rheinland und aus Franken, ein kleinerer Teil aus Württemberg, Bayern, Tirol, Sachsen, Böhmen und der Slowakei.

Bis Ende des 18. Jahrhunderts wanderten insgesamt etwa 60.000 Siedler in das Banat ein und gründeten rund 100 ‚deutsche' Gemeinden. Rechtsgrundlage für diese Kolonisation waren die 1755 unter Maria Theresia formulierten ‚Ansiedlungsbedingungen', die den Siedlern (noch einmal) eine Reihe von Freiheitsgarantien gaben. Im Banat, das bis 1918 zu Ungarn gehörte, lebten gegen Ende des ersten Weltkriegs noch über 300.000 ‚Banater Schwaben', die im Gegensatz zu den Siebenbürger Sachsen überwiegend römischkatholisch waren. 1919 wurde das östliche Banat in das Königreich Rumänien eingegliedert, so dass wir ab Anfang des 20. Jahrhunderts im Banat von „*Rumäniendeutschen*" sprechen können. Allerdings blieb nur der östliche Teil der Bukowina bei Rumänien, der nördliche Teil fiel 1940 bzw. 1947 an die Sowjetunion und gehört heute zur Ukraine. Die 70.000 Bukowina-Deutschen wurden bereits 1940 wieder nach Deutschland umgesiedelt.

„Deutsche Volksgruppe in Rumänien"

Die heute als ‚rumäniendeutsch' bezeichnete Minderheit bestand bis Anfang des 20. Jahrhunderts aus sehr unterschiedlichen Bevölkerungsgruppen, die weitgehend unabhängig von einander auf dem Gebiet des Königreichs Rumänien lebten. Ein politischer Zusammenschluss erfolgte erst, als in den 30-er Jahren der Nationalsozialismus zunehmend Anhänger gewann – und dies nicht nur unter den Deutschsprachigen Rumäniens. Unter dem faschistisch orientierten König Carol II. trat Rumänien 1941 zunächst auf deutscher Seite in den Krieg gegen die Sowjetunion ein, bis es 1944 schließlich Deutschland den Krieg erklärte. Bis dahin waren die inzwischen mehr als 700.000 Rumäniendeutschen in immer größere Abhängigkeit von der NSDAP geraten, auf deren Druck bereits 1940 das sog. ‚*Volksgruppengesetz*' erlassen worden war. Dieses Gesetz erklärte die ‚*Deutsche Volksgruppe in Rumänien*' zu einer juristischen Person mit wirtschaftlichen, politischen und kulturellen Privilegien.

„Rumäniendeutsch"

Das ‚*Rumäniendeutsch*' ist bis heute sehr vielfältig geblieben. Neben der deutschen Standardsprache und einer österreichisch gefärbten Umgangssprache existieren in den ehemaligen Siedlungsgebieten der deutschen Minderheit überregionale, regionale und lokale Mundarten. Am einheitlichsten erscheint der *südostschwäbische Dialekt* der sog. *Sathmar-Schwaben* mit relativ wenigen rumänischen, dagegen jedoch zahlreichen ungarischen Entlehnungen. Die aus Württemberg, Franken und dem Rheinland stammenden Sathmarer Schwaben wurden Anfang des 18. Jahrhunderts auf Initiative der Habsburger und ungarischer Grundherren angeworben und im äußersten Nordwesten des heutigen Rumäniens südlich der Stadt *Sathmar* (*Satu Mare*) angesiedelt.

Im Banat überwiegen dagegen *südfränkisch-alemannische* sowie *südfränkisch-bairische* Dialekte mit ungarischen und rumänischen Wortschatzelementen. In der Bukowina (Buchenland) im rumänisch-ukrainischen Grenzgebiet existieren *rheinfränkisch-pfälzische* und *mittelbairisch-böhmerländische* Mischdialekte, in der ‚Sprachinsel' Oberwischau östlich von Sathmar finden wir schließlich wieder *mittel- und südbairsche* Dialekte mit *österreichischen* und selbst *schlesischen* Einflüssen. - Die allmählich zunehmende Urbanisierung förderte einerseits die Entstehung neuer, überregionaler Mundarten, andererseits die weitere Verbreitung der deutschen Standardsprache, die in der jüngeren Generation bald zur vorherrschenden Varietät wird.

Die Rumäniendeutschen sind auch heute noch in der Regel *mehrsprachig*. Ihre Sprachkompetenzen sind zum Teil ungewöhnlich breit gefächert. So beherrschen zahlreiche Sprecher beispielsweise mehrere Varietäten des Deutschen wie auch des Rumänischen (Standardsprache und Dialekte). Je nach der Art der Sprachkontakte finden sich darüber hinaus ungarische, serbische oder ukrainische Sprachkenntnisse.

Am Arbeitsplatz wie auch in der Freizeit durchdringen jedoch rumänische Elemente inzwischen so stark die Kommunikation (*„Die ganze Instalatie müssen wir revizuin"*), dass sich fast so etwas wie eine ‚Mischsprache' herauszubilden scheint. Wenn der Rumäniendeutsche einen ‚Grillbraten' bestellt hat, dann ‚*kommandierte*' er einen ‚*Gretar*' (rum.: *a commanda un gratar*).

Mit der anhaltenden Auswanderung bzw. Aussiedlung rumänischer Bürger deutscher Nationalität und Sprache seit den 80-er Jahren sind die deutschsprachigen Institutionen ebenso zurückgegangen wie der Zusammenhalt der Restgruppe der Deutschsprachigen. Mit dem zahlenmäßigen Rückgang der deutschsprachigen Minderheit in Rumänien geht natürlich auch Kenntnis und Verwendung der deutschen Sprache weiter zurück. Vielleicht ist die Kirche, wie die erwähnte Beschäftigung mit den Gesangbüchern andeutet, eine der letzten Domänen des Deutschen in Rumänien. Aber selbst in ehemals deutschsprachigen Gemeinden ist die heutige Kirchensprache eher Rumänisch als Deutsch.

Deutschsprachige Literatur in Rumänien

Ins Bewusstsein der Öffentlichkeit ist die rumäniendeutsche Tradition vielleicht erst wieder mit der Verleihung des Literaturnobelpreises an die rumäniendeutsche Schriftstellerin *Herta Müller* im Jahre 2009 getreten. Mit den Regionen Siebenbürgen und dem Banat sind eine ganze Reihe weiterer Schriftstellerbiografien verbunden, wie beispielsweise die von Oskar Pastior, der den Stoff für eines der Bücher Herta Müllers lieferte, oder Joachim Wittstock, der mir als Gast am Institut für Deutsche Sprache 1987 sein kleines in Cluj-Napoca (Klausenburg) erschienenes Büchlein ,mondphasenuhr' verehrte. Die letzte Strophe des darin enthaltenen Gedichts „SPRACHE' lautet:

Der deutschen Sprache aber ausgeliefert,
die fürs Ungeschaffene Benennungen bereithält,
der Unersättlichen ausgeliefert,
was kann ich durch sie?

Mehr als in anderen osteuropäischen Ländern fand sich gerade in Rumänien stets ein reges deutschsprachiges *literarisches Leben*. In *Temeswar* (Timsoara) gab es ein "deutsches Staatstheater", in *Hermannstadt* (Sibiu) eine „deutsche Abteilung" am dortigen Staatstheater. Mit der literarischen Zeitschrift „*Neue Literatur*" schufen sich die deutschsprachigen Schriftsteller ein gemeinsames Forum. Schon früh siedelten allerdings die ersten nach Deutschland über: Oskar Pastior kam bereits 1968 in die Bundesrepublik, Herta Müller lebt seit 1987 in Berlin, Joachim Wittstock lebt meines Wissens noch in Rumänien. Die Zeitschrift *„Neue Literatur. Zeitschrift des Schriftstellerverbandes der SRR"*, die 1949 aus der in Temeswar gegründeten Literaturzeitschrift *„Banater Schrifttum"* hervorgegangen war, verlegte 1958 den Redaktionssitz nach Bukarest. Bald erschien sie nur noch unregelmäßig bis sie 1995 eingestellt wurde.

In dem Maße, in dem große Teile der deutschsprachigen Minderheiten aus Rumänien, ebenso wie aus der Sowjetunion („Wolga-Deutsche"), aus der Ukraine, aus Ungarn und aus Polen, nach Deutschland zurückkehren, geht die deutsche Sprache als Minderheitensprache in den betroffenen Regionen immer mehr zurück. Bleiben Mitglieder der jüngeren Generationen in ihrer neuen Heimat, so sind die Assimilisierungstendenzen groß. Durch das an der jeweiligen Mehrheitssprache orientierte Schulwesen der betreffenden Länder hat die (ehemalige) Muttersprache Deutsch bei den verbliebenen Jugendlichen kaum noch eine Chance, sie wird zur *„Großmuttersprache"*.

Beispiel Ungarn

Ein Beitrag von G. Jakob in der Zeitschrift SPRACHREPORT Ende 1986, den wir hier unseren knappen Überlegungen zu ‚Deutsch als Minderheitensprache in Ungarn' zugrunde legen, hat genau diesen Titel: *„Deutsch als Großmuttersprache"*. Anlässlich eines Staatsbesuchs des damaligen Bundespräsidenten Richard von Weizsäcker führte eine ungarndeutsche Schule bei *Pécs (Fünfkirchen)* in Südungarn *„donauschwäbische Trachten, Volkslieder, Mundartartdichtung"* vor und der Bundespräsident war beeindruckt: *„Es hat unsere Herzen erfreut, wie Sie sich Ihrer Herkunft erinnern."* (Sprachreport 4/86, S. 12).

Eine Begegnung mit Vertretern der *„Ungarn deutscher Nationalität"* (es waren seinerzeit noch etwa 200.000) war keineswegs ein politischer Affront, denn offensichtlich legte die ungarische Regierung ausdrücklichen Wert darauf, dem Staatsgast auch das eher ländlich-provinziell geprägte Leben der Ungarndeutschen zu zeigen, nicht zuletzt als lebendigen Hinweis auf die bereits in den 80-er Jahren relativ liberale Minderheitenpolitik in Ungarn.

Liberale Minderheitenpolitik

1985 hatte die „Ungarische Sozialistische Arbeiterpartei", den folgenden Beschluss gefasst:

„Die Nationalitäten betrachten die Volksrepublik Ungarn als ihre Heimat. Ihre Gleichberechtigung, die Pflege ihrer Muttersprache, die Entwicklung ihrer Kultur müssen auch in Zukunft gesichert werden. Wir schätzen und unterstützen auch weiterhin die Tätigkeit der Nationalitätenverbände. Die Nationalitäten spielen eine wichtige Rolle bei der Entfaltung der Freundschaft zwischen den Ungarn und den benachbarten Völkern. Die Kontakte der ungarländischen Nationalitäten zu den Nationen mit gleicher Muttersprache halten wir für natürlich und fördern sie. Für genauso natürlich halten wir, daß die Werktätigen ungarischer Nationalität in den benachbarten Ländern – als treue Bürger ihrer Heimat – ihre Muttersprache pflegen, ihre nationale Kultur entfalten und zur Festigung der Freundschaft und Zusammenarbeit zwischen unseren Ländern beitragen."

Bereits seit Anfang der 50-er Jahre war der Deutschunterricht in allen Schulstufen, vom Kindergarten bis zum Abitur, wieder eingeführt worden. Allerdings wurde dieser Unterricht gerade auch von einem großen Teil ungarischsprachiger Schüler wahrgenommen, so dass es sich weniger um einen muttersprachlichen Unterricht als vielmehr um normalen Fremdsprachenunterricht gehandelt haben dürfte. Bereits in der Grundschule wurde jedoch tatsächlich ein „zweisprachiger Unterricht" angestrebt, bei dem beispielsweise die Fächer Umweltkunde, Musik und Geschichte in deutscher Sprache unterrichtet werden. Auch in einigen Gymnasien wurden deutschsprachige Züge eingeführt (z.B. in Budapest, Fünfkirchen und Frankenstadt).

Im Unterrichtsgesetz von 1986 hieß es dementsprechend (§ 7):

„(1) Die Sprache der Erziehung im Kindergarten und des Unterrichts in der Schule ist ungarisch sowie jede in der Volksrepublik Ungarn gesprochene Nationalitätensprache.
(2) ...
(3) Die Nationalitätensprachen können auf sämtlichen Stufen des Schulunterrichts gelernt werden.“

Auch in der ungarischen Germanistik, in Volkskunde und Soziologie wird die Nationalitätenthematik seit Mitte des 20. Jahrhunderts bearbeitet. Ein interdisziplinäres Institut zur Erforschung der Minderheiten unterhält auch eine deutsche Sektion.

Keine homogenen Sprachgebiete
In eher kleinräumigen Strukturen finden sich zwar ungarische Ausprägungen rheinfränkischer und bairischer Dialekte, von geschlossenen Verbreitungsgebieten, wie sie ehemals wohl bestanden haben, kann jedoch nicht mehr die Rede sein. Selbst in den südungarischen Gebieten um *Pécs* (Fünfkirchen) und in einigen an Österreich angrenzenden Gebieten sind die Deutschsprachigen nur eine Nationalitätengruppe unter anderen.

Gute (muttersprachliche) Deutschkenntnisse sind tatsächlich nur noch bei der Großelterngeneration vorhanden, so dass zu Recht davon gesprochen werden kann, dass Deutsch in Ungarn zu einer *Großmuttersprache* geworden ist.

Gleichwohl ist das Interesse am Erwerb von *Fremdsprachenkenntissen* groß. Vergleichbar mit anderen kleineren europäischen Ländern mit weniger verbreiteten Sprachen investiert man auch in Ungarn in seine Fremdsprachenkenntnisse. Während *Russisch* lange

Zeit die erste obligatorische Fremdsprache war, hat *Englisch* das Russische heute längst aus dieser Position verdrängt, war es doch bereits in den 80-er Jahren die zweit beliebteste Fremdsprache vor *Deutsch*, das auf dem dritten Platz der Beliebtheitsskala lag.

War damals die DDR der wichtigste deutschsprachige Handelspartner Ungarns, so ist es heute sicherlich der Tourismus, der als ein Arbeitsplätze schaffender Wirtschaftsfaktor Deutsch attraktiv macht. Auch wenn es uns vielleicht schon ganz geläufig ist, vom *,Balaton'* anstatt vom *,Plattensee'* zu sprechen, freuen wir uns doch nicht nur, wenn wir ,erraten' haben, dass ein *Eterem* wohl ein Restaurant sein könnte, sondern auch, wenn es eine deutsche Speisekarte gibt und wir die Bedienung ,loben' können, wie gut sie Deutsch spricht und sie bescheiden genug ist, um zu antworten: „*Ein bisschen. Ich lerne noch.*"

,Magyardisierung'

So kann man gegenwärtig in Ungarn wohl zwei gegenläufige Bewegungen beobachten: Während *Deutsch als Muttersprache* den nächsten Generationenwechsel wohl kaum überdauern wird, so ist doch das Interesse an *Deutsch als Fremdsprache* deutlich angestiegen. Deutschkenntnisse werden bei jüngeren Ungarn also jenseits muttersprachlicher Kompetenzen als Kenntnisse des Deutschen als Fremdsprache immer häufiger zu finden sein. Selbst wenn der eine oder andere Jugendliche einen Generationen zurückliegenden deutschsprachigen familiären Hintergrund haben sollte, so sind seine Deutschkenntnisse doch faktisch fremdsprachliche Kenntnisse des Deutschen; die junge Generation ist inzwischen weitestgehend ,magyardisiert', die jungen Menschen sind also ganz einfach zu Ungarn geworden, gleich welcher (ursprünglichen) Nationalität.

Auswärtige Kultur- und Bildungspolitik

Im Rahmen ihrer Auswärtigen Kultur- und Bildungspolitik fördert die Bundesrepublik Deutschland in Zusammenarbeit mit verschiedenen *Mittlerorganisationen* die deutsche Kultur im Ausland gerade auch dort, wo keine Bezüge zu deutschsprachigen Minderheiten zu finden sind. Zu den zu fördernden Bereichen gehört (neben dem Wissenschafts- und Hochschulaustausch, dem Auslandsschulwesen, der Beruflichen Bildung und Weiterbildung, der Kulturellen Programmarbeit, neben Medien, Jugend und Sport) auch die *„Deutsche Sprache"*, die im Bericht der Bundesregierung *„Auswärtige Kultur- und Bildungspolitik 2010/2011"* als einen eigener Tätigkeitsbereich aufführt wird:

„Aus außenkulturpolitischer Sicht ist die Förderung der deutschen Sprache ein wichtiges Instrument, um **langfristige Bildungspartnerschaften** *einzugehen, zukünftige Spitzenkräfte an Deutschland zu binden und so den* **Wirtschafts-, Wissenschafts- und Studienstandort Deutschland zu stärken.** *Vor dem Hintergrund sinkender Zahlen Deutschlernender hat sich das Auswärtige Amt daher zum Ziel gesetzt, die Förderung von Deutsch als Fremdsprache (DaF) weltweit zu intensivieren. Sprachförderung ist eine Generationenaufgabe, die kontinuierlicher und langfristiger Investitionen bedarf."* (S. 30)

In der 2010 begonnenen Kampagne *„Deutsch – Sprache der Ideen"* arbeitet das Auswärtige mit den sog. *Mittlerorganisationen* zusammen: dem *Goethe-Institut*, dem *Deutschen Akademischen Austauschdienst (DAAD)*, der *Zentralstelle für Auslandsschulwesen*, dem *Pädagogischen Austauschdienst*, dem *Institut für Auslandsbeziehungen* und der *Deutschen Welle*. Schwerpunkte der Kampagne waren bisher Russland und Indien, dann aber auch Frankreich, China und die EU-Institutionen.

Fast 15 Millionen Deutschlernender 2010

Nach einer vom *„Netzwerk Deutsch"* alle fünf Jahre durchgeführten Erhebung lernen derzeit weltweit ca. 14,5 Millionen Menschen Deutsch (als Fremdsprache), davon ca. 12,8 Millionen an Schulen, rund 1,45 Millionen an Hochschulen und etwa 0,2 Millionen in Institutionen der Erwachsenenbildung.

Eine immer größere Bedeutung im Rahmen der Förderung von Deutsch als Fremdsprache gewinnt dabei *„Deutsch als Zusatzqualifikation für den Beruf und für die Wirtschaft"*. In verschiedenen Ländern durchgeführte Projekte haben bereits deutlich gemacht, *„welche Vorteile deutsche Sprachkenntnisse für die berufliche Entwicklung junger Menschen weltweit und für die deutsche Wirtschaft bringen."* (S. 31) - In Europa sind, wie gesagt, fast 100 Millionen Menschen deutsche Muttersprachler. Damit ist Deutsch die meistgesprochene Sprache in der EU. Hinzu kommen weltweit fast 15 Millionen Menschen, die auf die eine oder andere Weise Deutsch als Fremdsprache erlernt haben. Man kann sich gut vorstellen, dass dies auf der Ebene der EU-Institutionen zu immer wieder neuen Anläufen führt, die Stellung der deutschen Sprache, die offiziell dritte Amts- und Arbeitssprachesprache neben Englisch und Französisch ist, zu stärken (s. Kap. 18).

Lektüreempfehlungen

Abgesehen von inzwischen zahlreichen Arbeiten zu ‚*Deutsch als Fremdsprache*' (siehe die Lektüreempfehlungen zu Kapitel 9) ist die Literatur zu ‚*Deutschsprachigen Minderheiten*' immer noch überschaubar. Andererseits gibt es kaum Überblicksdarstellungen, sondern eher sehr spezialisierte bzw. länderspezifische Darstellungen. Daher empfehle ich als ersten Gesamtüberblick, wenn auch nicht mehr ganz aktuell:

Born, Joachim/ **Dickgießer**, Sylvia: *Deutschsprachige Minderheiten. Ein Überblick über den Stand der Forschung für 27 Länder.* Institut für deutsche Sprache im Auftrag des Auswärtigen Amtes. Mannheim 1989.

Die Publikationsreihe des IDS *„Deutsche Sprache in Europa und Übersee"* wurde 1993 mit Bd. 15 abgeschlossen.

14 Vielsprachigkeit und Bilingualismus

Beginnen wir unser – fast abschließendes – ‚*Lob der Mehrsprachig-keit*‘ mit einem Zitat aus Goethes Maximen und Reflexionen (91), das uns darin bestärkt, fremde Sprachen verstehen zu lernen, nicht nur, um unsere individuellen kommunikativen Möglichkeiten auf eine breitere Basis zu stellen, sondern letztendlich auch, um unsere eigene Sprache (und vielleicht sogar uns selbst) besser zu verstehen:

„Wer fremde Sprachen nicht kennt, weiß nichts von seiner eigenen.“

Noch einmal: Wissen und Können

Vielleicht werden Sie einwenden, das könne doch nicht sein. Schließlich sprechen wir unsere Muttersprache, doch in jedem Fall besser als jede mögliche Fremdsprache, die wir lernen könnten. – Das ist richtig, aber in dem Goethe-Zitat geht es nicht um die praktische Sprachbeherrschung, deren muttersprachliche ‚Zwang-losigkeit‘ wir in der Fremdsprache kaum erreichen können (*Können*). Es geht um ein *Nachdenken über Sprache* – oder, wie wir jetzt im Kontext unserer Überlegungen zur Mehrsprachigkeit sagen können – auch um ein Nachdenken über Sprache**n** (in der Mehrzahl), in dem unsere eigene Sprache zunächst eine besondere Position einnimmt, weil wir vielleicht annehmen, dass wir über sie mehr wissen als über irgendeine Fremdsprache (*Wissen*).

Sich gegenüber seiner eigenen Sprache *reflexiv* zu verhalten (ich möchte fast sagen: ‚*nachdenklich*‘), ist eine besondere Fähigkeit, die mit dem Erwerb einer natürlichen Sprache angelegt ist, weil die Sprachen selbst sprachreflexive Mittel enthalten. In der alltäglichen Kommunikation bleibt zur Sprachreflexion allerdings kaum genug Zeit. Nicht nur die Zeit, sondern auch die Sprache läuft uns gewissermaßen davon. Wir müssten ihre kommunikative Bewegung anhalten, um sie wie einen Gegenstand betrachten zu können. Eine Betrachtung, die jedoch nicht nur Sprache zum *Gegenstand* hat, sondern sich selbst auch in eben dieser Sprache artikulieren muss.

Genau in diesem Sinn ist Sprache ein reflexives Medium, indem wir uns, auch wenn wir uns ihrer Betrachtung zuwenden, ihrer selbst bedienen müssen.

Wenn wir alltagssprachlich kommunizieren, ist dieses Handeln ein sprachspezifisches Können, das wir mit dem Begriff der *Sprachkompetenz* zu erfassen versucht haben. Wenn wir unsere Sprache (im Kontext mit anderen Sprachen) jedoch verstehen wollen, müssen wir uns ein bewusstes *Wissen über Sprache* aneignen. Wenn wir das tun, betreiben wir Sprachreflexion.

Einen reflexiven Zugang zur je eigenen Sprache zu finden, wird nun tatsächlich dadurch erleichtert, dass man die eigene Sprache im Kontext mit anderen Sprachen sieht; im Kontext einer fremden Sprache, die uns vielleicht auch unsere eigene Sprache ein wenig ‚fremd' erscheinen lässt, so dass wir so viel Abstand zu ihr gewinnen, dass wir sie, wie gesagt, wie einen Gegenstand außerhalb unserer selbst betrachten können, obwohl sie doch einen wesentlichen Teil von uns selbst darstellt.

Sprachvergleich und Mehrsprachigkeit

Ich möchte an dieser Stelle, abgesehen von der inzwischen reichlich vorhandenen Literatur zu allen möglichen speziellen Aspekten der Mehrsprachigkeit, ihre Aufmerksamkeit auf einen Autor lenken, der sich bereits seit den 60-er Jahren mit Fragen des Sprachvergleichs und der Mehrsprachigkeit auseinandergesetzt hat, auf den Österreicher Mario Wandruszka, der 2004 in Salzburg im Alter von 92 Jahren verstarb.

Als ich zum Sommersemester 1968 an der Eberhard-Karls-Universität in Tübingen das Studium der Germanistik und Romanistik begann, war dort neben dem renommierten Romanisten und Professor für Allgemeine Sprachwissenschaft Eugenio Coseriu der Österreicher Mario Wandruszka Professor für Romanische Philologie (Sprachwissenschaft). Als ich im ersten oder zweiten

Semester neben den Vorlesungen von E. Coseriu auch die von M. Wandruszka besuchte, kam mir das wie ein Unterschied von Tag und Nacht vor. Während Coseriu, der aus Rumänien stammte und vor seiner Berufung nach Tübingen fast 10 Jahre in Montevideo (Uruguay) gearbeitet hatte, uns streng systematisch mit abgewogenen Worten in den linguistischen Strukturalismus einzuführen versuchte, war Wandruszka, wie die älteren Studierenden ihn charakterisierten, ein ‚Impressionist'. Er ‚erzählte' von der laufenden Arbeit an seinem gerade entstehenden Buch „*Sprachen – vergleichbar und unvergleichlich*", zeigte an Übersetzungsschwierigkeiten bei Texten von Thomas Mann und anderen Autoren auf, wie die Strukturen des Deutschen und Französischen sich das eine Mal glichen, ein anderes Mal völlig unterschiedlich ausgebildet waren, so dass man eher kreativ als mechanisch nach Übersetzungsäquivalenten suchen musste.

Vielleicht sollte man im Andenken an Mario Wandruszka wirklich wieder einmal der Frage nachgehen, warum die Artikel in verschiedenen Sprachen das eine Mal übereinstimmen, ein anderes Mal dagegen nicht, abgesehen davon, dass wir im Deutschen drei Artikel haben und im Französischen, Spanischen, Italienischen nur zwei. Kühne Spekulationen konnte man in seinen Vorlesungen hören, warum im Deutschen *das Meer* sächlich konzipiert werde, in den romanischen Sprachen dagegen einmal weiblich (französisch *la mer*), ein anderes Mal männlich (spanisch *el mar*), und warum es bei der Sonne genau umgekehrt ist (*die Sonne – le soleil/ el sol*) und beim Mond (*der Mond – la lune/ la luna*) wieder umgekehrt. Gibt es dafür Erklärungen? – Linguistisch sollte man sich mit Spekulationen eher zurückhalten, aber könnte es vielleicht etwas damit zu tun haben, wie ‚weiblich' oder wie ‚männlich' wir bestimmte Teile der Welt ‚sehen'. Gleichwohl: Die Artikel markieren das Genus der Substantive, kein ‚Geschlecht'.

Wenn es mit unserer Sicht der Welt zu tun hätte, ob wir das Meer als ‚sächlich' oder ‚weiblich' wie im Französischen oder ‚männlich' wie im Spanischen markieren (wie sähe das eigentlich in den artikellosen Sprachen aus?), wie kämen wir dann als *mehrsprachige Individuen* damit zurecht? Ich würde Ihnen zwar sofort zustimmen, wenn Sie einwenden, es sei doch tatsächlich etwas entschieden anderes, in der Nordsee oder im Mittelmeer zu schwimmen (zumindest was die Wassertemperatur, die Höhe der Wellen usw. betrifft). Aber was sollte dieser real spürbare Unterschied in der Welt mit der Wahl des Genus zu tun haben? Dann wäre das Mittelmeer der Inbegriff des Warmen und als solches ‚weiblich', im Deutschen aber sächlich (wie das *Meer)*? Aber was machen wir dann mit ‚*der*' spanischen Sonne *(el sol)*? Ist ‚*der*' Sonne so heiß, dass es manchmal schon weh tut?

Sprachenwechsel und Sprachmischung
Wer mehrsprachig ist, also mehrere Sprachen beherrscht, muss wohl nicht ständig zwischen verschiedenen ‚Weltbildern' hin und her springen, aber muss er nicht ständig aufpassen, seine beiden Sprache nicht zu verwechseln oder zu ‚vermischen'? – Tatsächlich haben Zwei- oder Mehrsprachige damit nur selten Probleme.

Wir haben beim Erlernen *zweier* Fremdsprachen vielleicht die Erfahrung gemacht, dass einem bei der Suche nach Worten manchmal das Wort aus der jeweils anderen Fremdsprache einfällt, besonders dann, wenn wir in unserem Lernprozess in beiden Fremdsprachen etwa das gleiche Niveau erreicht haben. Mir ging es in Spanien gelegentlich so, dass mir entsprechende polnische Wörter und nicht die spanischen einfielen. Es kommt natürlich auch vor, dass man Wörter aus Sprachen verwechselt, die relativ ähnlich zu sein scheinen, etwa weil sie zur gleichen Sprachfamilie gehören: So kann man schon mal spanisch *leche* und italienisch *latte* verwechseln. Dann bestellen Sie in Italien fälschlicherweise einen *café con leche* (= span.) anstatt (auch noch ohne *con*) einfach einen *caffè latte* (was aber kein *Cappuccino* ist!). Möchten Sie lieber eine (!) italienische *canzone* (Femininum; deutsch: *das Lied*) oder eine spanische *canción* (ebenfalls Femininum) hören? Aber der Sänger (und genauso die Sängerin) heißen in beiden Sprachen: *cantante*.

Gelegentlich muss man wohl auch einmal ‚austesten', mit welcher Sprache man seine kommunikativen Ziele am besten erreicht. Das gilt für die *innere Mehrsprachigkeit* (wann ist es beispielsweise angemessen, Dialekt zu sprechen?) wie für die *äußere Mehrsprachigkeit* (soll ich es in Spanien lieber mit Deutsch oder mit Englisch versuchen). Als ich eine auf Deutsch geschriebene e-mail wegen einer Terminabsprache nach Portugal schickte, bekam ich schnell Antwort: „Please, write in English or French." Nicht in Portugiesisch? Wenn ich das gekonnt hätte, hätte ich wohl gleich in der vermuteten Muttersprache des Empfängers, also in Portugiesisch, geschrieben.

Was hat es ihm genützt?

Wie frustriert mag der mehrsprachige Tourist gewesen sein, den ich in München zwar nicht tatsächlich getroffen habe, von dem aber ein kleiner Witz erzählt. (Oder erzählt der Witz eher von zwei typischen Bayern?)

Auf dem Weg zum Münchener Hauptbahnhof fragt ein ausländischer Tourist zwei Bayern, die in einem Biergarten sitzen, nach dem Weg zum Hauptbahnhof. Zunächst versucht er es auf Englisch, in der Hoffnung, das werde auch in Deutschland jeder verstehen: „Please, could you tell me..." Die beiden Bayern schauen sich fragend an, zucken mit den Achseln. Dann versucht er es mit den paar Worten Deutsch, die er sich angeeignet hat: "Please, Verzeihung, Sie können mir sagen vielleicht ..." Die beiden Biergartenbesucher nehmen einen kräftigen Schluck Weizenbier und schauen sich wieder vielsagend an. Aber sie bleiben ‚stumm'. Unser Tourist blickt ein wenig ungeduldig auf seine Uhr. Noch einmal kann er es versuchen. Vielleicht auf Französisch: „S'il vous plait, messieurs ...". Keine Reaktion. Oder auf Spanisch? „Por favor, ...", und dann fällt ihm auch noch Polnisch und Italienisch ein. Aber unsere beiden Bayern rühren sich nicht. Die erbetene Auskunft bleibt aus, egal in welcher Sprache unser Tourist es auch versucht. Schließlich gibt er auf, besinnt sich auf den Stadtplan in seiner Tasche und läuft wortlos und ein wenig verärgert in Richtung Hauptbahnhof. – Kaum ist er zehn Meter entfernt, werden die beiden Bayern gesprächig. Sagt der eine anerkennend: „Der konnte aber viele Sprachen." „Joa mei", erwidert der andere, „und was hat es ihm genützt?"

Wir wissen nicht, warum die beiden Biergartenbesucher unseren mustergültigen Touristen derart haben ‚auflaufen' lassen. Einerseits waren sie voller Anerkennung für den vielleicht überraschend hohen Grad an Fremdsprachenkenntnissen, den der Tourist offensichtlich hatte, andererseits wollten sie vielleicht gerade schweigend ihr Weißbier genießen oder hatten aus irgendeinem Grund einfach keine Lust, sich auf das schwierige Geschäft interkultureller Kommunikation einzulassen. Was hätte unser Tourist tun können? Er hat in der Frage der kommunikativ angemessenen Sprachenwahl wirklich alles ‚ausgetestet'. Hätte unser Tourist vielleicht Bairisch sprechen müssen, um in München kommunikativ erfolgreich zu sein? Sicherlich nicht. Im nächsten Biergarten wird er gewiss gesprächigere Münchner gefunden haben…

Was uns interessiert, ist die Frage nach dem Nutzen einer Sprache und eben auch nach dem Nutzen, den es hat, möglichst viele Sprachen zu beherrschen. Für das kommunikative Scheitern in unserem kleinen Bayern-Witz ist sicherlich nicht die Sprachenkenntnis unseres Touristen verantwortlich. Waren die Bayern dafür verantwortlich? Gibt es für den waschechten Bayern wirklich nur *eine* Sprache bzw. Varietät, die er versteht bzw. verstehen will, nämlich Bairisch? Ist der Witz dann vielleicht sogar ein Plädoyer für Einsprachigkeit bzw. für das Verharren in seiner angestammten Varietät? Wohl kaum; aber jetzt machen wir den Witz kaputt. Er soll ruhig ‚vieldeutig' bleiben. Vielleicht ist er ja – das würde uns gut passen – ein Plädoyer für eine Mehrsprachigkeit, die nur dann kommunikativ erfolgreich sein kann, wenn beide Partner sich darauf einlassen und nicht einer darauf besteht, dass unbedingt seine ihm vertraute Varietät gesprochen wird?

Sicherlich kann auch dem kompetent mehrsprachigen Sprecher die eine oder andere Verwechslung passieren. Und das wiederum kann, wenn es viele so machen, tatsächlich dazu führen, dass sich ‚Mischsprachen' bilden. Dies ist jedoch ein völlig normaler Entwicklungsprozess und es sind neuartige kognitive und kommunikativen Ressourcen, über die die Sprecher damit verfügen können. „Reine" Sprachen dürfte es ohnehin nicht geben. Jede Sprache hat sich im Laufe ihrer geschichtlichen Entwicklung mit anderen Sprachen ‚vermischt' und sich auf diese Weise gerade so weiter entwickelt, wie es den kommunikativen Bedürfnissen der Sprecher jeweils entsprochen hat. Ein Beispiel dafür sind die im Deutschen wie in anderen Sprachen zahlreichen Entlehnungen (‚Fremdwörter') aus anderen Sprachen, die uns schon bei der Betrachtung des deutschen Wortschatzes aufgefallen sind. Diese sind jeweils aus bestimmten kognitiven, kommunikativen oder sozialen bzw. sozialpsychologischen Gründen übernommen worden und dann, wenn sie der nächsten Generation nicht mehr erforderlich schienen, auch wieder verschwunden. Oder sie wurden eben nach und nach (vielleicht auch in einer dem Deutschen angepassten Form) Bestandteil des deutschen Wortschatzes.

Es mag sein, dass an solchen Prozessen der ‚Sprachentwicklung', an der Übernahme von Wörtern und Strukturen aus anderen Sprachen (Entlehnungen), mehrsprachige Sprecher einen besonderen Anteil haben, weil für sie weder die eine noch die andere Sprache ‚fremd' ist. Mehrsprachige Individuen haben spezielle Kompetenzen im kommunikativ jeweils angemessenen Einsatz zweier Sprachen ausgebildet. Im souveränen Gebrauch des *‚code mixing'* wie des *‚code switching',* der Sprachmischung wie des Sprachwechsels, entfaltet sich eine bilinguale kommunikative Kompetenz, die in besonderer Weise dem gegenseitigen Verstehen in einer von (sprachlicher) Heterogeniät geprägten (multikulturellen europäischen) Gesellschaft gerecht zu werden vermag.

Eine Sprache – Viele Sprachen

Aus der Mehrsprachigkeit der Sprecher ergibt sich jedoch in der Regel nicht wirklich eine ‚Mischsprache', sondern einfach eine komplexer gewordene Sprache, die mehrere Sprachen bzw. Subsprachen, regionale, soziale und funktionale Varietäten einschließt, derer sich die Sprecher entsprechend ihren kognitiven und kommunikativen, wirtschaftlichen und kulturellen Bedürfnissen bedienen können. Wo die eigene Kultur und Sprache sozusagen nicht hinreicht, erweitern wir sie durch ‚Anleihen' aus anderen Kulturen und Sprachen. Dies kann man historisch in vielen Lebensbereichen erkennen, die durch die *römische Kultur* geprägt worden sind, wie z.B. im Hausbau, im Obst-, Gemüse- und Weinbau oder im Münz- und Verkehrswesen. Unzählige Wörter, die uns heute fast wie alte deutsche Wörter erscheinen, sind Bezeichnungen lateinischer Herkunft; angefangen bei *Mauer, Fenster, Ziegel* (aus *murus, fenestra, tegula*) über *Wein* und *Most* (aus *vinum* und *mustum)* bis *Pflaume* oder *Pfeffer* (aus *prunum* und *piper)* und schließlich zur *Münze* (aus *moneta)* und zum *Zöllner* (aus *tolonarius*), den wir eingangs in Brechts Gedicht als denjenigen kennen gelernt haben, der dem Laotse auf dem Weg ins Exil sein Wissen aufzuschreiben abverlangt hat.

So ist Mehrsprachigkeit nicht erst seit ein paar Jahrhunderten anzutreffen, sie ist vielmehr ein allgegenwärtiges Phänomen, auf das wir bereits im Mittelalter gestoßen sind. Wie wir in den sprachhistorischen Kapiteln gesehen haben, war Mehrsprachigkeit etwa im 8. Jahrhundert in vielen Lebensbereichen präsent und wirksam, insbesondere in den unterschiedlichen kommunikativen und kognitiven Funktionen, die auf der einen Seite das Lateinische und auf der anderen Seite die verschiedenen Volkssprachen bzw. das Deutsche erfüllt haben.

Mehrsprachigkeit als der Normalfall

Aber nicht nur historische, sondern auch spracherwerbstheoretische Einsichten verdeutlichen, dass der Erwerb von Mehrsprachigkeit grundsätzlich kein Problem darstellt, sondern ein immer weiter verbreitetes, ‚normales' Phänomen ist. Die sog. ‚Plastizität' des Gehirns des Neugeborenen ermöglicht es dem Kind, im Prinzip jede der rund 7000 menschlichen Sprachen zu erwerben. Ebenso ist es dem Kind jedoch auch möglich, zwei oder sogar mehrere Sprachen gleichzeitig oder zeitlich versetzt zu erwerben.

In der aktuellen Mehrsprachigkeitsforschung wird daher dafür plädiert, Mehrsprachigkeit (*Bilingualität*) als den Normalfall zu betrachten, während die Einsprachigkeit (*Monolingualität*) in naher Zukunft eher der Ausnahmefall sein dürfte. Wie weit man dies für den deutschsprachigen Raum wirklich behaupten kann, hängt natürlich auch davon ab, bei welchem Grad der Beherrschung einer zweiten Sprache wir von Zweisprachigkeit sprechen wollen.

Sicherlich verfügt zumindest in den jüngeren Generationen fast jeder Sprecher des Deutschen über zumindest rudimentäre Englisch-kenntnisse, aber kann man diese Sprecher wirklich schon als ‚zweisprachig' bezeichnen. Es handelt sich hier um eine ‚basale' Art der Beherrschung einer Fremdsprache (wie etwa ‚*basic English*'), die wir sicherlich nicht mit der ganz anderen, oft wirklich beeindruckenden Art von Zweisprachigkeit von Migrantenkindern vergleichen können. Diese beherrschen neben ihrer jeweiligen Muttersprache das Deutsche als Zweitsprache in der Regel auf einem Niveau, das einer muttersprachlichen Kompetenz gleichkommt. Manchmal kann es sogar so sein, dass die ‚Haussprache', die ursprüngliche Muttersprache der emigrierten Familie, von den im deutschsprachigen sozialen Umfeld aufwachsenden und in deutschen Schulen sozialisierten Kindern schlechter beherrscht wird als die Zweitsprache Deutsch, so dass letztlich gar nicht mehr entscheidbar ist, welches die Muttersprache und welches die Zweitsprache ist.

‚Doppelte Halbsprachigkeit'?
Kritiker der Mehrsprachigkeit wenden ein, es käme oft nicht zu einer wirklichen Zweisprachigkeit, sondern eher zu einer ‚doppelten

Halbsprachigkeit'. Sie befürchten, dass die mehrsprachig aufgewachsenen Kinder keine der beiden Sprachen ‚richtig' beherrschen. Tatsächlich hat sich gezeigt, dass etwa zweisprachig türkisch-deutsch aufgewachsene Kinder gelegentlich besondere Probleme beim Schriftspracherwerb zu Beginn der schulischen Sozialisation haben. Ob sich diese Beobachtungen verallgemeinern lassen, ist jedoch längst nicht nachgewiesen. Andererseits weisen Untersuchungen an zweisprachigen Kindern darauf hin, dass diese offensichtlich eine höhere Sprachsensibilität haben und daher im Deutschunterricht einen leichteren Zugang zur ‚Reflexion über Sprache' finden.

Richtig ist allerdings die Annahme, dass eine der erworbenen Sprache in der Regel irgendwann zur sog. *starken Sprache'* wird und als solche dann die jeweils andere Sprache gewissermaßen dominiert. Wenn eine der beiden Sprachen kommunikativ weniger relevant ist, verharrt die entsprechende Teilkompetenz für diese Sprache auf einem letztlich niedrigeren Niveau oder sinkt auf ein niedrigeres Niveau ab; ein Phänomen, das die Fremdsprachdidaktiker als *Fossilisierung'* bezeichnen.

Zweitsprache und Fremdsprache

Im engeren Sinn spricht man von *Zweisprachigkeit'*, wenn ein Kind zwei Sprachen praktisch gleichzeitig (simultan) erworben hat, so dass man letztlich kaum mehr unterscheiden kann, welches seine ‚Muttersprache' und welches die ‚Zweitsprache' ist. Wenn ein Kind in einer sprachlich ‚gemischten' Familie aufwächst (der Vater hat beispielsweise Deutsch als Muttersprache, die Mutter Italienisch), hat das Kind prinzipiell die Möglichkeit, gleichzeitig die Sprache des Vaters wie die Sprache der Mutter lernen, auch wenn sich die Eltern oft entscheiden, mit dem Kind zunächst konsequent in einer der beiden Sprachen zu kommunizieren und sich auch untereinander auf eine Sprache einigen, so dass eine der beiden Sprachen gewissermaßen von vornherein die ‚stärkere' ist.

Trifft das Kind dann außerhalb des Elternhauses auf eine andere Sprache, also z.B. auf Deutsch, während zuhause Italienisch gesprochen wird, erwirbt es diese ‚Umgebungssprache' als *Zweitsprache'*. Es handelt sich für das Kind dabei nicht um eine (beliebige) Fremdsprache, die es nur in ganz bestimmten Situationen anwenden kann, sondern um eine Sprache, die den gesamten kommunikativen Kontakt (außerhalb der Familie), im Grunde sein gesamtes ganzes Leben in diesem Land prägt. In einer solchen Spracherwerbs- und Sprachverwendungssituation sprechen wir nicht von einer Fremdsprache, sondern von einer Zweitsprache, zumal der *Erwerb*, abgesehen von einer gewissen institutionellen Einflussnahme durch die Schule, größtenteils *ungesteuert*, also gewissermaßen ‚*natürlich*' erfolgt.

Die übliche Vorstellung vom *Fremdsprachenerwerb*, der mit dem Beherrschen der betreffenden Fremdsprache als zweiter Sprache neben der Muttersprache im Ergebnis ebenfalls zu einer Zwei- oder Mehrsprachigkeit führt, ist dagegen die, dass die Fremdsprache in der Regel nicht in dem jeweiligen Land in einem muttersprachlichen Kontext *erworben*, sondern im ‚Ausland' in der Schule oder in Sprachlehrinstituten, die ‚Deutsch als Fremdsprache' (DaF) als Kurs oder Lehrgang anbieten, ‚gesteuert' *erlernt* wird.

Blicken wir über Deutschland hinaus, so sehen wir, dass tatsächlich mehr als zwei Drittel der Weltbevölkerung mehrsprachig sind, gleichgültig ob die Menschen eine zweite Sprache quasi muttersprachlich erworben oder als Fremdsprache erlernt haben. In Indien und Afrika ist die Beherrschung von mehr als zwei Sprachen sogar die Regel. Und auch unsere zunächst vermeintlich einsprachigen Kinder verfügen bereits über komplexe Register mehrerer Varietäten, werden also im Sinn des Begriffs der ‚inneren Mehrsprachigkeit' spätestens dann ‚mehrsprachig', wenn sie in der Schule mit der Standard- bzw. Schriftsprache konfrontiert werden.

Erwerb von Zweisprachigkeit

Die traditionelle Vorstellung war sicherlich die, dass Kinder zunächst ihre Muttersprache (so kompetent wie eben möglich) erwerben sollen, um dann – etwa beim Eintritt ins Gymnasium oder in die Realschule - mit dem schulischen, ‚gesteuerten' Erlernen einer ersten Fremdsprache zu beginnen, sei es (im altsprachlichen Zweig) Latein oder (im neusprachlichen Zweig) in der Regel Englisch. Wenn man es denn unbedingt wollte, d.h. wenn man sich nicht für den mathematisch-naturwissenschaftlichen Zweig entschied, konnte man dann im Alter von 12-14 Jahren eine zweite Fremdsprache lernen, in der Regel Altgriechisch oder Französisch. Was die modernen Fremdsprachen angeht, ist wohl die Sprachenfolge Englisch – Französisch nach wie vor am weitesten verbreitet, obwohl manche Schulen auch mit Französisch beginnen (z.B. im Grenzgebiet zu Frankreich). In Grenzgebieten kann man heute freilich auch Niederländisch (z.B. in Aachen), Polnisch (z.B. in Frankfurt/Oder) und sicherlich auch Tschechisch lernen. Mit einer eher globalen Orientierung bietet eine Reihe von Gymnasien (z.B. In Baden-Württemberg) sogar Japanisch oder Chinesisch an. Und warum nicht auch wieder (wie in der damaligen DDR) Russisch? Und schließlich kann man, wie bereits erwähnt, eine ganze Reihe von *bilingualen Schulen* finden, in denen große Teile des Sach-Fachunterrichts in einer Fremdsprache erteilt werden.

Der richtige Zeitpunkt

Obwohl die Prozesse der kognitiven und neuronalen *Verarbeitung von mehreren Sprachen* auch heute noch nicht ausreichend erforscht sind, scheint in einer Reihe grundlegender Fragen zum L2-Erwerb doch weitgehend Einigkeit zu bestehen. Gleichgültig welche Sprache wir erwerben bzw. erlernen wollen, *je jünger* wir sind, *desto leichter* scheint es uns zu fallen, zwei Sprachen gleichzeitig zu erwerben.

Wenn nicht aus irgendeinem Grund mit dem Erlernen einer Fremdsprache erst im Jugendlichen- oder Erwachsenenalter begonnen werden kann, dann sollte man mit dem spielerischen

Erlernen einer ersten Fremdsprache möglichst schon im Kindergartenalter beginnen. Für den Bereich der Grundschule sind in Deutschland bereits Konzepte des frühen Fremdsprachenlernens (in der Regel für Englisch oder Französisch) entwickelt worden und die Studierenden der Grundschulpädagogik erhalten, gleichgültig welche Fächer sie zusätzlich studieren, immer auch eine grundlegende Ausbildung für den frühen Fremdsprachenunterricht (wobei sie sich in der Regel eher für Englisch als für Französisch entscheiden).

Kritische Altersschwellen

Schon seit Mitte der 1960-er Jahre weiß man, dass es in der Entwicklung des Kindes eine besonders sensible Phase gibt, in der der Zweitspracherwerb noch ähnlich wie der Erwerb der Muttersprache mehr oder weniger spontan verlaufen kann. Wurde zunächst die Pubertät als Grenzlinie angesehen (Lenneberg 1967), so zeigen neuere Forschungen, dass der Erwerb bzw. das Erlernen einer Fremdsprache bereits ab dem 6. - 7. Lebensjahr schwieriger zu werden scheint, zumindest nicht mehr so problemlos verläuft wie der Erwerb der Muttersprache. So scheint es bereits ab dem Schuleintrittsalter beim Zweitsprachenerwerb zu Einschränkungen in der Ausbildung der vollen lexikalischen und grammatischen Kompetenz zu kommen.

Im Hinblick auf die Entwicklung neuronaler Strukturen und Prozesse beim Kind wird neuerdings sogar schon das dritte Lebensjahr als kritische Schwelle für einen quasi muttersprachlichen Zweitspracherwerb betrachtet. Denn Kinder bis zu einem Alter von drei Jahren verarbeiten zwei Sprachen, denen sie gleichermaßen ‚ausgesetzt' sind, noch in einem einzigen ‚neuronalen Netz' und integrieren auch alle weiteren Sprachen in dieses eine Netz. Jenseits des dritten Lebensjahres bilden sie jedoch eigenständige neuronale Netze für verschiedene Sprachen aus, die zwar ineinander greifen, zum Teil jedoch tatsächlich in unterschiedlichen Regionen des Gehirns angelegt zu sein scheinen.

So zeigt sich auch beim ‚Sprachverlust' (*Aphasie*), etwa verursacht durch Hirnläsionen oder Altersdemenz, dass eine durchgängig ‚automatisierte' Sprache, die bereits in einem frühen Lebensalter erworben wurde, langsamer verloren geht als eine später erworbene. In Untersuchungen in Alten- und Pflegeheimen zeigte sich beispielsweise, dass ehemalige ‚Gastarbeiter', die Deutsch als Zweitsprache erst mit der Migration im Erwachsenenalter erworben hatten, ihre Zweitsprache deutlich schneller ‚verlernten' als ihre jeweilige Muttersprache.

Jenseits des Schuleintrittsalters oder spätestens nach der Pubertät ist ein quasi muttersprachlicher Erwerb einer zweiten Sprache nicht mehr möglich und so kostet es uns wohl, je älter wir werden, immer mehr Mühe, eine weitere Sprache zu erlernen. Wenn wir das kritische Alter hinter uns gelassen haben, müssen wir uns um das Erlernen weiterer Sprachen also intensiver bemühen. Aber für die erwachsenen Fremdsprachenlerner gibt es doch einen kleinen Trost: Während die Jüngeren offensichtlich besser Vokabeln lernen, fällt es den Älteren dagegen leichter, sich die grammatischen Strukturen einer fremden Sprache anzueignen. Dies hat vermutlich damit zu tun, dass Erwachsene beim Erlernen der grammatischen Strukturen einer Fremdsprache bewusster auf ihre schulgrammatischen Kenntnisse der Muttersprache zurückgreifen können und somit nicht isoliert wie beim Vokabellernen, sondern kontrastiv, also *sprachvergleichend* lernen.

Mehrsprachige Individuen – vielsprachige Gesellschaften
Unter diesem Thema wurde bei der Jahrestagung der Gesellschaft für Angewandte Linguistik (GAL) im September 2004 in Wuppertal *„das Thema Mehrsprachigkeit in all seinen Perspektiven behandelt.“* Die Zweiteiligkeit der Themenformulierung weist darauf hin, dass wir uns nicht nur mit *„mehrsprachigen Individuen“*, also mit *individueller Mehrsprachigkeit* (mit der *„Mehrsprachigkeit des Menschen“*, wie der Titel des bereits 1979 erschienenen Buches von M. Wandruszka lautet) zu beschäftigen haben, sondern auch mit

einer Art *kollektiver, gesellschaftlicher Mehrsprachigkeit,* mit *„vielsprachigen Gesellschaften",* in denen der Gebrauch verschiedener Nationalsprachen oder auch nur verschiedener Varietäten einer Sprache in der gesamtgesellschaftlichen Kommunikation die Regel ist. Dennoch könnte die sprachliche Verständigung durchaus problematisch werden, wenn wir an ein derart vielsprachiges Staatengebilde wie Europa denken. - Probleme mag es gewiss genug geben, aber sie werden allesamt lösbar sein, wenn wir die jeweils anderen Sprachen genauso wertschätzen wie unsere eigene.

Von der ,inneren' zur ,äußeren' Mehrsprachigkeit

Wo immer Menschen verschiedener Muttersprache zusammenleben und zusammen arbeiten, gilt es zunächst, die involvierten Sprachen in ihren unterschiedlichen emotionalen, kognitiven und kommunikativen Funktionen ebenso zu respektieren, wie es gilt, den Menschen ihr *„Recht auf Zweisprachigkeit"* zuzugestehen, gleichgültig um welche Sprachen oder Varietäten es sich handelt.

Kein Hamburger wird auf die Idee kommen, dass ein Münchener in Hamburg seinen bayrischen ,Akzent' ablegen müsse, und umgekehrt wird – entgegen einer möglichen Lesart unseres kleinen Bayernwitzes – auch kein Münchener auf die Idee kommen, von einem Hamburger zu verlangen, er müsse seinen norddeutschen ,Akzent' ablegen, um mit ihm angemessen kommunizieren zu können. Durch ,Akzente' wird die Kommunikation in der Regel nicht beeinträchtigt. Und das gilt für alle ,Akzente' bzw. Varietäten, auf die wir auf dem Weg von Hamburg nach München treffen können. Wir alle reden Deutsch, aber es ist nicht immer das gleiche Deutsch und genau damit beginnt die (zunächst innere) Mehrsprachigkeit.

Wer des Deutschen nicht mächtig ist, Deutsch als Fremd- oder Zweitsprache gelernt hat, gibt sich entsprechend Mühe oder versucht sich mit seinem Kommunikationspartner auf eine Drittsprache zu einigen, die beide verstehen. Und überall dort, wo verschiedene Sprachen und Varietäten miteinander in Kontakt kommen, werden sie sich auch verändern. So bilden sich beispielsweise jenseits der ‚tiefen' Dialekte immer mehr überregionale *Ausgleichsdialekte* oder auch sog. *Stadtsprachen* heraus.

Selbst zwischen benachbarten Nationalsprachen finden sich gelegentlich ‚Ausgleichssprachen', Mischsprachen oder ‚Brücken-sprachen'. So weisen Romanisten, wie z.B. A. M. Badia Margarit, etwa dem *Katalanischen* die Rolle einer *Brückensprache* zu, die eine Mittelstellung einnimmt zwischen dem galloromanischen Französischen und den iberoromanischen Sprachen (Spanisch und Portugiesisch). Was wir heute als ‚*Spanisch*' einstufen, ist ja nicht Katalanisch, sondern Kastilisch. Und auf der Lieblingsferieninsel der Deutschen, auf Mallorca, finden wir dann eine spezifisch mallorquinischen Ausprägung des Katalanischen, das *mallorquin* (und möglicherweise irgendwann eine Mischsprache, die neben katalanisch-mallorquinischen und kastilischen Elementen auch immer mehr deutsche Elemente in sich aufnimmt).

Mehrsprachigkeit in Europa

Überall in Europa (und in der Welt) treffen wir auf Staaten, die in der einen oder anderen Form vielsprachig sind; nicht nur, wenn wir (wie etwa in Deutschland) an verschieden ausgeprägte Varietäten einer Nationalsprache (Mundarten etc.) denken, sondern tatsächlich auch in dem Sinn, dass es sich um eigene Sprachen (also nicht um Dialekte) handelt, auch wenn es ist nicht immer leicht ist zu entscheiden, was ein Dialekt und was eine Sprache ist. Ist z.B. das Elsässische eine Sprache oder ein Dialekt? Und wie sieht es mit dem Luxemburger Deutsch, dem sog. *Letzeburgisch* aus? Ist Galicisch oder Friaulisch eine eigene Sprache oder ist es Friesisch?

Schauen wir zunächst auf die Länder mit Deutsch als beteiligter Sprache (siehe auch Kap. 13), dann finden wir oft nur relativ kleine deutschsprachige Minderheiten, wie die nordschleswigsche

Minderheit in *Süddänemark* mit etwa 20.000 Deutschsprachigen oder die *ostbelgische* mit gut 100.000 Deutschsprachigen. Gleichwohl wurde in Belgien mit den Sprachgesetzen von 1963 ein „*deutschsprachiges Gebiet*" anerkannt, das zunächst 18 Gemeinden des (französischsprachigen) Kantons Verviers umfasste. Seit 1971 ist Deutsch im deutschsprachigen Gebiet, das jetzt eigene Kantone, wie Eupen, St. Vith, sowie Teile des Kantons Malmedy und eine Gemeinde des Kantons Aubel (Kelmis/La Calamine an der Grenze zu Aachen) umfasst, *offizielle Amtssprache* und damit eine der drei Amtssprachen Belgiens.

Außer durch das relativ kleine deutschsprachige Gebiet ist Belgien in erster Linie aufgrund des wallonischen und des flämischen Teils mit den Sprachen Französisch und Flämisch (Niederländisch) ein mehrsprachiges Staatsgebilde, in dem der ‚*Sprachenstreit*' in der Vergangenheit mit teilweise gewalttätigen Auseinandersetzungen Schlagzeilen gemacht hat. Die drei Amtssprachen sind zwar jeweils bestimmten Regionen zugewiesen, dem wallonischen Gebiet die französische, dem flämischen die niederländische und dem deutschen die deutsche Sprache, die Hauptstadt Brüssel/ Bruxelles ist jedoch eine echte mehrsprachige Region, in der alle drei Amtsprachen, an erster Stelle wohl das Französische neben dem Flämischen und dem in der öffentlichen Kommunikation hier eher am Rande stehenden Deutschen, vertreten sind. Insgesamt stellt Belgien also eine *dreisprachige* Nation dar.

Die Schweiz

Nicht nur dreisprachig, sondern offiziell *viersprachig* ist die Schweizerische Eidgenossenschaft mit der deutschsprachigen, der französischsprachigen und der italienischsprachigen Schweiz. Tatsächlich gibt es auf dem Staatsgebiet der Schweiz noch eine vierte Sprache, das *Rätoromanische* (auch: ‚Bündnerromanisch' genannt), das in Teilen Graubündens gesprochen wird. Entsprechend heißt die Eidgenossenschaft je nach Wahl der Sprache einmal *Schweiz*, dann *Suisse* (frz.), dann *Svizzera* (ital.) und schließlich

Svizzra (rätorom.). Fast 64% der Schweizer sind deutschsprachig, an die 20% französischsprachig, knapp 8% italienischsprachig und nur 0,6% sprechen Rätoromanisch, weniger als die Sprecher weiterer Sprachen, die insgesamt fast 9% ausmachen.

Ähnlich wie in Belgien werden die verschiedenen Sprachen im Prinzip in jeweils einem geographischen Gebiet der Schweiz gesprochen (territorial gebundene Sprachen): Deutsch in der Zentralschweiz (Zürich), Französisch im Jura und im Unterwallis (Genf/Genève; Lausanne), Italienisch vor allem im Tessin/Ticino (Lugano), Rätoromanisch in Teilen Graubündens im Südosten der Schweiz, in den Randtälern Graubündens allerdings auch Italienisch.

Wie schon erwähnt, ist es natürlich nicht vermeidbar bzw. ganz natürlich, dass in den verschiedenen Sprachregionen in bestimmten Situationen jeweils eine der drei anderen Landessprachen gesprochen werden kann, je nach den kommunikativen Bedürfnissen. Ebenso können natürlich auch anderssprachige Gruppen in einem Landesteil leben, in dem primär eine andere der drei Landessprachen gesprochen wird. So trafen wir bei einem Urlaub in Abano Terme (bei Padua) – ich habe es bereits erwähnt - eine Gruppe Züricher, die italienisch sprachen, aber mit meiner Frage, ob Zürich denn nicht deutschsprachig sei, wenig anzufangen wussten. Sie fühlten sich genauso als Züricher wie die Deutschsprachigen, ein möglicher Sprachenkonflikt oder die Bindung der Zürcher Identität an eine bestimmte Sprache kam ihnen, wie mir schien, nicht in den Sinn. Andererseits – auch das habe ich schon erwähnt - berichtete mir ein ehemaliger Kollege aus Aachen, der vor vielen Jahren eine Professur für Germanistik in Zürich angenommen hatte und nach seiner Pensionierung in Südtirol (Meran) weiter arbeitete (und den ich im Frühjahr 2012 zufällig am Institut für Germanistik der Università di Pisa traf) dass die Unterrichtsprache an der Universität Zürich zwar Deutsch gewesen sei, man aber in den Sitzungen des Fakultätsrates Französisch gesprochen habe. – Trotzdem: Zürich ist nicht Brüssel und die Hauptstadt der Schweiz ist Bern.

Die Zuweisung verschiedener Landessprachen zu jeweils einem Landesteil ist letztlich immer eine Idealisierung. Im praktischen kommunikativen Verkehr wird wohl stets je nach Situation entscheiden werden müssen, welche Sprache für eine gelingende Kommunikation jeweils gewählt werden muss, gleichgültig in welchem Landesteil wir uns befinden. Für den durchschnittlichen Schweizer stellt dies im Allgemeinen kein Problem dar, denn er ist in der Regel mindestens zwei-, wenn nicht dreisprachig und kann sich somit auch in den anderssprachigen Landesteilen verständigen. Dies ist allerdings nicht das Ergebnis einer zweisprachigen Erziehung von Anfang an, sondern der Erfolg gezielten Fremdsprachenunterrichts, der in den verschiedenen Landesteilen jeweils auf den Erwerb mindestens einer Sprache der anderssprachigen Landesteile ausgerichtet ist.

Schließlich ist in der Schweiz im Zuge der Ratifizierung der Europäischen Sprachencharta 1997 noch eine weitere *„territorial nicht gebundene"* Sprache anerkannt worden, eine Varietät des Deutschen, das *Jenische*, die *„Sprache der Fahrenden"*.

Mehrsprachigkeit in Frankreich
Frankreich stellt man sich aufgrund der zentralistischen Organisationsform eher als eine einsprachige Nation vor, in der nicht nur wirtschaftlich-ökonomisch, politisch und kulturell, sondern auch sprachlich alles an Paris orientiert ist. Tatsächlich ist Paris für das, was als modernes Französisch gilt, tonangebend. So gehen etwa Veränderungen in der Aussprache fast immer von Paris aus, wie beispielsweise eine gewisse Angleichung der verschiedenen Nasallaute. Blicken wir in die deutsch-französischen Grenzgebiete, so können wir zwar auf Varietäten des Deutschen stoßen, wie beispielsweise in Lothringen oder im Elsass, diese Dialekte oder auch Sprachen haben jedoch keinerlei Status als offizielle Amtssprache wie z.B. das Deutsche in Belgien.

Ein Blick in die Geschichte fördert hinsichtlich der Rolle des Französischen Verwunderliches zu Tage: Ein Abbé Grégoire, der 1789 von der Konstituierenden Nationalversammlung in Paris beauftragt wurde, den sprachlichen Zustand Frankreichs zu erheben, legte 1794 einen Bericht vor, demzufolge eine Mehrheit der Franzosen kein Wort Französisch verstehe, es fänden sich vielmehr an die dreißig verschiedene Dialekte (*patois*). Das Französische als die ‚Sprache der Freiheit' musste demnach gegen derartige ‚Bauernmundarten' im Namen einer einheitlichen Nation erst einmal durchgesetzt werden.

Dies wurde zu einer der zentralen Missionen der Schullehrer Frankreichs, die schließlich mit Erlass der Schulgesetze (1881-1884) in der III. Republik zu dem zweifelhaften Erfolg führte, dass, so M. Wandruszka 1979, *„in keinem Land Europas die Mundarten so weit von der Einheitssprache zurückgedrängt und abgewertet worden (sind) wie in Frankreich. In vielen Gegenden sind sie so gut wie erloschen, was bleibt ist allenfalls eine gewisse regionale Färbung der Aussprache und ein paar Dutzend regionaler Wörter und Wendungen."* (*Die Mehrsprachigkeit des Menschen*, S. 69).

Schauen wir nach Westen in die Bretagne, so schien das Bretonische eine Zeitlang vom ‚Aussterben' bedroht zu sein. Aber es kam anders: Seit Ende der 60-er Jahre erleben die Mundarten in Frankreich, ähnlich wie auch in Teilen Deutschlands, eine Art (literarische) Renaissance durch Liedermacher, Theatergruppen und politische Aktionen.

Sprachgeschichtlich anders sieht es im Süden Frankreichs aus. Hier finden wir eine ursprünglich eigenständige historische Sprache vor, die *langue d'oc* (das Provenzalische und Okzitanische), eine Sprache, in der ‚ja' nicht *oui* heißt wie in der *langue d'oil* im Norden, sondern *oc* (aus lat. *hoc ille*). Und wenn wir von der Provence oder von Montpellier aus weiter nach Westen in Richtung Spanien reisen, treffen wir auf das schon erwähnte Katalanische, das sich weiter nach Spanien bis nach Barcelona ausdehnt. Dort steht es in einer ähnlichen Konkurrenz zum Kastilischen, wie in Frankreich zum Zentralfranzösischen.

Dass es sich beim Provenzalischen nicht um einen Dialekt, ein *Patois*, eine ‚Bauernmundart', handelt, sondern um eine Schrift- bzw. Literatursprache, zeigt sich nach den höfischen Troubadouren im 12. Jahrhundert erneut im 19. Jahrhundert, als das untere Rhone-Tal zwischen Avignon und Arles seine romantische Renaissance mit dem Dichter der Provence, Fréderic Mistral (1830 – 1914) erlebte. Für sein Epos in zwölf Gesängen „Mirèio" erhielt Mistral 1904 den Nobelpreis für Literatur:

Cante uno chato de Prouvènco.
Dins lis amour de sa jouvenco,
...
léu la vole segui...

(Ich besinge eine junge Frau aus der Provence.
In den Lieben ihrer Jugend
Will ich ihr folgen...)

Deutsch in Italien

Deutsch in Italien? Natürlich, in *Südtirol*, in der Gegend um *Bozen* und *Meran* spricht man Deutsch. Genauer: Man ist zweisprachig im Tiroler *Etschland* (so die amtliche deutsche Bezeichnung von 1948-1972), im *Alto Adige*, in *Bolzano* und *Merano*. Etwa eine viertel Million Menschen in Italien, davon der überwiegende Teil in Südtirol, ist deutschsprachig. Aber auch in Italien stellt sich ebenso wenig wie in Frankreich die Frage, ob Deutsch, wie in der Schweiz und in Belgien landesweit zu einer weiteren Amtssprache werden könnte. In Südtirol jedenfalls muss man heute (als Italienischsprachiger) spätestens dann zweisprachig sein, wenn man sich um eine Anstellung im öffentlichen Dienst bewirbt.

302

Autonome Region Trentino-Südtirol

Der ehemaligen ‚Grafschaft Tirol' entspricht heute die italienische autonome Provinz Bozen als Teil der autonomen Region *Trentino-Südtirol*. Seit das Gebiet, das bereits im 19. Jahrhundert die heutige Provinz Trient umfasste, 1919 zu Italien kam, wird die Bezeichnung ‚*Südtirol*' nur noch für das ursprünglich deutsch besiedelte Gebiet verwendet. Alle strittigen Punkte des Autonomiestatus wurden völkerrechtlich erst 1992 abschließend geklärt, so dass seitdem der Südtirol-Konflikt als beigelegt gelten kann.

Claus Gatterer erzählt 1969 in seinem Buch „*Schöne Welt – Böse Leut. Kindheit in Südtirol*" noch von angespannten sprachlichen Verhältnissen in den 30-er und 40-er Jahren, als die Tiroler Barmherzigen Schwestern von italienischen Lehrkräften abgelöst wurden, die weder Deutsch noch Tirolerisch verstanden und die Namen der Schüler kaum auszusprechen vermochten. Im Brixener Priesterseminar durfte schließlich dreimal pro Woche den ganzen Tag nur italienisch geredet werden, „*damit wir uns im Italienischen perfektionieren könnten*", berichtet Gatterer. Was dabei heraus kam, war aber eher „*ein Kauderwelsch, Volapük für jedes ungeschulte Ohr: ‚schuhputzare' ‚anstrengare', ‚ma è klar', so sprachen wir.*" (S.264) (*Volapük* ist eine konstruierte künstliche ‚Welthilfssprache' wie das *Esperanto*.)

Doppelte Mehrsprachigkeit

Heute haben sich die Südtiroler, wie M. Wandruszka schon 1979 vermutete, „*in ihrer widerwilligen Zweisprachigkeit alles in allem gut eingerichtet*"; es ist jedoch „*eine in Stadt und Land nach Bevölkerungsschichten und Berufsgruppen und ihren besonderen Erfordernissen sehr unterschiedliche Zweisprachigkeit*" entstanden, die tatsächlich eine ‚*doppelte Mehrsprachigkeit*' ist: „*tirolerisch – hochdeutsch – fremdenverkehrsdeutsch – schulitalienisch – umgangsitalienisch. Ganz zu schweigen von den in verschiedensten Mischverhältnissen dreisprachigen Ladinern Südtirols.*" (S. 57f.) (Die *Ladiner* sind ladinisch bzw. rätoromanisch sprechende

Bewohner in einigen Dolomitentälern Südtirols, aber, wie wir schon bei der Besprechung der schweizerischen Verhältnisse erwähnt haben, ist Rätoromanisch auch die im Kanton Graubünden gesprochene Sprache).

Gerade in mehrsprachigen Gesellschaften finden sich stets auch vielfältige Formen individueller Mehrsprachigkeit, mit der die Menschen in den mehrsprachigen Regionen immer unverkrampfter umzugehen lernen, so wie in Südtirol die Deutschen, die Italiener und die Ladiner.

Liechtenstein

Ein kleines Fürstentum, von dem wir weitaus weniger wissen als etwa von Monaco oder San Marino, wollen wir an dieser Stelle wenigstens noch kurz erwähnen: *Liechtenstein*, südlich von Bregenz zwischen Österreich und der Schweiz gelegen. Einer meiner Kollegen hatte einige Jahre, bevor er nach Koblenz kam, in Vaduz Philosophie gelehrt. Sprachlich gesehen war das keine Herausforderung, denn in der Liechtensteinschen Erbmonarchie ist die offizielle Währung zwar der Schweizer Franken, die (alleinige) *Amtssprache* jedoch ist *Deutsch*. Hier würden wir also allenfalls auf eine innere Mehrsprachigkeit stoßen, wenn wir nach Varietäten des Deutschen suchten, die in der Region um Vaduz von der Bevölkerung tatsächlich gesprochen werden.

Mehrsprachigkeit in Deutschland

Es steht außer Frage, dass in Deutschland im Sinne individueller Mehrsprachigkeit viele verschiedene Sprachen gesprochen werden, erst recht, wenn wir die innere Mehrsprachigkeit (Mundart – Standarddeutsch) mit einbeziehen. In einer Koblenzer Grundschulklasse fanden wir 11 verschiedene Nationalitäten mit 13 verschiedenen Erstsprachen vor. Einige der Schüler und Schülerinnen begannen gerade mit dem Erwerb des Deutschen als Zweitsprache. Die meisten von ihnen werden jedoch bei einem längeren oder dauerhaften Aufenthalt in Deutschland im Laufe der Jahre zweifelsohne zwei- oder mehrsprachig werden.

Natürlich muss nicht in jedem Fall von individueller Mehrsprachigkeit eine der beteiligten Sprachen Deutsch sein. Es wäre durchaus möglich, dass ein türkisches Kind, das mit seinen Eltern in Deutschland lebt, als Muttersprache Kurdisch und als zweite Sprache Türkisch spricht, jedoch noch nicht Deutsch als Zweitsprache beherrscht. Hier könnte Deutsch die Drittsprache des Kindes werden, wenn nicht eine der bereits grundlegend beherrschten Sprachen soweit ‚absinkt', fossilisiert, dass wir in dieser Sprache kein ausreichendes Kompetenzniveau mehr vorfinden, um sie mitzuzählen. Dann könnte Deutsch als Zweitsprache an die Stelle der abgesunkenen (oder auch ‚vergessenen') Sprache treten.

Neben den Sprachen der ersten Generation von Arbeitsmigranten, die wir damals noch ‚*Gastarbeiter*' nannten, Griechisch, Italienisch, Spanisch, Portugiesisch, stoßen wir heute auf zahlreiche weitere Sprachen, insbesondere auf Türkisch, aber auch auf Polnisch und Russisch, also auf die Sprachen deutschstämmiger Übersiedler aus Polen und Russland (‚Wolga-Deutsche' und andere Gruppen), die in den jüngeren Generationen oft nur noch sehr rudimentär Deutsch gelernt haben. Für sie ist Deutsch tatsächlich eine ‚*Großmuttersprache*' (siehe Kap. 13). Daneben finden sich die unterschiedlichsten Sprachen von Flüchtlingen und Asylbewerbern ebenso wie die von ausländischen Fachkräften, die für den deutschen Arbeitsmarkt angeworben worden sind (z.B. aus Indien) und in nächster Zeit werden es wohl immer mehr auch die Sprachen von Auszubildenden aus den derzeit wirtschaftlich schwächeren EU-Ländern, insbesondere solchen mit extrem hoher Jugendarbeitslosigkeit, sein.

All diese sehr unterschiedlichen Gruppen von Migranten werden neben ihrer jeweiligen Muttersprache Deutsch als Fremd- oder Zweitsprache erwerben, sicherlich nicht immer bis zu einem quasi muttersprachlichen Niveau, aber doch so weit, dass es für die jeweiligen kommunikativen Bedürfnisse in der Ausbildung bzw. im jeweiligen Beruf und für die kommunikative Bewältigung von Alltagssituationen ausreicht.

Fremdsprachenlernen

Umgekehrt werden junge Menschen mit Deutsch als Muttersprache sich immer mehr für das Erlernen einer Fremdsprache interessieren. Wer nicht schon mit dem *frühen Fremdsprachenlernen'* in der Vor- und Grundschule begonnen hat, wird in den weiterführenden Schulen (und auch in der Hauptschule bzw. in sog. ,Realschule Plus', wie die ehemalige Hauptschule jetzt in Rheinland-Pfalz heißt) mindestens eine Fremdsprache (vermutlich zunächst Englisch) erlernen. Darüber hinaus wird es jedoch immer häufiger auch zum Erlernen einer weiteren Fremdsprache kommen, sei es Französisch oder eine andere Fremdsprache, in der Regel wohl eine der EU-Sprachen, aber warum nicht auch Russisch oder Chinesisch?

Damit könnte über ein oder zwei Generationen die sprachenpolitische Grundkonzeption der EU einlösbar werden, dass jeder EU-Bürger neben seiner Muttersprache (möglichst) zwei weitere EU-Sprachen als Fremdsprachen beherrschen sollte. Das Ziel ist hochgesteckt. (Wir gehen im nächsten Kapitel noch einmal näher darauf ein). Konsequenterweise hat sich neben der Erforschung des Zweitspracherwerbs längst auch eine *Drittsprachenforschung* herausgebildet, die die spezifischen Erwerbsprozesse einer zweiten (und dritten) Fremdsprache auf dem Hintergrund einer Muttersprache und einer ersten (und zweiten) Fremdsprache untersucht.

Deutsch als Amts- und Gerichtssprache in Deutschland

Angesichts dieser sprachlichen Vielfalt mag die jüngst erhobene Forderung anachronistisch erscheinen, das Grundgesetz in Art. 22 um die Feststellung zu erweitern: „*Die Sprache der Bundesrepublik ist Deutsch.*" Deutsch also als ,Staatssprache'? Soll dies so verstanden werden, dass alle in Deutschland lebenden und arbeitenden Menschen des Deutschen mächtig sein sollen bzw. dass sie es qua Grundgesetz-Appell schleunigst lernen sollten bzw. müssen?

Wenn die Möglichkeiten dazu vorhanden sind, wird dies wohl ohnehin jeder tun, der es in seinem beruflichen oder auch privaten Umfeld braucht. Sprechen (und verstehen) sollte man, wenn möglich, stets diejenige Sprache, die der jeweiligen Situation angemessen erscheint, was allerdings auch in Deutschland nicht zwangsläufig Deutsch sein muss. Eine Festschreibung des Deutschen im Grundgesetz, könnte außerdem in Konflikt geraten zu Art. 3, Abs. 3 des Grundgesetzes, nach dem niemand wegen seiner Sprache *„benachteiligt oder bevorzugt"* werden darf.

Dort, wo es hingehört, nämlich im Verwaltungsrecht, ist ohnehin geregelt, dass die *Amts- und Gerichtssprache Deutsch* ist. In das Grundgesetz gehört eine solche Regelung meiner Meinung nach gewiss nicht. Auch mit der Kulturhoheit der Länder könnte eine Festschreibung des Deutschen als ,*Staatssprache'* in Konflikt geraten. Denn tatsächlich sprechen einige Bundesländer auch ihren Minderheitensprachen, wie z.B. dem *Sorbischen* in Sachsen und Brandenburg oder dem *Friesischen* in Schleswig-Holstein, den Status einer Amtssprache zu.

Wie diese sprachliche Vielfalt auf EU-Ebene gehandhabt werden kann, werden wir im anschließenden und letzten Kapitel diskutieren. Für Deutschland kann man feststellen: Deutschland ist zwar sicherlich ein vielsprachiges Land, was jedoch die Frage der Amtssprache betrifft, ist Deutschland einsprachig, einmal abgesehen von länderspezifischen Regelungen wie in Schleswig-Holstein, Sachsen und Brandenburg: Die Amts- und Gerichtssprache ist Deutsch. – Daran, dass wir die Frage, ob Friesisch oder Sorbisch zu ,gesamtdeutschen' Amtssprachen ,befördert' werden sollten, nicht recht beantworten können, zeigt sich, dass wir vermutlich gut daran tun, es zumindest auf der abstrakten Ebene des Grundgesetzes bei Deutsch als (alleiniger) Amtssprache zu belassen.

Dies wäre nur dann anders zu entscheiden, wenn es auf deutschem Gebiet geschlossene Siedlungsgebiete gäbe, in denen die Bevölkerung eine andere Sprache als Deutsch spräche. Dann hätten wir eine vergleichbare Situation wie in Belgien oder in der Schweiz. Aber auch Sorbisch und Friesisch, wie auch das bereits erwähnte Jenische als nicht territorial gebundene Sprache, sind kaum mit der belgischen oder schweizerischen Situation einer kollektiven oder staatlichen Mehrsprachigkeit vergleichbar.

Tatsächlich sollten wir uns einerseits darum bemühen, unterstützende (institutionelle) Angebote zum Erlernen des Deutschen (als Fremd- oder Zweitsprache) zu machen, andererseits sollten wir uns jedoch darum bemühen, als deutsche Muttersprachler nicht einsprachig zu bleiben, und uns selbst in schon fortgeschrittenerem Alter vielleicht doch noch der einen oder anderen Fremdsprache zuwenden, selbst wenn es (nur) die Sprache eines unserer liebsten Urlaubsländer ist. – Auf einer Fahrt nach Berlin kam ich einmal mit einem älteren Herrn ins Gespräch, der, ausgestattet mit einem *spanischen* Lehrbuch und Wörterbuch eigentlich wohl gar nicht gestört werden wollte. Ich hatte wohl eher, wie in meinem Fall, wo die Fahrt weiter nach Bydgoszcz (Bromberg) in Polen gehen sollte, erwartet, dass jemand auf der Fahrt in Richtung Osten noch schnell etwas Polnisch lernen will, aber Spanisch? Ja, Spanisch, erklärte mir der Rentner. Er habe sich vor kurzem von seinem Ersparten eine kleine Wohnung in Südspanien gekauft. Man komme dort zwar auch ganz gut mit Deutsch zurecht, aber er habe doch bemerkt, dass man mit einem bisschen spanischen Feilschen oder auch mit einer mit wenigen Worten auf Spanisch geführten Plauderei alles ein wenig billiger bekomme. Und aus diesem schlichten ökonomischen Grund lerne er jetzt Spanisch. Es gibt, wie man sieht, viele (gute) Gründe eine Fremdsprache zu lernen.

Lektüreempfehlungen

Vielfältige Aspekte der Mehrsprachigkeit in der sprachlichen Praxis werden behandelt in:

Ehlich, Konrad/ **Hornung**, Antonie (Hrsg.): *Praxen der Mehrsprachigkeit.* Münster: Waxman, 2006.

Als allgemeine Einführung eignet sich:

Müller, Natascha u.a.: *Einführung in die Mehrsprachigkeitsforschung. Französisch, Italienisch.* 3. Aufl., Tübingen: Narr, 2011,

sowie die angeführte ältere Arbeit von Mario Wandruszka:

Wandruszka, Mario: *Die Mehrsprachigkeit des Menschen.* München/ Zürich: Piper, 1979.

15 ‚Sprachenregime' in den EU-Institutionen

Soweit eine ‚Sprachenpolitik' der EU erkennbar ist, ist diese im Wesentlichen auf eine Förderung der Mehrsprachigkeit ausgerichtet. Eine der bereits angesprochenen Probleme ist dabei die Rolle des Englischen als ‚*Weltsprache*' und als mögliche europäische ‚*lingua franca*'. Daneben ist jedoch auch der ‚Schutz' von Regional- und Minderheitensprachen ein besonderes Anliegen der EU.

Amts- und Arbeitssprachen

In der Europäischen Union haben derzeit 24 Sprachen den Status von „*Amts- und Arbeitssprachen*". Dies sind im Grunde die in den verschiedenen Mitgliedsländern gesprochenen Nationalsprachen, soweit sie dort den Status einer Amtssprache haben und es sich nicht um Regional- oder Minderheitensprachen handelt. Dass die Zahl der Amtssprachen nicht mit der Zahl der Mitgliedsländer übereinstimmt, ergibt sich daraus, dass in einigen der 28 Mitgliedsländer die gleichen Sprachen den Status einer Amtsprache haben. So ist Deutsch beispielsweise Amtsprache in Deutschland und Österreich, neben Französisch und Flämisch auch noch in Belgien; Griechisch ist Amtssprache in Griechenland und in Zypern, in Luxemburg sind die Amtssprachen Französisch und Deutsch usw.

Die ersten vier „*Amtssprachen und die Arbeitssprachen der Organe der Gemeinschaft*", die in der „*Verordnung Nr. 1 zur Regelung der Sprachenfrage für die Europäische Wirtschaftsgemeinschaft*" (Amtsblatt Nr. 017 vom 6. Oktober 1958) festgelegt wurden, waren „*Deutsch, Französisch, Italienisch und Niederländisch*", dann kamen mit jedem weiteren Land, das der EU beitrat, die Amtssprachen der Beitrittsländer hinzu, so dass die Europäische Union heute durch eine außergewöhnliche *Sprachenvielfalt* geprägt ist. Die in der EU vertretenen 24 Amtssprachen sind heute: *Bulgarisch, Dänisch, Deutsch, Englisch, Estnisch, Finnisch, Französisch, Griechisch, Irisch, Italienisch, Kroatisch, Lettisch, Litauisch, Maltesisch, Niederländisch, Polnisch, Portugiesisch, Rumänisch, Schwedisch,*

Slowakisch, Slowenisch, Spanisch, Tschechisch und Ungarisch. Mit dem Beitritt Kroatiens Mitte 2013 ist als letzte Amtssprache *Kroatisch* als weitere Sprache hinzugekommen. *Irisch,* das zunächst lediglich als ,Vertragssprache', nicht aber als Amtssprache eingestuft worden war, wurde 2005 (zusammen mit Rumänisch und Bulgarisch) in die Liste der Amts- und Arbeitssprachen der EU aufgenommen. - Über diese Vielfalt der Sprachen hinaus finden wir in der EU auf der Ebene der Schrift überdies drei unterschiedliche *Alphabetschriften:* die lateinische, die griechische und die kyrillische (in Bulgarien). Sollten Sie sich einmal für ein paar Wochen in Griechenland aufhalten, werden Sie überrascht sein, wie schnell sie dort das griechische Alphabet lernen werden. Da alle wichtigen Aufschriften größtenteils auch in lateinische Schriftzeichen übertragen sind, können Sie schnell die griechischen Buchstaben ,lesen', indem Sie diese den lateinischen zuordnen.

Sprachenvielfalt in der EU

Über die Amtssprachen hinaus existieren in den Mitgliedsländern insgesamt etwa 60 weitere Sprachen, vielfältige Regional- und Minderheitensprachen, die zwar nicht den Status einer Amtssprache haben, die von der EU jedoch als besonders schützenswert betrachtet werden. Darüber hinaus finden sich in Europa noch etwa 175 Sprachen von nicht-europäischen Migranten.

Um in dieser Vielfalt allein der europäischen Sprachen einerseits keine Sprache auszuschließen (und damit gewissermaßen abzuwerten), andererseits aber in den konkreten Arbeitszusammenhängen in den EU-Institutionen und -Behörden praktikable Lösungen für die Arbeitskommunikation zu finden, hat sich neben den prinzipiell gleichberechtigten 24 Amtsprachen eine informelle Praxis bei der Wahl der tatsächlich verwendeten *Arbeitssprachen* herausgebildet. Zwar sind alle 24 Amtssprachen offiziell auch als Arbeitssprachen zugelassen, in der Arbeitspraxis der verschiedenen EU-Institutionen und -Behörden, der Projektgruppen und Ausschüsse und schließlich auch in der

Europäischen Zentralbank (EZB) in Frankfurt musste jedoch ein Arbeitssprachenkonzept gefunden werden, das in erster Linie praktikabel sein musste. So hat, wie schon erwähnt, wohl das Kriterium der Ökonomie oder der Praktikabilität dazu geführt, dass die Arbeitssprache in der EZB tatsächlich Englisch ist, obwohl diese ihren Sitz in Deutschland hat.

Bedeutung der Amtssprachen

Trotz der offiziell gleichberechtigten 24 Amts- und Arbeitssprachen in der EU können nur wenige Sprachen im internen Verkehr der Behörden, in Beratungen von Ausschüssen etc. tatsächlich als *Arbeitssprachen* verwendet werden, ohne dass man auf Dolmetscher zurückgreifen müsste.

Die Gleichberechtigung aller *Amtssprachen* ist gleichwohl nicht nur eine theoretische Forderung, sondern hat *praktische Konsequenzen* auch für jeden einzelnen EU-Bürger. Es wird diesem zwar vermutlich nicht gelingen, in jedem Mitgliedstaat mit jedem beliebigen EU-Bürger oder mit jeder beliebigen Behörde ausschließlich in seiner eigenen Muttersprache erfolgreich zu kommunizieren (darum geht es sprachenpolitisch auch nicht), er kann jedoch jedes Schriftstück, das an „*Organe der Gemeinschaft*" gerichtet ist, nach seiner Wahl in einer der 24 Amtssprachen abfassen und er kann erwarten, dass ein solches Schreiben dann auch in der von ihm als Absender verwendeten Amtssprache beantwortet wird (Art. 2). Aufgrund des Art. 3 der genannten Verordnung von 1958 gilt dies nicht nur für Privatpersonen, sondern auch für Schriftstücke, die ein Mitgliedstaat an Organe der Gemeinschaft richtet.

Darüber hinaus gilt, dass „*Verordnungen und andere Schriftstücke von allgemeiner Geltung*", wie Art. 4 regelt, „*in den vier Amtssprachen*" bzw. in den heutigen 24 Amtssprachen abgefasst werden müssen. Dies gilt allerdings faktisch mit einigen Einschränkungen. In sämtliche Amtsprachen werden allerdings nur diejenigen Rechtsvorschriften und sonstigen Texte übersetzt, die von besonderer Bedeutung oder von großem Interesse für die Öffentlichkeit sind. Andere Unterlagen werden nur *„in die jeweils erforderlichen Sprachen"* übersetzt.

Aus einer solchen multilingualen Herausforderung resultiert nicht zwangsläufig die sprachliche Anforderung an EU-Behörden, in allen Amtssprachen unmittelbar kommunizieren zu können. Dies wäre nicht nur utopisch, sondern sicherlich auch kaum praktikabel. So werden in der Europäischen Kommission intern drei so genannte *„Verfahrenssprachen"* benutzt: *Englisch, Französisch* und *Deutsch.* Nur die Mitglieder des Europäischen Parlaments erhalten sämtliche Arbeitsdokumente auch in ihrer jeweiligen Muttersprache (sofern es eine der Amtssprachen der EU ist).

Übersetzer und Dolmetscher

Was in einer solchen Situation der Vielsprachigkeit in jedem Fall unverzichtbar ist, sind qualifizierte Übersetzer, wie wir sie beispielsweise in den Übersetzungs- und Dolmetschdiensten der EU in Luxemburg finden. Auch wenn ein Europa angestrebt wird, *„in dem alle neben ihrer Muttersprache von klein auf mindestens zwei Fremdsprachen lernen (M + 2F),* wie es von den EU-Staats- und Regierungschefs im März 2002 auf der Ratstagung in Barcelona vereinbart wurde, sind der vielsprachigen Kommunikation natürlich individuelle Grenzen gesetzt. So lag nach einer in 14 Ländern durchgeführten EU-Studie zur *Sprachenkompetenz* der Anteil der Schülerinnen und Schüler, die in ihrer ersten Fremdsprache (in der Regel Englisch) wirklich kompetent waren, durchschnittlich nur bei 42% (in Malta und Schweden allerdings bei 82%, in Frankreich bei 14 und in England (hier für Französisch) bei nur 9%). Über eine zweite Fremdsprache verfügten lediglich 25%. 14% erreichten bei der ersten und 20% bei der zweiten Fremdsprache jedoch nicht einmal das Niveau von *„Grundkenntnissen".* 98% der EU-Bürger sind laut einer Eurobarometer-Umfrage vom Juni 2012 gleichwohl der Meinung, Fremdsprachenkenntnisse seien gut für die Zukunft ihrer Kinder.

Das polyglotteste EU-Land ist jedoch nicht Schweden, sondern Luxemburg: Hier beherrschen 99% der Bevölkerung mindestens *eine* Fremdsprache. - Welche Voraussetzungen muss man wohl mitbringen, um 32 Sprachen zu beherrschen wie Ioannis Ikononmou, einer der Übersetzer der Europäischen Kommission?

Die Europäische Kommission beschäftigt insgesamt rund 3000 Übersetzer und Dolmetscher. Die Kosten für das Übersetzen und Dolmetschen in allen EU-Organen (Kommission, Europäisches Parlament, Rat, Europäischer Gerichtshof und Europäischer Rechnungshof, Wirtschafts- und Sozialausschuss sowie Ausschuss der Regionen) belaufen sich trotz dieses relativ hoch erscheinenden Sprachmittleraufwandes jährlich allerdings auf weniger als 1% des EU-Haushaltes, was jedoch immerhin rund einer Milliarde Euro entspricht.

Wie die Regelung der Sprachenfrage im Einzelnen umzusetzen ist, welche Sprachen also tatsächlich jeweils als Arbeitssprachen verwendet werden, können die Institutionen der EU in ihren Geschäftsordnungen festlegen. So gilt in der EU-Kommission, wie gesagt, ein *„Dreisprachenregime"*, wie auch im Ausschuss der Ständigen Vertreter (ASTV) des Rates der Europäischen Union, während Verhandlungen auf Ministerebene im Rat in alle Amtssprachen übersetzt werden. In den Ratsarbeitsgruppen der Fachbeamten werden in der Regel lediglich die *fünf* großen *EU-Sprachen gedolmetscht*: Englisch, Französisch, Deutsch, Spanisch und Italienisch. Dort wo auf Dolmetscher ganz verzichtet wird, wird praktisch nur noch Englisch und/oder Französisch gesprochen.

Übersetzungsarbeit für das Europäische Parlament
So besteht der vielleicht größte Übersetzungsbedarf wohl immer noch im Europäischen Parlament in Straßburg, denn hier wird im

Plenum und in den Ausschüssen in alle und aus allen Sprachen gedolmetscht. Dokumente werden in alle Amtssprachen übersetzt. Die Dolmetscher müssen in ihren Kabinen natürlich ‚vor Ort' sein, wenn auch nicht für alle möglichen Sprachenpaare.

Aber was ist zu tun, wenn ein Redner im Parlament beispielsweise *Estnisch* spricht? - Theoretisch müssten dann Dolmetscher verfügbar sein, die in der Lage wären, aus dem Estnischen in alle anderen 23 Amtssprachen simultan zu dolmetschen, also Estnisch – Deutsch, Estnisch – Englisch, aber auch Estnisch – Rumänisch, Estnisch – Niederländisch, Estnisch – Lettisch usf. Da dies im Hinblick auf den dafür erforderlichen Personalaufwand in der Regel nicht möglich sein wird, kann der Prozess des Dolmetschens auch über andere Sprachen als Zwischenstufen erfolgen, die übersetzungstechnisch dann als ‚*Zwischensprachen*' oder ‚*Relais-Sprachen*' bezeichnet werden. Dies bedeutet in unserem Beispiel, dass der für das Estnische zuständige Dolmetscher nicht unbedingt auch Deutsch beherrschen muss, sondern dass er seine Übersetzung vom Estnischen ins Englische in eine andere Kabine übertragen kann, wo dann ein weiterer Dolmetscher aus dem Englischen ins Deutsche dolmetscht. In diesem Fall wäre das Englische die *Relais-Sprache*: Der eine Dolmetscher nutzt das Englische als Zielsprache (*target language*), der andere nimmt es als Ausgangssprache (*source language*) für die Fortführung des Prozesses des Dolmetschens, sozusagen nicht nur ‚*von Text zu Text*', sondern ‚*von Sprache zu Sprache*'. - Als Relais-Sprache kann im Europäischen Parlament neben Englisch und Französisch neuerdings auch Deutsch benutzt werden.

Die Arbeit der Übersetzer – wir haben es bereits erwähnt – ist weitgehend Nachtarbeit, wenn Dokumente, die aus dem Europäischen Parlament am Abend dem Übersetzungsdienst in Luxemburg übermittelt werden, zur nächsten Plenarsitzung in allen Amtssprachen vorliegen müssen. Die Erstellung der übersetzten Textversionen steht zwar unter erheblichem Zeitdruck, gleichwohl müssen die Texte adäquat übersetzt werden, auch wenn Übersetzungsfehler nie restlos ausgeschlossen werden können.

An den diplomatischen Feinheiten muss fast wie bei literarischen Übersetzungen sicherlich weiter gearbeitet bzw. ‚gefeilt' werden. Im praktischen Kontext der Arbeit (und der Arbeitsfähigkeit) des Europäischen Parlaments muss jedoch der ‚*unendliche Prozess*' des Übersetzens letztlich immer wieder in die Endlichkeit zurückgeholt werden.

Deutsch im EU-Kontext

Immer wieder werden Befürchtungen laut, das Deutsche werde in den praktischen Entscheidungen zur Sprachenwahl nicht hinreichend berücksichtigt. Tatsächlich versucht die Bundesregierung, die Rolle des Deutschen als Arbeitssprache in möglichst allen EU-Institutionen zu stärken, denn schließlich sprechen insgesamt rund 30% der EU-Bürger Deutsch, davon 20% als Muttersprache.

Wie aber sollte eine solche ‚*Stärkung*' *des Deutschen* konkret aussehen, wenn man nicht in die Geschäftsordnungen der jeweiligen Gremien eingreifen will. Denn dort wird sich die Wahl der Arbeits- oder *Verfahrenssprache* nicht zuletzt pragmatisch an den Sprachenkenntnissen der jeweiligen Mitglieder orientieren, möglicherweise auch an der Sprache des jeweiligen Sitzlandes oder an bestimmten Traditionen. So war die interne Arbeitssprache am Europäischen Gerichtshof wie am Europäischen Gericht zunächst primär Französisch, inzwischen dringt das Englische immer mehr vor und teilweise wohl auch das Deutsche. Die Beratungen der Richter finden gleichwohl überwiegend in Französisch statt.

Warum sollte man die EU-Beamten ‚zwingen', Deutsch zu verwenden, anstatt diejenigen der derzeit üblichen Arbeitssprachen, die sie am besten beherrschen? Ist das Deutsche nicht schon genügend dadurch ‚gewürdigt', dass es neben Englisch und Französisch eine der drei Arbeitssprachen der EU-Kommission ist?

Sicherlich sind entsprechende Deutsch-Sprachkurse für EU-Beamte ebenso sinnvoll, wie Französisch-Sprachkurse. Aber letzten Endes wird man wohl immer diejenige Sprache bevorzugen, die man am besten beherrscht oder die sich für die Kommunikation mit möglichst vielen anderssprachigen Partnern anbietet. Wenn dabei das Englische immer mehr dominiert, weil es mit 47% die als Mutter- und Fremdsprache meistgesprochene Sprache in Europa ist, muss uns das weder verwundern noch gegen das Englische aufbringen: Man kann von uns schließlich genauso erwarten, dass wir Englisch lernen, wie wir von anderen erwarten, dass sie Deutsch lernen.

Was letztlich hinter der Forderung nach stärkerer Berücksichtigung der jeweils eigenen Sprache steckt, dürfte die Befürchtung sein, dass uns irgendeine Art von Nachteil daraus erwachsen könnte, dass in irgendeiner der EU-Institutionen nicht unsere Muttersprache Verhandlungssprache ist, dass wir also zwangsläufig in einer Fremdsprache kommunizieren (müssten). Tatsächlich könnte unser Verhandlungserfolg wohl ein wenig darunter leiden, wenn wir in der Fremdsprache nicht alle sprachlich-kommunikativen Feinheiten beherrschen, die uns muttersprachlich zu Gebote stehen. Was sollen dann aber die Vertreter der anderen Amtssprachen sagen, die nicht einmal auf die Idee kommen, ihre jeweilige Sprache als Verfahrenssprache vorzuschlagen. Bei den kleineren Sprachen mag das ja noch konsequent erscheinen, aber warum sollte beispielsweise nicht das Spanische mit dem gleichen Recht eine Arbeits- oder Verfahrenssprache sein können wie das Deutsche? – Sollten wir dann nicht lieber aus unseren (besseren) Fremdsprachkenntnissen Vorteile zu ziehen versuchen?

Regional- und Minderheitensprachen
Neben den jeweiligen Amtssprachen werden in den Mitgliedsländern der Europäischen Union zudem noch etwa 60 Regional- und Minderheitensprachen gesprochen. Die *„Europäische Charta der Regional- oder Minderheitensprachen"*, die 1992 vom Europarat gezeichnet wurde, stellt das erste weit reichende völkerrechtliche

Abkommen zum Schutz von Minderheiten- und Regionalsprachen dar. Mit der definitorischen Beschränkung auf *„historisch siedelnde Minderheiten"* werden allerdings die Sprachen von Immigranten ausgeschlossen; der Begriff der ‚Sprache' umfasst hier auch nicht die *Dialekte,* schließt aber auch Sprachen mit quasi offiziellem Status wie das Letzenburgische in Luxemburg nicht ein.

Ziel der Charta ist es, Regional- und Minderheitensprachen vor dem Aussterben zu schützen, indem ihr Gebrauch in Bereichen des öffentlichen, kulturellen, wirtschaftlichen und sozialen Lebens gefördert werden soll. Ob und wie dies geschehen kann, bleibt Maßnahmen der einzelnen Länder überlassen, denen allerdings bei Nicht-Einhaltung der Grundsätze der Charta keine Sanktionen drohen.

In *Deutschland* trat die Charta nach der Ratifizierung durch die Bundesregierung am 1. Januar 1999 in Kraft. Damit verpflichtet sich die Bundesrepublik, *fünf Minderheitensprachen und eine Regionalsprache* in denjenigen Bundesländern zu ‚schützen', in denen diese Sprachen verbreitet sind: *Dänisch* in Schleswig-Holstein, *Sorbisch* in Sachsen und Brandenburg, *Nordfriesisch* in Schleswig-Holstein und *Saterfriesisch* in Niedersachsen und *Romanes* (entsprechend dem *Jenischen* in der Schweiz) als Minderheitensprachen sowie *Niederdeutsch* als Regionalsprache.

Die Abgrenzung zu Dialekten fällt nicht ganz leicht, denn auch hier stellt sich erneut die Frage, was wir in welchem Sinn als ‚Sprache' betrachten wollen. Möglicherweise könnte ohnehin die 1996 abgegebene *„Allgemeine Erklärung der Sprachenrechte"* für den individuellen Sprachbenutzer bedeutsamer sein, die das persönliche *Recht auf den Gebrauch seiner eigenen Sprache* stärken soll. Wir sollten dies allerdings nicht so verstehen sollten, dass wir in jeglicher Kommunikation auf die Verwendung unserer je eigenen Sprache beharren sollten. Denn wenn jeder der Kommunikationsteilnehmer dies täte, wären sprachlich bedingte Kommunikationsbarrieren letztlich nicht überwindbar.

Regionalsprachen in den EU-Organen

Es mag den Sprecher einer Standardsprache verwundern: Tatsächlich hat der Rat der Europäischen Union seine Zustimmung gegeben, dass auch bestimmte Regionalsprachen sogar in formellen EU-Sitzungen und EU-Dokumenten genutzt werden dürfen; jedoch nur dann, wenn diese Sprachen in der Verfassung des jeweiligen Mitgliedlandes anerkannt sind und nicht den Status einer Amtsprache haben. Eine Vereinbarung mit der spanischen Regierung betrifft beispielsweise die Verwendung von *Baskisch*, *Galicisch* und *Katalanisch*, eine Vereinbarung mit dem Vereinigten Königreich *Walisisch* und *Schottisch-Gälisch*. Die Regelungen zur Verwendung der Regionalsprachen sind im Einzelnen recht differenziert, in jedem Fall trägt allerdings der jeweilige Mitgliedstaat die Kosten für die Übersetzung wie für die Verdolmetschung von Regionalsprachen.

Vielfalt oder einheitliche Verkehrssprache?

So hoffnungsvoll uns die Akzeptanz und Wertschätzung von Heterogenität, wie auch die Förderung von Mehrsprachigkeit grundsätzlich auch stimmen mag, muss man doch fragen, ob eine derartige Vielfalt, einschließlich der zu den 24 Amtssprachen noch hinzukommenden nicht geringen Anzahl an Regional- und Minderheitensprachen, nicht auch zu ‚Reibungsverlusten' in den kommunikativen Abläufen bis hin zur Entscheidungsfindung führen könnte. Die Formel von der ‚*Einheit in der Vielfalt*' ist mir theoretisch zwar äußerst sympathisch, weil ‚*Vielfalt*' tatsächlich in jeder Hinsicht eine Erweiterung unseres Horizonts darstellt, es bedarf jedoch andererseits immer auch gewisser Anstrengungen, den Umgang mit der Vielfalt produktiv werden zu lassen. Gelegentlich wird es eines regelrechten ‚*diversity managements*' bedürfen, wie es global interagierende Unternehmen längst praktizieren.

In allen Antworten, die die Europäische Kommission im Internet auf „Häufig gestellte Fragen" (FAQs – frequently asked questions) zu *„Mehrsprachigkeit und Sprachenlernen"* gibt, werden durchgängig die positiven Aspekte der sprachlichen und kulturellen Vielfalt in der Europäischen Union hervorgehoben. Die Argumentationsstrategie setzt in der Charta der Grundrechte der Europäischen Union bei den Artikeln 21 und 22 an, die festlegen, dass niemand wegen seiner Sprache diskriminiert werden darf (durchaus analog zum Grundgesetz) und *„dass die Europäische Union die Vielfalt der Sprachen achtet"*. Dass alle Amtssprachen der Mitgliedsländer auch Amtssprachen der EU sind, trägt *„der Demokratie, der Transparenz und der Verantwortlichkeit Rechnung"*, nicht zuletzt aber wohl auch der schlichten Feststellung, dass kein Mitgliedsland ohne weiteres bereit ist, *„auf seine eigene Sprache zu verzichten"*. Die Durchsetzung einer einzigen Sprache als alleiniger Arbeitssprache und damit letztendlich wohl auch als allgemeiner Verkehrssprache in Europa wird als „undemokratisch" abgelehnt.

Somit ist es das erklärte Ziel der Sprachenpolitik in der EU, die *Sprachenvielfalt zu schützen*, gleichzeitig aber auch das *Sprachenlernen zu fördern* und dadurch den Weg zur *individuellen Mehrsprachigkeit* möglichst aller EU-Bürger zu *unterstützen*. Während die jeweils eigene Sprache (Amtssprache oder regionale Sprache) immer noch der Garant der jeweiligen (regionalen) kulturellen Identität zu sein scheint, soll das Sprachenlernen offensichtlich die *„gesellschaftliche Integration"* in Europa stärken und die Wahrnehmung *„der Ausbildungs- und Beschäftigungsmöglichkeiten auf dem Binnenmarkt"* erleichtern.

Dementsprechend fördert die Europäische Kommission die Mehrsprachigkeit in Europa aus verschiedenen Gründen: *„1. um den interkulturellen Dialog und eine inklusivere Gesellschaft zu fördern, 2. um den Bürgerinnen und Bürgern der 27 Mitgliedstaaten ein Gefühl für die Unionsbürgerschaft zu vermitteln, 3. um den Menschen die Möglichkeit zu eröffnen, im Ausland zu studieren oder* *zu arbeiten, und 4. um den global operierenden EU-Unternehmen neue Märkte zu erschließen.*"

Um diese Ziele zu erreichen, ist es sprachenpolitisch konsequent, im Hinblick auf das Sprachenlernen der EU-Bürger, ein Europa anzustreben, *„in dem alle neben ihrer Muttersprache von klein auf mindestens zwei Fremdsprachen lernen. Die Vorgabe ‚Muttersprache + 2' wurde von den EU-Staats- und Regierungschefs im März 2002 auf der Ratstagung in Barcelona vereinbart.*"

Die praktische Umsetzung dieser Vereinbarung hat allerdings im Laufe von 10 Jahren (2002-2012) bislang nicht zu dem gewünschten Erfolg geführt. Denn nach den schon erwähnten Eurobarometer-Umfragen (zuletzt Juni 2012) *„ist die Zahl der Europäerinnen und Europäer, die angeben, sie könnten in einer Fremdsprache kommunizieren, seit der letzten Erhebung zur Mehrsprachigkeit im Jahre 2005 von 56 auf 54% leicht zurückgegangen.*" Realistisch gesehen ist also derzeit kaum mehr als jeder zweite Europäer zweisprachig ist, wobei wir noch nicht einmal von der höheren Anforderung „M + 2" sprechen.

EU-Programm ‚Lebenslanges Lernen" (2014-2020)
Seit einer Reihe von Jahren bietet die Europäische Gemeinschaft Förder-Programme an wie ‚*Comenius*' (für Schüler), ‚*Leonardo*' (für Auszubildende und Berufstätige) und insbesondere ‚*Erasmus*' (für Studierende und Hochschuldozenten), um die Mobilität innerhalb der Gemeinschaft zu fördern. Es werden Zuschüsse vergeben, um in erster Linie jungen Erwachsenen Erfahrungen mit dem Studium oder einer beruflichen Tätigkeit im europäischen Ausland zu ermöglichen.

Der Besuch vorbereitender Sprachkurse zum Erwerb der jeweiligen Landessprache ist dabei unumgänglich. Wie schnell die Studierenden Kenntnisse in einer Fremdsprache bis zu einem Niveau erwerben, das tatsächlich die erfolgreiche Teilnahme an universitären Veranstaltungen in der jeweiligen Landessprache ermöglicht und sogar Prüfungen absolviert und Leistungsnachweise erworben werden können, ist oft erstaunlich. So eignete sich einer meiner Söhne in einem dreimonatigen Spanisch-Kurs und in einer Wohngemeinschaft mit einem spanischen Paar ausreichende Spanisch-Kenntnisse an, um ein Erasmus-Semester in Madrid Jura studieren und nach dem Studium ein Praktikum bei einem Anwalt in Barcelona machen zu können. Eine Studentin, die wir für ein Erasmus-Semester an unserm Partnerinstitut in Pisa ausgewählt hatten, reiste bereits zwei Monate früher nach Italien und absolvierte mit Erfolg einen Italienisch-Kurs in Siena. ‚Sprachbarrieren' gibt es zweifellos, aber sie sind mit ein wenig Engagement wohl leichter überwindbar als wir gemeinhin annehmen.

Mit dem ab 2014 neu aufgelegten Programm für *‚lebenslanges Lernen'* (*‚LLL'*), das mit etwa 50 Mio. EUR pro Jahr gefördert werden soll, sollen unter dem Motto „*Erasmus für alle*" alle Bürger und Bürgerinnen der EU „*die Möglichkeit haben, ihre Sprachkenntnisse zu verbessern, sich anderen Kulturen zu öffnen und die Vorteile zu entdecken, die ihnen die Europäische Union und der Weltmarkt bieten.*" – Welche Sprachen werden es aber sein, die wir als erste und zweite Fremdsprache lernen? Wie wird es möglich sein, für alle gewünschten Sprachen die Lehr- und Lernmaterialien bereit zu stellen und auch die entsprechenden Fremdsprachenlehrkräfte zu gewinnen bzw. erst einmal auszubilden?

Blicken wir auf die zehn Jahre von 2002 (Barcelona) bis 2012 (Eurobarometer) zurück, so ist zwar die Zahl derer, die an den genannten EU-Programmen teilgenommen und dabei gewiss auch weitere Fremdsprachenkenntnisse erworben haben, sicherlich beachtlich. Ebenso stimmt es optimistisch, wenn „*Sprachenlernen und sprachliche Vielfalt*" zu den Schwerpunkten des neuen Programms „*Erasmus für alle*" zählen. Andererseits hat jedoch die Zahl derer, die angeben, in einer Fremdsprache kommunizieren zu können, innerhalb der letzten zehn Jahre eher abgenommen als zugenommen. - Wie sehen also die Perspektiven für eine verbesserte

Sprachenkompetenz in der EU tatsächlich aus? Wird es, wenn die ‚(Wieder)einführung' des Lateinischen als EU-weite Verkehrssprache ebenso wenig praktikabel erscheint wie der Rückgriff auf eine der Welthilfssprachen Esperanto oder Valpük, letztlich nicht doch *Englisch* sein, das früher oder später zusätzlich zu seiner Rolle als ‚*Weltsprache*' auch die Rolle einer ‚*europaweiten Verkehrssprache*' (*lingua franca*) übernehmen wird?

Chancen für europäische Mehrsprachigkeit oder ‚Anglisierung'?
Auf die Frage „*Welche Sprache ist die wichtigste?*" ist die nicht nur diplomatisch korrekte Antwort, die die EU-Kommission im Internet gibt: „*Alle Sprachen sind gleich wichtig.*" Ein wenig differenzierter betrachtet, werden die quantitativen sprachlichen Verhältnisse dann wie folgt dargelegt:

„*Die EU-Sprache mit der größten Zahl an Muttersprachlern in der EU ist Deutsch. Außerhalb Deutschlands und Österreichs wird Deutsch jedoch nur wenig verwendet. Die weltweit am meisten gesprochenen Sprachen sind Englisch und Spanisch – doch die meisten Sprecher leben nicht in Europa. Englisch ist die am weitesten verbreitete Zweitsprache in der EU. Allerdings zeigen aktuelle Untersuchungen, dass selbst heute weniger als die Hälfte der EU-Bevölkerung Englisch gut genug kann, um in dieser Sprache zu kommunizieren. Französisch ist in drei Mitgliedstaaten die einzige oder eine Amtssprache (Belgien, Frankreich, Luxemburg). Es wird in vielen Teilen der Welt gesprochen und an vielen Schulen in der EU unterrichtet. Allerdings ist es als Fremdsprache in Süd- und Westeuropa wesentlich weiter verbreitet als in Nord- und Osteuropa.*"

Möchte man dem Deutschen in dieser Bewertung noch ein wenig mehr Gewicht verleihen, kann man gern ergänzen, dass Deutsch auch eine der Amtssprachen in Belgien ist, auch in Luxemburg gesprochen und in den Niederlanden größtenteils verstanden wird. Wenn auch nicht in einem weiteren EU-Land, so ist Deutsch doch auch in der Schweiz die Sprache mit den meisten Sprechern und schließlich ist es, klein aber fein, auch Amtssprache in Liechtenstein.

Als Fremdsprache hat Deutsch meines Erachtens immer noch einen besonderen Stellenwert in den osteuropäischen Ländern, obwohl es auch hier wohl inzwischen hinter das Englische zurückfällt. Während die grenznahen Handwerksbetriebe nach der Wende eine Zeitlang Deutsch als erste Fremdsprache bevorzugt zu haben scheinen, hat in den größeren, global operierenden Unternehmen verständlicherweise schnell das Englische den ersten Platz eingenommen. Und tatsächlich ist Englisch ja auch in der EU die am weitesten verbreitete Fremdsprache (wenn sie auch nicht immer wirklich ‚beherrscht' wird).

Zweite Fremdsprache?
Wenn schon das Englische (als in der Regel erste Fremdsprache) nicht immer hinreichend beherrscht wird, fragt sich, wer dann eigentlich mit welchem Aufwand noch eine zweite Fremdsprache zu erlernen vermag. In einem Beitrag im Feuilleton der Frankfurter Allgemeinen (FAZ; 19.10.2012) vermutet Jürgen Trabant, Romanist und Linguist an der Universität Bremen deshalb, dass die Europäer letztlich

„nicht einsahen, warum sie denn eine zweite Fremdsprache lernen sollten, wenn sie doch mit Englisch alle kommunikativen Bedürfnisse befriedigen können. Faktisch lernten und lernen die Europäer daher neben ihrer Muttersprache immer mehr nur noch Englisch (M+E), zweite Fremdsprachen werden immer weniger gelernt, und die Briten lernen gleich gar keine Fremdsprache mehr (M=E), sie können ja in ihrer M mit allen kommunizieren."

Sprachenvielfalt und das Erlernen einer zweiten Fremdsprache könnten also an einer Realität scheitern, in der, wie Trabant schreibt,

„die sprachliche Vereinheitlichung des Kontinents massiv vorangetrieben (wird). Vom Englischen im Kindergarten bis zur Universität findet eine mächtige Anglisierungskampagne durch die nationalen Erziehungsinstitutionen statt.“

Diese Tendenz könnte sich noch dadurch verstärken, dass unsere Studierenden sich in der inzwischen weitgehend obligatorischen Zusatzausbildung für das frühe Fremdsprachenlernen, bei der sie zwischen Englisch und Französisch wählen können, zu 90% für das Englische entscheiden. Wo sollen also die kompetenten Sprachlehrer für den frühen Fremdsprachenerwerb in einer anderen Sprache als Englisch herkommen? Wie sollen das bereits die Erzieherinnen in den Kindergärten überhaupt leisten?

Und die zweite Fremdsprache? – Wann soll diese wo und wie erlernt werden? Tatsächlich sind hier die weiterführenden Schulen als Ort des weiteren Fremdsprachenerwerbs nur *eine* Option. Das Erlernen einer zweiten Fremdsprache könnte ebenso gut im Studium, im internationalen Austausch und im weiteren Erwachsenenalter auch in nicht-institutionellen Kontexten und somit auch ungesteuert stattfinden. So ergibt es sich in Grenzregionen schon heute fast zwanglos (‚ungesteuert‘) die *‚Sprache des Nachbarn‘* zu erwerben, obwohl hier in der Regel auch schulische und außerschulische Angebote gesteuerten Lernens gemacht werden (z.B. Niederländisch-Unterricht bzw. Deutsch-Unterricht in der deutsch-belgisch-niederländischen Rhein-Maas-Region; Euregio). Auch arbeits- oder ausbildungsbedingte Migration könnte uns veranlassen, die Sprache des Aufnahmelandes als zweite Fremdsprache zu lernen. Wenn demnächst eine größere Zahl spanischer Auszubildender im Koblenzer Raum eine Lehre als Mechatroniker antreten wird, so ist es selbstverständlich, dass sie - vermutlich in einer Mischung aus ungesteuerten und gesteuerten Lernprozessen - Deutsch als Zweitsprache erlernen werden, was dann in der Regel ihre zweite Fremdsprache sein dürfte. – Gerade was den Erwerb einer zweiten Fremdsprache angeht, müssen wir also wohl über den schulischen

Fremdsprachenunterricht hinaus an eine *Vielfalt von Fremdspracherwerbssituationen* denken, auch wenn sicherlich nicht alle EU-Bürger regelmäßig in solche Situationen kommen werden. Aber allein schon ein Urlaub in einem anderssprachigen Land könnte einen Anreiz bieten zum Erwerb rudimentärer Kenntnisse in der betreffenden Sprache, zur Wahl dieser Sprache als „*Adoptiv-Sprache*". Selbst bei der Teilnahme am Animationsprogramm des Ferienhotels aufnehmen, kann man mit einer ganzen Reihe anderer Sprachen in Kontakt kommen: Letztes Jahr haben wir mit jungen Franzosen auf Fuerteventura Boule gespielt und sie haben tatsächlich ein wenig Deutsch gesprochen, bis ich die Chance erkannt habe, mein Französisch ein wenig aufzubessern; Englisch war die Sprache der Wahl, als wir ein anderes Mal mit Engländern Darts gespielt haben. Und ‚irgendwie' gelingt es fast immer, dabei auch zwanglos ein wenig miteinander zu kommunizieren, in welchen Sprachen auch immer.

Englisch als erste Fremdsprache

Trotzdem gerät die zweite Fremdsprache leicht ins Hintertreffen, weil wir sie in vielen Kommunikationssituationen nicht wirklich brauchen und oft auch schlechter beherrschen als die erste Fremdsprache. Die Verabredung im Urlaub in Portugal oder Polen ist vermutlich verlässlicher, wenn wir sie auf Englisch getroffen haben. Denn Englisch dürfte nicht nur in Deutschland, sondern europaweit die (erste) *Fremdsprache der Wahl* sein, selbst wenn es andere Wahlmöglichkeiten gäbe. Was demnach ein erstes erreichbares Ziel wäre (und faktisch sind unsere fremdsprachendidaktischen Entscheidungen darauf ausgerichtet), wäre die durchgängige europaweite Beherrschung von Englisch als (erster) Fremdsprache, die dann allerdings wohl früher oder später *faktisch* zur europäischen Verkehrsprache würde. Vielleicht sollte man sich tatsächlich eher darum bemühen, diese *eine* Fremdsprache, „*wirklich gründlich, d.h. bis zur mühelosen aktiven Beherrschung verschiedener Register zu lernen.*" (Th. Ickler; Sprachreport 1/91, S. 17), als in einer zweiten Fremdsprache das Gelingen der Verständigung aufs Spiel zu setzen.

Freilich werden auch einleuchtende Argumente gegen die Etablierung der *internationalen Hilfssprache* Englisch als *europäische Verkehrssprache* vorgebracht, wie z.b. das Argument, die englischsprachigen Länder könnten daraus einen (wirtschaftlichen) Vorteil ziehen, weil sie weniger in die Fremdsprachenausbildung investieren müssten (was sie wohl heute schon tun). Es ist allerdings derzeit kaum ersichtlich, dass *„anglophone Länder wirtschaftlich einen besonderen Vorsprung hätten.“* Ein wirklich ernst zu nehmender Einwand wäre dagegen, *„das Bedenken, daß alle anderen Sprachen auf lange Sicht zum Untergang verurteilt sein könnten, wenn sie sich allmählich aus den zukunftsträchtigen Kommunikationsdomänen (Wissenschaft, Technik, Wirtschaft) zurückzögen.“* (Th. Ickler; Sprachreport 1/91, S. 17)

Nur ökonomische Motive?

Tatsächlich müssen die möglichen Konsequenzen einer Etablierung des Englischen als europaweiter Verkehrs- oder auch Amtssprache gerade im Hinblick auf die anderen europäischen Amts-, wie Regional- und Minderheitensprachen ernst genommen werden. Hierzu vertritt Jürgen Trabant in dem bereits genannten Feuilleton-Beitrag in der FAZ eine dezidierte Position, mit der wir uns abschließend kurz auseinandersetzen wollen.

Der Ruf nach Englisch als europäischer Verkehrssprache sei - so Trabant - keineswegs dem Wunsch nach einer *„nationalsprachliche(n) Vereinheitlichung“* entsprungen, denn es gebe keine *„'national-europäische' Propaganda“*, die diesen Prozess begleite: *„Niemand sagt in Europa: ‚Wir sind eine Nation, und deswegen brauchen wir eine gemeinsame Sprache'.“* Tatsächlich wäre es nicht unproblematisch, wenn nicht unmöglich, die Idee einer nationaleuropäischen Identität an eine einzelne der in der Europäischen Gemeinschaft verwendeten Sprachen zu binden. Vielleicht wäre es jedoch nicht ganz abwegig, dass eine Art *übernationaler Identität* auch in einer Idee von *Vielsprachigkeit* bzw. von mehrsprachigen Individuen in einer vielsprachigen Gesellschaft gefunden werden könnte. Die derzeitige Propagierung des Englischen mag freilich eher eine andere Motivation haben. Es geht nicht um europäische Identitätsbildung, nicht um politische oder kulturelle Ziele, sondern schlicht um globale wirtschaftliche Interessen: *„Wer Englisch lernt, tut das nicht für Europa, sondern für sich und die Welt.“* (J. Trabant)

Aber wäre es denn nicht zumindest ökonomisch, sich für eine *Europa-Sprache* zu entscheiden, die im Grunde schon weit über Europa hinaus verbreitet ist, die bereits den Status einer *Weltsprache* hat? Und wird sich nicht gerade deshalb Englisch auf längere Sicht, gewollt oder ungewollt, einfach auch als europäische (als transatlantische und weltweite) Verkehrssprache etablieren, jenseits aller sprachenpolitischen Vorgaben? Wir wollen an dieser Stelle darüber nicht weiter spekulieren, unsere Frage war lediglich, welche Konsequenzen sich aus der Etablierung des Englischen für die Entwicklung der anderen Sprachen in Europa sowie für die Vorstellung einer auf der Gleichberechtigung aller Sprachen basierenden europäischen Mehrsprachigkeit ergeben könnten?

„Absinken' der Nationalsprachen?

Ein erster Schritt zur Mehrsprachigkeit, nämlich zu einer spezifischen Zweisprachigkeit, ist vermutlich bereits getan, wenn die (jüngeren) Bürger Europas inzwischen fast durchgängig Englisch als erste Fremdsprache gelernt haben und es soweit beherrschen, dass sie sich damit bereits heute in ganz Europa (wie in der ganzen Welt) hinreichend verständigen können. Diese Entwicklung kann man erst einmal tatsächlich für erfreulich halten.

„Die Konsequenzen für die Nationalsprachen der glücklich zweisprachigen Europäer" hält Trabant allerdings für weniger erfreulich. In seiner Argumentation schlägt er den gleichen großen historischen Bogen, mit dem wir unser Plädoyer für Mehrsprachigkeit historisch zu begründen versucht haben: Er vergleicht das mittelalterliche Verhältnis des *Lateinischen zu den Volkssprachen* mit dem (zukünftigen) Verhältnis des *Englischen zu den*

europäischen Nationalsprachen. Wenn *„jetzt oben, in den hohen und wichtigen Diskursen zunehmend die Hohe Sprache Englisch verwendet"* werde, *„unten"* zur sprachlich-kommunikativen Bewältigung des Alltags im weniger bedeutsamen Alltagsgespräch, im *small talk* (und selbst dieser wäre bei entsprechenden Anlässen wohl auf Englisch zu führen) dagegen ‚nur' die jeweiligen Nationalsprachen, so sei zu befürchten, dass das Ansehen dieser Sprachen bei ihren Sprechern sinke. Wenn aber *„die prestigeträchtigen Diskurse"* nicht mehr in den jeweiligen Nationalsprachen stattfänden, könnten diese in den Status sog. *„Vernakularsprachen"* (engl. *vernacular* übersetzt ein kleines englisch-deutsches Wörterbuch schlicht mit ‚*Dialekt, Mundart'*) zurückfallen; sie würden als eine Art ‚*niederer Alltagssprache'* gelten.

Und damit würde schließlich genau das gelöscht, was Trabant die *„Europäität"* der Sprachen in der EU nennt, ihre Verbundenheit in einer gemeinsamen Vergangenheit, die auch wir in unseren Ausführungen immer wieder angedeutet haben. Wenn die europäischen Sprachen jedoch diese ihre Europäität verlören, würden sie zwangsläufig wieder *„lokal und provinziell"*, so dass Europa auf lange Sicht sogar wieder einsprachig werden könnte, wenn eine europäische Verkehrssprache Englisch alle anderen Sprachen in die Bedeutungslosigkeit zurück gedrängt hätte.

Englisch als das neue Latein?
Der Vergleich mit der sprachlichen Situation im Mittelalter – etwa in der Zeit Karls des Großen, mit der wir unseren zunächst historischen Rundgang durch das Haus der deutschen Sprache begonnen haben – zieht einen Vergleich zwischen einer neuen europäischen ‚Hohen Sprache' *Englisch* und der im Mittelalter ‚Hohen Sprache' *Latein,* die gesellschaftlich und kulturell tatsächlich ‚*oben'*, überregional und situationsunabhängig, gebraucht werden konnte, während die Volkssprachen ‚*unten'*, regional und situativ gebunden, gebraucht wurden. Überregionale Bedeutung gewannen die Volkssprachen bzw. deutschen Dialekte erst in dem Maße, in dem sich aufgrund

immer stärkerer (auch politischer) Vereinheitlichungsbestrebungen, an denen wesentlich Martin Luthers Bibelübersetzung, aber auch wirtschaftliche Bestrebungen der Zunft der Drucker entscheidend beteiligt waren, eine *Einheitssprache 'Deutsch'* herausbildete. Als Sprache der Gesetze und Verordnungen (in den *leges* und *Kapitularien*) blieb das Latein jedoch zunächst tatsächlich die ‚Hohe Sprache'. Die damalige Situation ist insofern der heutigen vergleichbar, als neben dem einheitlich als *schriftliche Gesetzessprache* verwendeten Latein in den verschiedenen Landesteilen des Reichs Karls des Großen verschiedene Nationalsprachen in verschiedenen dialektal-regionalen Ausprägungen *gesprochen* wurden.

Leider können sich im heutigen Europa unterschiedliche Nationalsprachen nicht ebenso zu einer Einheitssprache fortentwickeln, wie es die verschiedenen deutschen Dialekte konnten. Diese befanden sich ja bereits unter dem Dach einer virtuellen deutschen Einheitssprache, und waren deshalb sprachhistorisch viel enger miteinander verwandt als es die europäischen Nationalsprachen heute sind. Diese sind zwar auch verwandt; die meisten gehören, wie wir eingangs gesehen haben, zur Familie der *indoeuropäischen Sprachen* (die romanischen Sprachen genauso wie die germanischen), einige aber auch zu den finnisch-ugrischen Sprachen. Und vielleicht finden sich irgendwann auch Turksprachen wie das Türkische unter dem europäischen Dach.

Einen wesentlichen Unterschied zur Situation im 8. und 9. Jahrhundert muss man allerdings auch sehen: Latein war auch in dem Sinn ‚*Hohe Sprache*', dass es überhaupt nur von bestimmten sozialen Schichten verstanden bzw. verwendet werden konnte, nämlich vom Klerus und vom (höheren) Adel sowie von den Wissenschaften. Das Englische dagegen schickt sich in Europa an, gleichzeitig ‚*Hohe Sprache*' wie allgemeine Verkehrssprache zu werden. Wenn es nicht um regionale und lokale Belange geht, die in den jeweiligen ‚*Regionalsprachen*' verhandelt werden, können wir uns *alle* im *small talk* ebenso auf Englisch verständigen, wie politische Verhandlungen in Englisch geführt und europäische Gesetzestexte auf Englisch verfasst werden können. In diesem Sinn könnte Englisch anders als das Lateinische zu einer *universalen Sprache,* nicht nur in Europa werden.

Dann allerdings müssten die ehemaligen Nationalsprachen in einer politischen Einheit Europa ihren nationalen Status wohl zunehmend aufgeben und sich eingestehen, dass sie innerhalb Europas einen regionalen Status erhalten werden. In diesem Sinn könnte man tatsächlich von einer ,*Regionalisierung*', wenn auch nicht unbedingt von einer „*Revernakularisierung*" der europäischen Sprachen sprechen. Wir würden dann in einem gewissen Sinn zwar wieder zu Dialektsprechern, ,*in my dialect*' hieße dann aber tatsächlich: ,*auf Deutsch*'.

Lektüreempfehlungen

Die meisten angesprochenen EU-bezogenen Texte finden sich leicht im Internet, ebenso der Bericht der Bundesregierung zur „Auswärtigen Kultur- und Bildungspolitik 2010/2011" (http://europa.eu/about-eu; www.bundes-regierung.de bzw. www.auswaertiges-amt.de).

Eine frühe empirische Untersuchung zur Sprachenwahl im Wirtschaft- und Sozialausschuss haben vorgelegt:

Born, Joachim/ **Schütte,** Wilfried: *Eurotexte. Textarbeit in einer EU-Institution.* Tübingen: Narr, 1995.

Zusammenfassend in:

Schütte, Wilfried/ **Born**, Joachim: „Die Stellung des Deutschen in den europäischen Institutionen". In: Besch, Werner u.a. (Hrsg.): *Sprachgeschichte. Ein Handbuch zur Geschichte der deutschen Sprache und ihrer Erforschung.* 2. Auflage. Berlin/ New York: de Gruyter, 2000, S. 2175-2186.